T0365562

EL ARTE DE CONVIVIR EN SOCIEDAD Y EVITAR EL RECHAZO

EL ARTE DE CONVIVIR EN SOCIEDAD Y EVITAR EL RECHAZO

Maneras practicas para evitar ser excluido, el comportamiento ideal, para siempre ser aceptado

Francisco J Palacios

iUniverse, Inc.
Bloomington

El arte de convivir en sociedad y evitar el rechazo
Maneras practicas para evitar ser excluido, el comportamiento ideal, para siempre ser aceptado

iUniverse books may be ordered through booksellers or by contacting:

iUniverse
1663 Liberty Drive
Bloomington, IN 47403
www.iuniverse.com
1-800-Authors (1-800-288-4677)

ISBN: 978-1-4759-8192-6 (sc)
ISBN: 978-1-4759-8190-2 (hc)
ISBN: 978-1-4759-8191-9 (ebk)

Printed in the United States of America

iUniverse rev. date: 03/25/2013

El arte de vivir en sociedad y evitar el rechazo"
La manera ideal de ocupar ese espacio merecido
Francisco Palacios

"Se Tu"

Transformaciones Para lograr el ideal general optimo.

El Trascender en la vida con el mejor estilo.

Como lograr el estatus merecido y esperado.

Muchos pretendemos creer que nuestro estilo es el ideal de ser, pero hay una grave equivocación que tratare de mostrar y aplicar.

Forma secuencial de conseguir el estado óptimo para lograr permanecer en un estrato merecido, con naturalidad y sin pretender buscarlo, solo el estilo la clase y el sentido común son la base de no ser rechazados de algún medio.

New York.

Este trabajo esta destinado a cambiar muchos comportamientos en el ser contemporáneo, para lograr buscar la manera encajar en un estrato o un estatus merecido y dejar de vivir en un ambiente cargado de mediocridad y elementalidades.

Es posible lograr sofistificacion, altura, clase y ademanes que nos diferencien de esa horda humana que llamaos conglomerado o montón general.

Será una serie de charlas, y conferencias donde se analizaran determinados temas que tienen intima relación con nuestra aceptación en el campo social humano y afectivo en general.

En nuestra formación aprendimos a vivir de una forma accidentada por observación simplemente de esta clase de aprendizaje solo recordamos lo visto, no es mucho lo que recibimos, todo lo asimilamos accidentalmente del medio inercialmente sin una dirección lógica.

Mi intención primaria es que quien lea este libro logre una superación gradual general para que la personalidad logre ese sentido de brillo y estilo que tanto necesitamos a través de nuestra vida.

Hoy se abre otra secuencia trascendental para auto complementarnos en los aspectos principales en el arte de convivir en sociedad.

Desde ahora debemos comenzar una practica secreta, privada y silenciosa, donde iremos puliendo nuestros modales y nuestro estilo, para esto he diseñado algunas herramientas y procedimientos para lograr entrenar y descubrir una personalidad que nos de brillo magnetismo y esa clase que deseamos tener.

Espero que este libro sea para bien en cada cual que lo pueda leer y logre cambiar lo suficiente para ocupar ese lugar merecido en la sociedad y a los grupos en donde nos desenvolvemos, siendo aceptados.

En este trabajo en ciertos apartes empleare una técnica persuasiva de mensajes subliminales con sutileza para que logren persuadir de ciertos temas que merecen ser recalcados así que hare varias versiones del mismo sentido, el lector podrá tener un grado de comprensión y de claridad mas exacto, así que en las partes difíciles seré algo repetitivo pero es por aplicar la "Técnica persuasiva" es un acto típico de comunicación subliminal.

Francisco Javier Palacios H.
01/17/2010 New York.
Decidí escribir este libro con el fin determinado de crear un medio para lograr buscar esa ruta mágica que nos puede conducir a un mejor estar general.

Así que, iniciare esta obra asociando una amplia serie de Recopilaciones referentes a la mejor forma de esculpir nuestra personalidad, hasta lograr el ideal inconsciente de ser, hábil lógico y competente que todos buscamos ser siempre.

Presentar esta investigación es algo inusual, son tópicos poco estudiados y con un sentido algo delicado, así que pretenderé ser más formal con miramientos físicos, normativos y que logren ir encajando nuestra realidad con el mundo social actual, especulando sobre la base real de la clase social que es lo que da como resultado el asunto socioeconómico, pero este solo es medio material de ubicación, hay otro sentido mas importante y es nuestra forma de proceder acorde con el mejor gusto para merecer una situación y no ocuparla por un estatus económico, lo social tiene otro peso principal y es el crear merecimientos que otros por mas que económicamente estén en una posición especial, en realidad no la ocupan, por su arraigo cultural y sus ademanes poco dignos de alguien que trascienda.

ÍNDICE POR CAPÍTULOS:

1) Prologo:

Distanciándonos un poco del tema socioeconómica quisiera comentar respecto a las formalidades que nos dan el desempeño necesario para estar en todo ambiente y lugar con la prestancia y la tranquilidad como estaríamos usualmente en nuestra propia casa.

No es fácil poder titular un trabajo que se refiere a cambiar todo un estado de la personalidad fallida hacia un ser ideal creado a nuestra imagen, suena casi textual como un tratado de religión, pero en verdad es así, busco que la persona disfuncional logre, transformarse en alguien ideal y que triunfe donde incursione, sin dudar y sin discrepancias con la realidad, para evitarnos caer en frustraciones.

Es importante recalcar que empleare un medio muy sutil de Persuasión, mediante el lenguaje subliminal de ordenes inconscientes, Suena algo complicado como esta dicho así que lo diré de una forma mas simple, mas popular.

Empleare un sistema de convencimiento por persuasión al hacer referencia al mismo tópico con diferentes construcciones o palabras y así crear un campo de convicción solo por referirme repetidas veces en distintas palabras al mismo asunto, es algo muy sutil e imperceptible.

Seria como emplear las técnicas actuales de publicidad donde se satura de razones al cliente potencial solo enumerando variadas bondades. La persona nunca la escucha consiente mente pero inconsciente mente el cerebro si las capta, es el lenguaje subliminal de la propaganda en general. Y lo habrán visto en estas pocas líneas el recalcar algo viciado pero necesario para ir creando un ambiente de convencimiento continuo.

Inicialmente tuve la intención de llamarle reencarnación pero esta palabra mantiene un sentido hinduista y corresponde a una ancestral filosofía-religión que aun hoy hace parte de un amplio conglomerado humano, siendo principalmente esta la intención el de transformar nuestro proceder y nuestro pensamiento hacia algo diferente.

Se trata de el cambio gradual personal hacia lo mejor, lo ideal lo lógico.

Regresando a este tema mi deseo es buscar un cambio en la personalidad, en las maneras de comportarse en el aspecto practico del ser para lograr un cambio de actitud general ante la vida, muchos estamos creciendo como una planta en el bosque sin dirección ni campo solo el expandirse sin un sentido lógico, en medio de una anarquía de acciones aprendidas por inercia y accidentalmente de acuerdo a nuestro medio.

La verdad muchos sin darnos cuenta traemos muchas fallas y cometemos demasiados errores, es por esto que es importante tratar de esculpir un poco nuestro proceder, somos nosotros mismos los que necesitamos un cambio muy radical en nuestra forma de ser, para una proyección ante el mundo la vida y la existencia de una manera mas definida y con un lograr constante hacia la mejor forma de proceder.

Este trabajo intenta hacer una transformación periódica de la persona desde su inclinación, sus valores sus, maneras y su forma de ser, buscando renunciar o cambiar el ser actual temeroso vacilante e inestable hacia una personalidad fundamentada con principios y con una proyección mas sólida del sentido del vivir en esta sociedad compleja cambiante y veloz.

No es fácil el comprender que la formación nuestra ha sido 90% accidental, Lo que hacíamos era recriminado y corregido pero nunca hubo una dirección consciente para ir conformando un estilo y una manera lógica, solo somos el reflejo cultural de quienes nos rodearon en nuestros primeros años, así que nuestra personalidad es una serie de accidentes de la cotidianidad que nos acompañaron siempre, tenemos una formación desordenada, y defectuosa.

Siempre fue una educación algo manejada y dirigida según la persona de turno que fue nuestra compañía aun fuera eventual, sufrimos una aculturación (*aculturación es la contaminación de la cultura que nos rodea en un momento dado*) en la que los primeros valores se fueron incrustando paulatinamente de acuerdo al medio en que nos desenvolvimos, y dependiendo del medio en que nos despertamos a la vida y esto son los resultados de los primeros días de nuestra infancia. Un aprender sin sentido ni dirección solo el ver un mundo en el que nos descubrimos como seres.

Lo que realmente busco en este trabajo es la readaptación a otra manera de vivir con el sentido especifico de un crecimiento armónico con una realidad practica, donde pueda ser; esencial y necesario, carente de demasiadas fallas ya que excluirlas todas seria imposible.

Seria hablar de las situaciones y circunstancias para determinar ciertos accidentes habituales.
 Así poder evitar las fallas que le incapaciten para lograr un normal crecimiento con las maneras lógicas, y así lograr un vivir armónico permitiendo el desarrollo en comunidad, con el éxito esperado como persona brillante.

Son muchas las personas que pudiendo lograr mucho tienen incapacidades no detectables en su proceder por si mismo.
Dependiendo de su personalidad nadie se atreve a comentarle que esto o aquello esta mal hecho, o que es de pésima educación tal proceder, o ciertas maneras incomodas o hasta comentarios. Todos estos pequeños detalles restan brillo a la persona.

En un momento es descalificado por el interlocutor de turno y así mismo ser excluido ya sea por alguien a quien corteja, o en un trabajo que busca, o simplemente entre amistades, el comentario no me cae bien tal persona "por favor no le invites" es de vital importancia que estas cosas mínimas sutiles que al reunirse les impide crecer y los logros que puedan merece.

2) Convertirnos en ese Ser Especial:

Hay personas que mantienen un brillo y estilo que les hacen sobresalir en todo medio, y esto es muy importante de analizar. Hay ventajas que podríamos esculpir en nuestra personalidad, con solo tener un poco de cuidado con nuestro comportamiento.

Sabemos y vemos que hay otras personas que por el contrario mantiene un "ángel" o "carisma" que les hace merecedores de mucho aun sin tener la capacidad socioeconómica o un grado de pertenencia, nobiliario, alguna familia o casta imperante en el medio.

Es extraño que sin las posibilidades propias de un ser especial logren acomodo en todo lugar por su simple proceder.

Todo recae en un solo asunto formación intelectual y educación, siendo seres comunes en general logran esa simpatía que todos buscamos siempre.

Son personas que por su comportamiento logran escalar sitios que sin explicación lo hacen con facilidad y sin esfuerzo especial, solo con su simple forma de ser.

Sin mucho estilo hay seres que seducen y convencen aun sin herramientas, ni las bases suficientes. Son seres, merecedores por si mismos.

Hay hombres que permanecen y escalan, las mujeres les asedian y sin mucha presencia logran concretar lo que desean siempre.

Esto radica en la actitud, que es mi deseo primordial al escribir esta obra, con la intención de auto superarnos.

En cambio existen muchas personas capacitadas, que no logran ningún éxito o triunfo por su misma condición, el no tener "talento" que es la unión de varios factores muy dispares entre si.

El sentido es la dirección natural de las cosas, siempre que haya un sentido es el tener una razón verdadera.

La "sabiduría" + la "iniciativa", y el "sentido"= Talento.

Es algo muy difícil de entender por lo tanto hay que comprenderlo. Entender es el solo ver el sentido literal, a primera instancia es el saber que expresan las palabras, pero el comprender implica mucho mas es abarcar el contexto, los Pro y contra y el sentido en general

3) Seguridad +Postura = Apostura.

El inicio de esta transformación esta basado en la actitud y esta en la presentación, el ser apuesto no es algo innato ni es la belleza física, ni el porte, ni la apariencia, es una seguridad personal que crea una magia especial que se irradia en toda dirección, en que nos estemos desenvolviendo.

Pero en la seguridad también hay una gran influencia de la presentación, sobre esto comentare, mas adelante.

 Sin descontar el estilo que nace de un autoestima sostenida por el manejo del entorno y el sentimiento de que se hace lo más indicado en toda situación.

En lo físico es importante resaltar algunos aspectos evidentes, que siendo secundarios son los mas importantes.

Cuando se transforma la apariencia física también se cambia la actitud y la personalidad, yo creo que "La postura es la base de la apostura" así como el proceder los ademanes y sus maneras en general, de esto depende el "Carisma".*

La seguridad es la base elemental de la personalidad, esta se logra al mantener una sensación de aceptabilidad en el medio que nos encontremos, El asunto radica en como adquirir siempre esa solvencia personal, que nos de ese sentido de convicción.

Cuando alguien en un momento dado esta en su ambiente con la ropa adecuada, un grupo humano que le apoya con el estado económico que necesita, pero sobre todo recapacitando solo en lo que esta pasando.

Es nuestra obligación preocuparnos de siempre estar bien y no improvisados, si no se puede participar es mejor no hacerlo y evitar asistir al evento en desventaja.

Solo estando bien uno puede hacer lo deseado.

La persona puede rendir el doble mas que otra persona con alguna desventaja, el tener las condiciones óptimas es nuestra obligación encajar las cosas en la mejor manera de no ser así, no podremos competir siempre con la mejor ventaja y es de ley salir siempre bien. De hecho es de vital importancia siempre estar preparado física y anímicamente para cada evento, siempre se debe tener el tiempo y las posibilidades, así que el no hacerlo ya es nuestro problema, aun en la peor situación tenemos que tener lo necesario o mejor no estar en la situación o en el evento, el asistir a algún lugar con una marcada inseguridad solo nos hará perder le perspectiva de la situación.

Solo debemos estar donde podamos estar, si no tenemos la estabilidad para determinado ámbito lo mejor es evitarlo.

Siempre habrá que estar en situaciones de solvencia, donde hay algún evento y lo mejor es estar en optimas condiciones, de lo contrario caeremos en la mediocridad nos conformaremos. Cuando sucede esto rompemos un mito y cuando un mito deja de existir nos damos a la posibilidad de reincidir una y otra vez, es de vital importancia no dejar que suceda.

Inconsciente mente lo veremos, normal y después de la primera vez esto se hace soportable y descubriremos que la improvisación es algo válido y caeremos en ser conceptuados por nuestra actitud y de cierta manera seremos excluidos paulatinamente.

Siempre hay que tener solvencia sin ser algo relacionado con lo económico únicamente, la presentación y el sentimiento de ventaja nos da el campo que buscamos para lograr el mejor desempeño para esto revisare algunos aspectos que conducen al mejor logro o por el contrario a nuestra caída en popularidad y en credibilidad veremos algunos aspectos.

4) La Apostura es la clave de la imagen:

Lo primordial en este aspecto tan importante como es la "Apostura" Buscaremos inicialmente ir transformando la persona paulatinamente para no tener problemas de comportamiento, nada debe ser visible todo tiene que ser una transformación paulatina sin percibirse.

El tratar de hacer cambios repentinos crea problemas de identificación y caeríamos en otro problema, es simple el cambio gradual, lento y serio que podemos lograr con simple atención y cuidado.

Inicialmente es necesario el estar apto, y tener el deseo íntimo de lograrlo, la firme determinación crea el ambiente propicio, si no estamos convencidos no podremos hacer mucho.

La apostura no es realmente el impacto de nuestra apariencia física, realmente es el conjunto de situaciones con modales estilo y comentarios que crean esa marca inconfundible del que sobre sale por si mismo y proyecta esa magia que configuran el estar apuesto, en las mujeres seria bella y elegante y seductora.

El convencimiento es vital y la persona debe entender que se inicia un proceso de incremento o de cambio de proceder. Esta función debe ser completa y total como iniciar un viaje hay que dejar muchas cosas atrás y tomar otras, pero es una acción continuada.

Seria bueno tomar la resolución ahora mismo, desde este instante cambiarse todos los hábitos que nos limitan nos incomodan y nos empobrecen, es vital tomar la decisión si en verdad hay ese deseo intimo de cambiar para mejorar nuestra actitud general.

Realmente para mejorar lo mejor es hacerlo ahora mismo que se suscita la inquietud, a partir de ahora, no se necesita el momento especial el mejor momento es inmediatamente.

De no actuar de inmediato lo pospondremos siempre y terminando olvidando la decisión de hacer los cambios en nuestro comportamiento.

5) Como establecer el Ambiente Propicio

Es de vital importancia, crear el sentimiento de fuerza interior que nos haga potencializar nuestro impulso personal,
Para crear la belleza, el orden estético, y ético desde adentro es el ideal de esta obra.

Solo se trata de auto convencernos y optar por el cambio radical paulatino y constante, evitando que no aflore de improviso si no muy levemente se este exteriorizando.

Son innumerables las opciones de interrelacionarnos y cada situación que se presente es otro reto a superar sin importar donde o cuando.

Pero en cada evento hay un diferente campo a enfrentar.

Solo hay que mantener el deseo intimo de cambiar para mejorar y esto lo veremos en los seres que nos rodean si algo es erróneo incomodo tratemos de evitarlo en nosotros mismos, y un buen-actuar hay que ver como lo incluimos en nuestras preferencias que no se note como copiado o asimilado de momento.

Todo ha de ser gradual y con mucho disimulo, nada mas incomodo que ver actitudes no propias recién adquiridas en afán de sobre salir, de parecer diferente o de mas impacto en esto hay que tener especial cuidado.

'El copiar ciertos modales puede ser detectable por los demás y no es nada positivo que esto pase, todo ademán recién adquirido puede ser molesto si se es detectado por las demás personas.

6) Nuestro Mundo es el Medio Ambiente que Vivimos.

(Wikipedia)*Se entiende por medio ambiente todo lo que afecta a un ser vivo y condiciona especialmente las circunstancias de vida de las personas o la sociedad en su vida. Comprende el conjunto de valores naturales, sociales y culturales existentes en un lugar y un momento determinado, que influyen en la vida del ser humano y en las generaciones venideras. Es decir, no se trata sólo del espacio en el que se desarrolla la vida sino que también abarca seres vivos, objetos, agua, suelo, aire y las relaciones entre ellos, así como elementos tan intangibles como la cultura.

Origen etimológico: Como sustantivo, la palabra medio procede del latín médium (forma neutra); como adjetivo, del latín medias (forma masculina). La palabra *ambiente* procede del latín *ambiens, -ambientis*, y ésta de *ambere*, "rodear", "estar a ambos lados". La expresión *medio ambiente* podría ser considerada un pleonasmo porque los dos elementos de dicha grafía tienen una acepción coincidente con la acepción que tienen cuando van juntos. Sin embargo, ambas palabras por separado tienen otras acepciones y es el

Contexto el que permite su comprensión. Por ejemplo, otras acepciones del término *ambiente* indican un sector de la sociedad, como *ambiente popular* o *ambiente aristocrático*; o una actitud, como *tener buen ambiente con los amigos*.

Aunque la expresión *medio ambiente* aún es mayoritaria, la primera palabra suele pronunciarse átona, de forma que ambas palabras se pronuncian como una única palabra compuesta. Por ello, el Diccionario panhispánico de dudas de la Real Academia Española recomienda utilizar la grafía *medioambiente*, cuyo plural es *medioambiente*.

El medio ambiente es el conjunto de componentes físico-químicos, biológicos y sociales capaces de causar efectos directos o indirectos, en un plazo corto o largo, sobre los seres vivos y las actividades humanas.

En lo referente al campo psicológico cada uno de nosotros tenemos un parámetro general existencial que es el conjunto valores, conductas y los principios generales que cuidan de nuestro mejor proceder.

En esta situación tenemos que comprender en profundidad lo que es el medioambiente.

Buscando un condicionamiento social esto se entiende en el medio donde la persona se ha de desenvolver.

Cuando se esta en un lugar con ciertos valores y una tradición con raíces de un historial aristocrático.

Es diferente a una persona que busca acomodo en un ámbito distinto; estudiantil, juvenil, en su área y vecindario o el lugar de trabajo, atendiendo al publico cada caso es particular, así mismo como el grupo de formalidades que cada uno obliga es el medioambiente de cada situación donde nos encontremos en un momento dado.

Lo principal es los buenos modales y presentación son algo general, después de esto es que aparece el proceder personal con las obligaciones de comportamiento que obligue el momento.

En todo medio humano el conjunto de factores que hacen parte del paisaje físico moral y espiritual conforman lo que denominamos medioambiente.

Es muy importante tener claro que factores sociales son primordiales para estar normalmente en determinada colectividad o estado donde el contexto no sea el ya conocido por nosotros, en este campo la cultura general y la educación crean ese marco donde podemos desenvolvernos sin crear malestares ni molestias.

7) La flexibilidad que nos convierte en Versátiles:

Hay conceptos muy ambiguos que pueden ser valederos para designar una personalidad flexible cómoda y acoplable a todo medio, no es lógico pretender que los demás se acoplen a nuestros caprichos, es fácil nosotros ser parte de otros grupos por nuestra propia posibilidad de adaptación.

La versatilidad nos crea la posibilidad de identificar en cualquier ambiente grupo o sociedad, con el simple hecho de interesarnos por todos los asuntos concernientes a este particular círculo.

Por esto es muy trascendental el lograr ser universal, o poder estar en todo lugar con similar solvencia y seguridad.

Cada grupo humano tiene una serie de valores en común, tendencias, actitudes, etc. que se limita a cierto trato especial, cada medio implica un cambio de actitud y de postura esto conduce a ser parte, sin dificultad de cualquier medio en el que nos encontremos.

En todo ámbito que logremos influencia es un logro que nos conducirá a otras alturas. Con mejores opciones y privilegios de mejor orden social, personal y económico.

Por esto podemos esperar mejor posición y por supuesto con mejores resultados en general, y solo se tendrá al poner en practica una serie de maneras, modales, formas de razonar y de proyectarse y por ultimo de cuadrar en los diferentes ámbitos sociales, cada medio merece una predisposición especial, la cual por simple sentido común podemos descubrir
Todo esta ligado a la redefinición de nuestra propia, personalidad en general.
También esta el ser cordial y ameno con la formalidad que cada instante amerite.
Es necesario una transformación lenta y gradual, sin ser demasiado evidentes o dejar que se nos note, pero no debemos limitarnos en ningún momento. Para esto lo más importante es la autotransformación.

8) El mejorar siempre es resultado de la Evolución Constante.

El resultado que busco con este trabajo es abandonar esta manera de ser, para tratar de encontrar una personalidad orientada funcional y practica.
Hay algo que no tenemos en cuenta y es sobre las fallas de nuestro comportamiento personal, es posible que carguemos con muchas fallas errores y modales que sin darnos por entendidos nos sacan o nos excluyen, y son anomalías mínimas elementales que nos aíslan socialmente, sin un una causa aparente, pero si podemos ir estudiando y analizando muchos aspectos que no logramos ver a primera vista, son formas de proceder que sucedían en casa y nunca nos percatamos en el mundo externo son exabruptos y maneras groseras de proceder, siendo aceptables y normales en nuestro medio ambiente.

Cuando se inicia la vida social fundamental, en los primeros días de nuestra adolescencia encontramos que hay algo que nos impide ser certeros y encontrar los objetivos esperados.

En este aprendizaje duramos todo el desarrollo y realmente "Es cuando se llena de todo lo que se adolece"

El asunto se hace complejo y complicado al salir de la adolescencia y al ingresar en la juventud con una carga de incongruencias y discrepancias con lo real y lo natural. Tenemos costumbres muy propias solo de nuestro entorno y no es normal en la vida convencional y el vivir se torna muy difícil al no ser aceptadas de la misma manera en todos los grupos humanos al ser discrepantes con lo tradicional.

Estos comportamientos se presentan pasada la juventud, y son lastres que no podemos detectar ya que conviven en nosotros desde siempre, en casa era una forma habitual de actuar pero no lo es en el mundo externo, y nos hemos acostumbrado a través de toda una vida a la misma condición y situaciones, son detalles en nuestra mentalidad que vemos como normal manejamos muchos defectos que vemos como aceptables por ser parte de nuestro entorno por una vida.

Si nuestro padre fue violento y borracho pensamos que es normal y que así funciona la vida y nosotros actuaremos de la misma forma pensando y aceptándolo como lo debido y lo habitual, es muy común en los países del tercer mundo o en los pueblos de una cultura muy limitada.

Existe una tendencia o costumbre inconsciente y es la "Generalización, que nos hace mas mal que bien ya que nos impulsa a caer en prejuicios.

9) Una gran falla humana: "Generalizar es Errar."

Este comentario nace en el siglo XVII con Goethe en una nota del doctor fausto,

Realmente la frase es "Generalizar es errar", el ser humano es algo susceptible en esta debilidad, Se generaliza como algo normal y rutinario propio de la persona. El problema esta en conceptualizar anticipadamente.

Se considera a alguien cuando al incidir varias veces en alguna tendencia piensa que siempre será el mismo resultado en situaciones similares es así como se convierte esta practica en una costumbre regular esta actuación como una constante personal. Es muy fácil entender en el ser humano una practica muy lógica pero no exactamente real, se trata de que si coinciden tres situaciones tendenciosas en alguien, es posible tomar un concepto, general sobre el tema tratado y esto es el resultado del conceptuar a priori el ser humano comete el error de generalizar y esto hace que tres indicios sean un personalidad habitual ya establecida, si de casualidad vemos tres cualidades en un auto, sabemos que es un auto fantástico así no sea tan importante los detalles vistos, así mismo lo contrario, tres defectos y lo condenamos de inmediato, es por esto que al generalizar nos creamos prejuicios, lo que nos hace optar por conceptos sin el debido estudio para poder establecer un perfil determinado y desde ese instante cambiamos opiniones sobre alguien o algo.

La generalización es algo muy normal en especial si la educación no es suficiente, para una persona de conceptos definidos no es fácil cambiar el pensamiento en pocos instantes como para alguien elemental e insensato.

Lo mas grave en la generalización es que se corre el peligro de estigmatizar o de crearse prejuicios sin un análisis real de las cosas, el que en personas caiga una marca por mínimos indicios es contraproducente el hablar sobre alguien usualmente intencionando los comentarios son innumerables los daños que podemos causar y esto crea distancias inmensas sin darnos cuenta. Una persona por coincidencia le descubrimos tres mentiras, de inmediato será un ser mentiroso por siempre.

Cada uno de nosotros cometemos exabruptos o fallas garrafales sin tener conciencia de estarlo haciendo, lo que genera incomodidad molestias y distancias innecesarias.

Esto son fallas de proceder pero hay una serie de actuaciones incomodas que en nuestros códigos es normal puede ser molesto para muchos y hay posturas o ademanes que pueden ser catalogados de vulgares o groseros y son vicios o maneras de comportamiento de actuar de los cuales no nos hemos enterado nunca, cuando son formas normales en nuestro medio no es fácil detectar si son molestos para otras personas o crean incomodidades en otros grupos, Ejemplo: hay familias en que el hablar escandalosamente es normal, o el comer haciendo ciertos ruidos con los trinches o guturales, incluso el eructar es signo de una buena comida, y es un acto de cortesía en ciertas ciudades europeas, esto no se aplica a otros lugares son costumbres locales o familiares, y quienes las contravienen no saben que en otros lugares pueden ofender o ser molestas.

10) Puliendo nuestros Comportamientos Seremos Especiales:

Hay una serie de comportamientos inconscientes que tenemos en nuestro actuar cotidiano y no nos damos por enterados y son formas de muy mal gusto y las repetimos frecuentemente sin entender que son muy molestas y nos hace seres defectuosos mal educados y muy molestos. En muchos hogares el hablar comiendo es algo normal y en nosotros queda como una manera normal, pero en el ambiente general no es bien visto.

Son parte del comportamiento heredado en el legado cultural, que traemos y los vemos como sucesos normales en nuestro medio ambiente, nuestra familia o nuestro grupo habitual en el que nos desenvolvemos. La dicción cuando no es vigilada se hace grosera y desfigura el sentimiento que podemos irradiar, como personas educadas.

Los hay de expresiones de comentarios de respuestas de gestos o complemente acciones impropias. La entonación en momentos puede dar sensación altanera o violenta así como puntualizante sin haber culminado una conversación estos ademanes fueron vividos en casa y no tenemos posibilidad de notarlos fuera de contexto pero las demás personas si lo ven y nos conceptúan de una manera incomoda.

Son los ademanes que hacen de las demás personas seres ordinarios solo por que están diferentes a nuestro normal proceder, y esto no se percibe pero si se nota.

Nosotros tenemos otros amaneramientos que ofenden otras personas y no estamos enterados de esto por que estamos acostumbrados y vivimos con ellos y nunca descubrimos como son de incómodos para otras personas que los ven impropios y molestos.

Sobre esto si que tenemos que trabajar para descubrir las maneras en que ofendemos las demás personas. El problema es que como son parte normal de nuestra existencia cotidiana no lo logramos descubrir en nuestra propia casa o entorno.

Una forma muy especial de crear situaciones molestas es el sentirnos con la autoridad de devaluar los comentarios de otros, sin el cuidado de que podamos ofenderles. Esto e muy común cuando nuestro padre o madre era autoritario y el respeto era relativo en nuestro hogar, Se ve como usual en los medios en que las relaciones eran pocas y solo teníamos contacto entre la familia central sin poco roce con los demás grupos, en las ciudades pequeñas o en la provincia se tienen aculturamientos muy viciados hacia el entorno que fue nuestra forma habitual de crecer, y al superar la infancia y la niñez por el respeto y nuestra propia arrogancia era muy difícil que alguien nos pudiera corregir fácilmente.

11) Falla imperdonable: Dar por terminado un dialogo unilateralmente.

En las charlas usualmente se respira un ambiente de cordialidad y de intercambio de comentarios donde cada cual aporta determinados asuntos al tema y todo es agradable hasta que alguien opta por culminar el tema con un comentario que cierra.

Es la acción en la conversación hace que todo lo dicho se esfume en un comentario cortante y terminante dando por liquidada una charla que no se ha dado aun.

Es muy incomodo "puntualizar" o dar por terminado el tema que se esta tratando de establecer o hasta el momento solo se plantea y la otra persona da un dictamen que destruye todo posible intercambio de comentarios. "Lo que dices es mentira usted siempre cae en lo mismo", o "nunca me ha gustado este tema dejémoslo así", o no sigamos en esta charla es muy molesta" Toda manera de puntualizar y dar por culminada una conversación es algo de muy mal gusto.

Esto crea silencios y distancias por que afecta el deseo de continuar el dialogo, creando silencios incómodos que crean esa temida "pared de Hielo" donde no se habla una palabra por lapsos de tiempo.

Suele suceder cuando se corta de tajo una charla por parte de uno de los interlocutores, sin escuchar las opciones de la otra persona, este es un actuar brusco y molesto desanima y crea una profunda incomodidad.

Veo importante ilustrar con un ejemplo mas practico.

Si se pretende hablar de que algo fue injusto por determinada causa, responde "Usualmente, saldrá todo mal por que eres el que incumple siempre".

O el comentar sobre un auto que nos intereso y la otra persona dice: "Es el peor auto del mercado no me hablemos más del asunto por favor."

En lo relacionado con las maculas o gestos tenemos una variedad muy amplia de actuaciones muy molestas de las cuales no nos damos por enterados.

El hacer sonidos extraños o el comportamiento en la mesa, en las presentaciones en la charla ordinaria constante o los comentarios lascivos o con una dirección intencionada, son muchas las gesticulaciones o procederes que nos distancian de la acción que estamos buscando.

Si se sobrepasa la juventud, ya la arrogancia normal y el estado de respeto, crea una distancia que impide el poder comentarle y se entere que no es bien o que es incomodo y le hace pasar por ordinario o mal educado.

Existe un momento en que ya nuestro porte y edad nos otorga un estado de más acatamiento, donde no es fácil recriminar o hacerle saber que esta obrando mal, siendo cualquier recriminación molesta o puede ocasionar un mal entendido.

12) Respuestas con Burla que Ofenden y Desilusionan

Lo mas incomodo que se pueda responder a alguien es con una burla para lograr crear un chiste ridiculizando el interlocutor sin más intención que la burla directa.

Hay un momento en que entramos en ser seres autónomos no dependientes, y creemos ser personas maduras aun sin serlo, y es cuando se maneja las situaciones con el deseo personal o con intenciones ya predefinidas, es muy fácil exteriorizar este sentimiento de falsa seguridad minimizando a otra persona creándole un malestar, incomodidad o simplemente herir con una sarcasmo o un responder irónico, creo hay que hacer un ejemplo de esto.

Ejemplo: Hay comentarios algo ilógicos pero muy normales en charlas cotidianas, de colegio o entre amigos de infancia en épocas de muchachos que por la confianza se suelen hacer pero generan una incomodidad que daña toda conversación normal, ilustrare con un ejemplo practico: Seria como el hacer ciertas preguntas o saludos obvios pero se responden con broma de mal gusto con una tontería cargada de ironía y burla.

"Como estas ? y responder, vivo"

"El saludar como amaneciste?, y responder dormido . . ." o "Con los ojos abiertos" Son comentarios elementales pero crean descargas emocionales que predisponen en contra, mientras la otra persona siente que hizo un gran chiste ridiculizando al interlocutor.

Estos chistes o chanzas solo predisponen en contra y evitan una charla continuada agradable y provechosa.

Estos son aspectos mínimos hay asuntos mas sutiles que también incomodan, un movimiento de cabeza que demuestra incredulidad, o el simple comentar "Ahí estas pintado" el no tener cuidado con estos comentarios se puede crear malestares que no se saldan de inmediato solo después de un instante aparece algún comentario cáustico u la molestia inicial, esto conduce a una charla algo pesada pintada de candidez pero llena de espinas.

13) De la adolescencia a la Juventud el Paso Definitivo:

La juventud y la adolescencia están unidas y hay un punto crítico en que se deja el infantilismo y se ingresa a la juventud preludio de la adultez. Se hace el cambio de la apariencia y se entra a ser mas hombre y se transforma física y mentalmente y el aspecto también es otro.

Es la época mas critica y crucial del ser en si el hombre cubre una trayectoria diferente a la de mujer, el hombre tiene una distancia entre el adolecer y a adultez demasiado amplia desde los 13 años y aun en los veinte y algo se sigue preparando para la madurez, es en este periodo en que tenemos que pulir nuestras maneras de lo contrario seremos desubicados y maleducados,

Tenemos muchas formas de actuar en nuestra juventud que deben desaparecer al ingresar al criterio del hombre formal que es la etapa que continúa después de nuestra adolescencia, y la juventud.

En un momento dado de nuestras vidas aparece el instante mismo en que adoptamos una situación de seres adultos, tomando demasiadas aspectos a cuenta.

También caemos en actitudes austeras y de inmadurez que nos hacen distanciar de los seres de nuestro mundo inmediato y esto es lo que hay que revisar, porque no hay un día definido en que nos dicen "Ya no eres joven y ya llegaste a ser hombre y hay cambios por hacer".

14) El auto determinarse es el lograr la madurez:

El auto determinarse o caracterizarse es otro paso muy serio.
Es cuando hay que auto determinarse y adquirir una actitud.
El adoptar una personalidad es cosa de años pero la actitud solo basta algo de voluntad.

La personalidad es cambiante ágil y aplicada a la realidad actual, y cada dia podemos incrementar mejorar y pulir, siempre es posible mejorar.

La gran problemática a resolver es que hay que aprender del devenir cotidiano, del diario vivir y de cada situación que se nos presente, esto solo se logra cuando meditamos sobre todos los sucesos, lo mas elemental es lo básico, y cada detalle es una parte de la vida y hay que manejarlo con mucho estilo.

Hay una gran necesidad de aprender como se debe actuar o como se debe ser, y hay que deducirlo pero no existe un método, no hay un libro o manual, o alguna manera creada de aprender a ser bien simplemente, y actuar con la naturalidad y gracia suficiente, imagen que esperamos.

Esta el momento critico en todo ser y es su ingreso al mundo de los seres formados y llega el ímpetu y la locura, hay una madurez de las glándulas y un torrente de hormonas impulsan nuestras iniciativas en todo sentido y consigo mismo el desasosiego. Es una temporada superada la adolescencia culminando en la juventud y es el enfrentar la realidad con lo poco aprendido.

"El camino es para conocerlo no para transcurrirlo" La forma mas rápida de llegar donde esperamos es andando con cuidado".

De repente aparecen los problemas, que hay que resolver o transformar en problemáticas. En este campo hay que hacer una profunda diferenciación entre el problema y lo que es una problemática.

15) Problema y la Problemática:

Siempre existirán escenarios en que es necesario resolver determinado asunto, y usualmente es algo fuera de lo usual

Todo suceso fuera de lo normal en nuestra cotidianidad que nos represente un actuar inmediato y decidido es lo que llamamos un problema o complicación.

"El problema es un asunto, usualmente inesperado pero que se convierte en obstáculo inmediato para un continuar normal y hay que ver como se maneja para que se logre el resultado esperado. Usualmente son infinitas las situaciones con esta característica de ser asunto para solucionar o encajarlo en la realidad.

Solo media nuestra voluntad para darle claridad a algo que se presenta de improviso.

Esto es constante y diferente pero si se hace recurrente y mantiene cierta cadencia o periodos de tiempo hay que convertirlos en una problemática, o sea un asunto que hay que asimilar como algo que hay que satisfacer con cierta cadencia o periodicidad.

Lo mejor es aceptarlo y hacerlo una parte normal de nuestra vida regular. Esta forma de ver los asuntos es algo muy personal y propio de nuestro desenvolver cotidiano.

La problemática es otra forma de resolver los asuntos que se presentan. Cuando logramos que todo lo que no este con nuestra realidad inmediata hay que transformarlo en una problemática que es algo con lo que podemos convivir sin mucho estrés. Ya que lo legalizamos en nuestras obligaciones como algo normal y continuado.

16) La problemática Factor Recurrente Cotidiano.

En nuestro transcurrir hay que manejar una serie de dificultades con las que tenemos que convivir por siempre

Este término se aplica a una acción, de una dificultad repetida y definida ya admitida y se ha convertido en algo que es recurrente y se necesita asimilarla como algo normal y habitual sin tener que optar por afectarnos.

Es aceptado y lo tenemos como una condición normal habitual y llegamos hasta acostumbrarnos tanto que no se detecta como algo accidental si no como una parte normal de nuestro transcurrir habitual.

En nuestra vida regular son innumerables las problemáticas con que nos acostumbramos a vivir que se hacen parte normal de nuestro desenvolvimiento cotidiano.

Es acostumbrar a la existencia de tal problema o asunto". Para ejemplarizar un comentario:

El primer pago de la renta es un problema pero al comprender que ha de ser mensual ya es una problemática, o sea un asunto admitido y acogido.

La clave esta en entender que las cosas suceden y manejarlas antes de asombrarnos, Lo principal es aprender por medio de nuestras caídas y derrotas, cada tropiezo es una lección y cada caída es un aprendizaje no se puede aprender sin dificultad, el aprender fácilmente no existe y la paga es con nuestro propio padecer.

Cada DIA tendremos situaciones complejas que tenemos que poner en orden, esta dinámica nos proporciona la practica para ir complementando nuestras experiencias en todo campo y lo que no logremos equiparar como problemáticas tendremos que solucionarlo de inmediato, y así iremos conformando nuestra experiencia y un día nada será una complicación, todo llegara con su propia solución

17) El Encanto es una necesidad no un lujo:

En el hombre podríamos darle otra denominación, podría ser a gracia, gallardía y elegancia.

El vivir y el analizar todo nuestro entorno viendo en que fallan los demás para evitarlo y ver el por que otros son un cúmulo de gracia y de simpatía, pero esto hay que verlo meditarlo y ver como lo aceptamos en nuestro estilo de vivir sin que sea evidente solamente perceptible con el tiempo.

El relacionarnos es una academia constante de comportamiento de estilo de glamour o algo similar, no hay una forma de aprender Como "Ser", las hay para mujeres en escuelas de modelaje o de modales y de glamour son muy pocas las personas que puede asistir salvo quienes se dedican a la actuación o el modelaje.

Se ha tomado como algo costoso o suntuario el pulir los ademanes, de manera que los modales y la proyección física es algo totalmente accidental improvisado provisional y en verdad es el marco de nuestra vida general, debería ser algo principal como la urbanidad el comportamiento o la etiqueta, así mismo el protocolo.

Cada día son solo 17 horas, en las cuales hay que lograr muchos propósitos y cada acción es un reto y cada logro un triunfo.

En la vía de aprendizaje hay una dificultad y es el enfrentar las situaciones, no esperar que pasen y estar como testigos excluidos, muchos de nosotros nos limitamos a nuestro propio círculo de capacidad, y jamás nos enteramos si podrían ir más lejos,

Cuando nosotros llegamos a descubrir nuestro ego y sentimos que la prepotencia nos proporciona la clase y el orgullo, es cuando intimidamos y creamos presión con la fuerza de nuestra personalidad e influencia.

Cuando el sentimiento y el ímpetu crean ese marco de arrogancia no es fácil insertar ninguna buena manera ya se ha creado una distancia entre los seres que podrían aconsejarnos o hacer notar nuestros comportamientos negativos.

El respeto, que emanamos nos distancia mas por intimidación que por la edad la dignidad y el estatus, este problema es el que nos impide enterarnos de cuantos actos incómodos cometemos que nos incapacitan y limitan demasiado para poder incursionar en el mundo competente donde todo se logra por la influencia que logremos desplazar.

Regularmente sucede cuando la distancia con los seres que conforman nuestro entorno, es dada por una aureola de respeto y de recato infundada, eso intimida a las personas para la acción de una crítica constructiva.

Es muy normal en seres de postura arrogante por su propio peso, son personas que tienen que mantener este criterio por razones de comportamiento personal, siendo algo normal el respeto hay que manejarlo como algo propio y personal. Pero que no debe impedir nuestras buenas relaciones con los seres que conforman nuestro mundo.

Resumiendo hay un momento de la vida que siendo adolescentes tenemos que encarar que somos adultos y actuar como tales sin aun estar listos algunos demoran mas que otros y muchos jamás dejan de ser adolescentes y se les tilda de inseguros, inmaduros, desubicados, inadaptados, etc. es de vital importancia auto transformarnos. Paulatinamente, cada instante, cada día, en todo momento.

Solo hay que tomar la iniciativa y de inmediato iniciar el proceso, para esto es necesario ser contemporáneo, y este tema por su propia importancia hay que verlo con algo de detenimiento. "Por que de el estar vinculado y lograr permanecer es ya estar incluido". Y resulta la manera mas fácil de ser aceptado, el solo hecho de no ser rechazado, ya es pertenecer, en este mundo competitivo hay que estar sobre la jugada el presente es ya muy tarde, es vital aprender a vivir a tiempo.

18) Lograr ser Contemporáneo es estar integrado:

El pretender estar en todo lugar con la misma solvencia y seguridad es casi utópico, es algo ideal y parecería complicado, pero es posible a ser conseguido. Solo hay que optar por la decisión y de inmediato iniciar la fase siguiente y es el comprometernos a alcanzarlo, es muy difícil transitar con la época y al día, en un mundo tan inconstante radical e inverosímil así que se debe tratar de por lo menos estar enterado de como funciona la vida en el mundo real y no estar concentrados solo en "nuestro" mundo". Nunca se puede estar uno "Fuera del grupo", hay que estar en función de ir insertándose con la realidad estar a tono con el día y las formas del medio ambiente y sus costumbres habituales.

Nuestra más importante vía de conocimiento es la observación y estando fuera del mundo estaremos distanciándonos cada día más de la realidad, Ser contemporáneo es una condición humana que no siempre tenemos en cuenta, siendo vital para poder desenvolvernos con la más agradable manera.

Actuamos o procedemos sin pensar solo respondiendo a lo que suceda e improvisando en cada momento ante cada alternativa, pudiendo estar expectantes y poder responder con comentarios medidos calculados y naturales.

Lo mas importante es ver el por que, de cada suceso pero teniendo siempre situaciones completas a comprender y no solo ver los segundos inmediatos.

Resulta que por muchas cosas simples y triviales tengamos que meditar y emitir una respuesta, si todo eso esta ya predefinido en nuestra mente a respuesta aflora de inmediato, es importante que muchas formalidades sean totalmente inconscientes, mecánicas, automáticas.

19) Respuestas Inconscientes Premeditadas.

Es vital el estar listo ante las múltiples opciones que puedan presentarse en cada instante, y esto solo lo podríamos lograr cuando se tiene premeditado cada evento, y esto es posible si jugamos con un serie de respuestas en cambio de solo emitir un concepto basado en nuestra lógica formal.

Al tener varias respuestas listas casi de antemano, se logra acertar con alguna más que con otras en una acción de selección casi inmediata.

Es condición imprescindible el estar "sobre la jugada" y no esperando a ver que pasa, en todo evento es importante esta más alerta en sobre aviso y mantener una fluidez constante de opciones y no vivir de decisiones constantes.

Es una practica muy normal que solo aplicamos a determinadas situaciones pero es importante hacerlo en todos los casos y es el acto de responder con claridad y exactitud Teniendo una practica de aprendizaje continuo mediante meditar y conceptuar". Es algo que hay que hacer cada noche el revisar los fenómenos ocurridos y

ver su mejor manejo, y tomar diferentes conceptos, para aplicarlos en otras opciones que puedan aparecer. También esta practica se le suele llamar "Elucubrar"
Cada vez que meditamos sobre algo hacemos una abstracción y logramos, descubrir las causas y sus efectos la estructura, como se suceden, y así buscar una mejor salida para la próxima oportunidad que se repita el suceso, o la situación, es muy útil mantener mas de tres respuestas para cada momento en que hay que conceptuar.
"Los genios no piensan solo recuerdan lo pensado de esto depende la profundidad y claridad del concepto" solo los que meditan sobre sus acciones pueden asociar múltiples conceptos, para poder responder sin pensar solo recordando lo ya analizado.

20) La abstracción como medio de aprendizaje:

Wikipedia* La abstracción en filosofía.
La <u>abstracción</u> (del latín *abstrahere*, "separar") es, en filosofía, una operación mental destinada a aislar conceptualmente una propiedad concreta de un objeto, y reflexionar mentalmente sobre ésta, ignorando mentalmente las otras propiedades del objeto en cuestión.
Si a partir de la reflexión o la comparación de múltiples objetos, la propiedad que se aísla se considera común a los mismos.

<u>El objeto de la abstracción es</u> universal.

La cuestión de si los universales existen o no de alguna manera separadamente de la reflexión intelectual sobre ellos (es decir, si efectivamente existe algo común a los objetos, más allá de la hipótesis concebida por la persona que los contempla) y, de existir, cuál es su naturaleza en su relación con los individuos, es uno de los temas que más disputas ha producido en metafísica, y uno de los criterios fundamentales que separan a empiristas y realistas, estos últimos sostienen que los universales son realidades independientes de las cosas.

Hay leyes generales universales, pero esto lo veo algo complejo mejor ilustrare con ejemplo de lo cotidiano.

Ejemplo: Un día caminando por el parque con un clima agradable mire el paisaje, tropecé, caí de bruces y me rompí la nariz, me raspe la rodilla fuertemente.

En la noche descansando de mi accidente en mis elucubraciones medite y me di cuenta que el no mirar al suelo con cuidado es la causa de tropezarse y caer, y puedo deducir o hacer la abstracción simple y general "Si miro por donde camino nunca caeré" esto es general en los sucesos, de la vida, los deportes y las relaciones, descubro que es una realidad universal entonces se cumple el plan lógico de la elucubración aplicando la meditación y el conceptuar una ley general simple y llana, que es la "abstracción", en este caso es simple ver por donde caminamos como una condición inconsciente que siempre tendremos aplicándola.

Son muchos las órdenes que tenemos que mantener con este sistema de estudiar ver y presentir las situaciones. De aplicarlo logramos una claridad de concepto muy depurada, esta forma es la clave de los, profetas, filósofos oradores maestros, políticos poetas y ciertos escritores y todos los que manejan el arte de convencer, sin descontar los vendedores y publicistas.

La abstracción en la meditación es la forma mas directa de adquirir sabiduría y conocimiento, Esta es la razón de que todas las filosofías destacan la meditación como una parte esencial del razonamiento.

21) La Importancia de Vivir en el Instante en el que Estamos:

Cada uno tenemos formas de vestir de actuar y comportamientos que deben en gran medida ser calculados respecto al medio en que nos encontremos.

Es demasiado fácil hacer el ridículo con comportamientos atuendos o vocablos fuera de tono aun sea bien para nosotros mismos, es cuando caemos en gustos que en un día dado nos hizo estar bien y lograr lo buscado, y eso tuvo su época, hoy podría parecer cursi y fuera de lo normal.

Así que en esta situación de vernos mejor solo evocaremos los momentos cuando brillamos y fuimos dueños de la realidad. Nuestro recuerdo es lo que tratamos de representar.

Solo vemos nuestra época en que maduramos y por ultimo deseamos permanecer en unos días que tuvieron mucho brillo y fueron nuestros días realmente felices, es un gran error detenernos, siempre hay que ir con la rueda de la historia y así como hay que comprender la realidad inmediata.

Tenemos que acoplarnos aun no nos guste, pues la historia ni la realidad se regresan, somos nosotros los que tenemos que avanzar hasta estar a tiempo con la vida que nos ha correspondido mantener, quien no lo haga será inadaptado, desubicado, e inconsciente.

Es por esto que me dedico a configurar las bases para buscar esa integración con "Un mundo que exige cada día mas se hace una condena sin compasión cada día otro cambio".

Ahora la obligación con nosotros mismos es muy directa; tenemos una misión muy particular y determinada, que radica en el mejor comportamiento ante todo nuestro entorno y es que estamos para buscar como lograr crear un ser ideal pleno de sentido y de gracia, que pueda competir en todos los campos con solvencia y que pueda mantenerse con un aspecto contemporáneo que seremos cuando podamos descubrir las propiedades lógicas de ser y las maneras necesarias de proyectarse en el mundo que nos corresponda y será que en el momento que vivimos por eso es trascendental el actualizarnos cada día.

El aspecto del ser normal es que siempre sea esperado y se sepa que cabe en toda situación por su sentido común y sus modales apropiados y limitados.

Que sea brillante seguro y que logre tener una estabilidad moral y un criterio serio, que genere confianza y que tenga ese aspecto funcional que seduce con solo su propia presencia. "Una personalidad arrolladora, con estilo propio

Que sea una persona medida en sus conceptos y comentarios y con la dignidad que espera merecer.

El ser contemporáneo no implica tener que andar con la moda o con el léxico de moda ni las cosas que se vean en cada momento. Es estar acorde con toda situación sin excederse ni estar minimizado, nuestro pensamiento sin ser de vanguardia si debe estar con la actitud lógica del ser normal. Pero no ir con la moda inmediata solo no estar distante de la actitud de la época, no del momento.

Mantener la capacidad de asombro manejado, medido y en muchos momentos limitado respecto al medio en que se permanezca o en cada situación.

En términos coloquiales; podríamos afirmar que buscamos de acuerdo a las circunstancias, ser afable sin caer en confianzas, ser ameno sin llegar a ser cómico, es posible ser simpático, son actitudes que nos hacen pertenecer al ambiente actual del grupo en que nos encontremos dos personas ya son un grupo y hay que estar apegado en la época que nos corresponde al momento histórico del día que se viva.

Estando en este campo de normalidad con el momento contemporáneo podemos buscar la secuencia de posibilidades que nos puedan conducir a estar al día con el ambiente y con el medio, solo es estar enterado y ser participe real de la vida que nos corresponde.

Ya se obliga un tema primordial en la vida de cada cual sin lo cual no hay logros ni continuidad la vida actual es muy dependiente de la "actitud".

Ya que esta es la etiqueta que todo ser tiene ante los demás y no es visible no tiene un membrete, solo se puede percibir en los modales, el comportamiento y las maneras que lo delimitan o por el contrario lo impulsan a otras alturas diferentes, cada ser de determinada importancia mantiene una actitud que indica acción continua y una proyección creciente en todo campo pleno de optimismo y de visión son seres que siempre brillan socialmente, podría comentar que la actitud es la reunión de intenciones en un individuo si son para bien, es una actitud deliciosamente agradable, si es para mal se convierte en un ser nefasto y negativo.

22) Nuestra mejor carta de presentación es "La Actitud"

En el devenir de nuestra vida hay algo que prevalece en todo momento y es nuestra actitud.

La actitud es el aroma vigorizante de todo ser que es escrutado por otros, se puede percibir, se manifiesta, se siente, pero no se ve ni tiene forma de percibirse solo se evidencia con el sentimiento de una buena" Actitud"

"Se dice que nada malo dijo pero su actitud . . ."

"Realmente no aporta demasiado pero mantiene una actitud muy positiva." son comentarios muy comunes que pueden determinar demasiadas situaciones en la vida normal de cualquier persona.

Nuestro trabajo en lo personal se refiere a encajar nuestra personalidad en todos sus aspectos esto conduce a que se mantenga una acción constante y este estado es el que llamamos "Actitud".

Seria como diseñar uno mismo el próximo cuerpo con sus manifestaciones y actitudes que emanen ese sentido y gracia que vemos en muchos y el verdadero sentido que queremos mostrar, este inicio será desde adentro, desde el inconsciente, desde donde sentimos para pensar donde la actitud debe situarse como algo para siempre, modificable y dominable, y en nosotros esta el como hacerlo con algo de dedicación.

Es importante hacer cambios radicales en nuestro pensamiento, y en la visión de nuestro entorno de manera que se logren hacer transformaciones en nuestra conducta y así lograremos cambiar de actitud.

Podríamos definir la actitud con un comentario; "Es el resultado de la mezcla de valores y de intenciones en el ser."

Son las condiciones ideales de ser, se le denomina personalidad y de esta depende el status y su armonía con determinado estrato social al cual se sienta identificado,
El estar con la gente adecuada en el momento adecuado brinda la opción ideal parar toda clase de propósitos.

No es bueno establecer un perfil por encima de lo real, pretender exigirnos más de lo posible nos hace no poder cumplir, adecuadamente.

Lo mejor es trazar un perfil manejable y superable, así será fácil estar por encima y solvente.

"Es mejor estar fuerte en algo normal que ser un débil ante algo superior."

"La mediocridad es el castigo moral de los ineptos" La capacidad y la suficiencia son condiciones muy necesarias en este mundo competitivo.

La prepotencia del que sabe impregna, es una aura que se desplaza, eso se emana y termina imponiendo un criterio sostenido de seriedad y de armonía con la realidad". Se evidencia en la mirada, la cordialidad innata, un sentido de afecto natural y claro sin intencionalidad una agradabilidad difícil de ocultar.
Coloquialmente, se le llama también magnetismo personal.

23) Algo primordial es aprender a brillar.

Esta parte es la mas difícil para cada cual el poder lograr la altura esperada, y ser suficiente para así alejarnos de la insuficiencia, lo primario, y   lo mediocre.
Espero lograr que mi trabajo sea una ventaja y un beneficio en su intención primordial que es el ir transformando la personalidad, para cambiar seres sin brillo ni sentido en personas plenas de intención y de fuerza capaces de enfrentar toda situación con elegancia, seguridad y con estilo que logren iluminar toda situación con su propio carisma y que todo ser con que se alterne quede con una impresión mas que favorable sobre todo en las relaciones

afectivas o interpersonales, en especial en los negocios y todo ámbito en que nos encontremos en cada momento.

El tratar de buscar ser ideal no es posible, pero si podemos ir limando asperezas y puliendo procederes y así mismo nuestra manera de razonar para cada día ir haciendo la transformación personal general.

La forma de iniciar esta secuencia de autotransformación esta, en ir haciendo los cambios lógicos necesarios para mejorar nuestras maneras y ademanes y todos los actos que son molestos incómodos o simplemente de mal gusto se deben suprimir, no es difícil hacerlo, el gran problema es identificarlos.

El campo para descubrirlos esta limitado por un día, el día que vivimos es el que hay que mejorar y hacerlo feliz productivo, engrandecedor, y útil, es una tarea cotidiana solo es intentarlo es lo mas difícil, ya la segunda vez es mas fácil y la tercera vez ya es un habito, se ha instalado en el inconsciente y se convierte en otro acto maquinal, donde nuestra voluntad no tiene mucho que hacer todo fluye con la naturalidad de quien esta seguro de si mismo y logra sobre pasar todas las situaciones con honorabilidad y con solvencia dejando esa impresión del que todo lo hace bien.

Sin ir muy lejos hay comportamientos básicos diarios que nos distancian de lo normal y habitual para la generalidad de personas y nos condicionan como seres de segunda clase al notar las diferencias que brinda un proceder pobre y corto sin fulgor, y es lo mas lógico tratar de evitar estos comportamientos erráticos, y para esto es indispensable descubrir donde están como los cometemos o decimos, porque una gran cantidad de estos están en las figuras de dicción que nos sitúa en determinados estatus.

24) La mejor forma de ser aceptado es no ser excluido:

Tal vez no siempre seamos parte de un grupo pero el no ser rechazados ya implica pertenecer.

El cambiar es algo muy irreal, es como salir de si mismo para llegar a otro estado que no conocemos, pero es lógico el pretender hacerlo por que la vida lo exige, de no hacerlo nos iremos quedando con el tiempo y pasaran los años pero no la mentalidad.

En el mundo contemporáneo el día que unamos el glamour y el estilo, ese día seremos agraciados.

De esta manera poder estar incluidos en todo por nuestro carisma y estilo, pero la verdad no es así.

La mejor forma de permanecer, es el no ser excluido.

"Y el no ser excluido ya indica pertenecer" Hay una razón humana poco comprendida y es que coloquialmente.

"El no perder es una manera de ganar" Son muchos los que se desangran por logros que en un momento dado dejan de serlo, el solo hecho de obtenerlo indica que ceso la lucha y se ve el triunfo como derrota."

En esta sociedad tan complicada y veloz hay que estar cauto, atento, y expectante calculando "Pro" y "Contra", en todo caso hay que ver favorabilidades y desventajas en fracciones de segundos, para tomar mas tiempo para el escrutinio están los comentarios triviales al aspecto, que casi siempre empleamos o se usa un "Depende" que ayuda a citar diferentes posibilidades y así ganar la ventaja que no se tiene, en el instante.

La existencia es exactamente una lucha continuada, donde cada día se gana y se pierde, pero en verdad; "Quien no pierde nunca es quien siempre gana" no necesariamente es importante que nadie otorgue el merito es mejor ganarlo en silencio y disfrutarlo aun otro haya logrado tomar el trofeo.

Hay un grupo muy amplio que pretende el lograr ciertas metas como máximo logro de la vida, y es un gran error.

Cada día que pasamos o que llega es una lucha diferente donde se logra o se gana como también se pierde, es algo muy comprometedor, el ser mediocre aun se tenga el brillo y el rango le otorga, Se escucha decir gerente y con esa facha?, y medico pero es solo otro humano sin clase ni estilo, carece de esa clase que lo identifique como tal.

Así mismo se puede decir de alguien que es muy interesante o que es una persona de mucho estilo y clase, la "actitud" define con mucha claridad el peso intelectual y espiritual de alguien, hay muchos seres que son bien catalogadas por la generalidad de personas, también hay otros que solo son kilos y ropa mas un nombre y un titulo.

25) Expresión, es el marco que nos hace superiores

Hay algo muy diciente en todos nosotros y es nuestra forma de presentarnos y vernos de acuerdo con nuestra forma de hablar y la terminología empleada, conociendo el significado real de cada palabra y la forma como se use.

En todo momento hay algo de nosotros que crea ese campo en donde nos desenvolvemos y todo se consolida en la "impresión" como un aura que nos rodea.

La primera imagen que se observa se da en dos campos en su aspecto y en sus comentarios, lo visual y lo verbal, así que hay que poner especial atención a la primera impresión.

De todas las formas en que podemos ser calificados es la expresión verbal la que mas configura una personalidad aceptable o regular, en el pensar y comentar es el inicio de la magia ya sea para bien o lo contrario, si logramos ir manejando y dominando nuestra forma de hablar lograremos el efecto mas directo se ser personas de la forma y el estilo que corresponde a la situación en que nos desenvolvemos.

Hay una condición que nos da solvencia o retira los puntos categóricamente en segundos.

Sin mediar mucho somos aceptados o derrotados, en cualquier conceptuación.

Esto depende de la manera en que nos expresemos.

Debe ser siempre más que cuidada reestructurada y enriquecida, con esmero y mucho profesionalismo.

Cada día podemos descubrir fallas o deslices que nos retiran del verdadero sentido que tenemos en cada instante, una palabra puede crear infiernos o paraísos en solo un instante así que todo depende de cómo sea empleada, el uso de la palabra y comentario adecuado en todo momento rinda muy buenos efectos.

Cada momento es una misión un hacer, una diligencia o una operación en que tenemos siempre que salir bien, logrando convencer.

La fase principal humana es el proyectarse oralmente y lograr en un momento dado ser transparente, y las dudas se orienten en sentido de la veracidad aun no la haya totalmente.

El ser humano es una entidad de negocios y desafíos, cada momento es un acto de logro o de derrota. "Hay que reconocer que no decir exactamente la verdad no es mentir" y en la vida contemporánea con un mundo cambiante y aventurado pleno de inconsistencias lo mejor es decir lo propio y necesario, no lo que realmente se sienta, no es bueno desahogarnos, es mejor lograr el efecto buscado.

El arte de la conversación, es evitar que el interlocutor pueda contradecirte y eso se logra con la charla, ya premeditada, siempre podemos hablar en base de lo que conocemos.

"Quien solo habla razones verídicas nunca podrá emitir conceptos irreales o discordantes con la realidad".

"Quien se alimenta con comentarios sin sentido regularmente emite conceptos que no coinciden con la verdad"

Hablar comienza otro dilema, el configurar una conversación acorde, limitada y sobre todo real, donde prime la ecuanimidad el estilo y la gracia, donde todo comentario sea básico fluido y con la sensación que es lo mas sincero posible, que no discrepe con el grupo humano en el momento de nuestro entorno, comprendiendo que la verdad es algo negociable, el ser frontal y transparente nos distancia del objetivo en el cual estamos empeñados. Siempre los intereses personales, están de por medio y hay una meta a cumplir y es el ideal de cada interrelación.

Es de gran importancia estar buscando el nivel del interlocutor de las demás personas o del grupo donde estemos, el nivel de la charla, y el grado cultura para poder ir desenvolviendo el dialogo buscando identificarnos en aspectos estilos y procederes en el menor tiempo posible. Sin necesidad de apropiarnos de la verdad como algo personal.

Es muy importante no caer en el deseo de estar por encima o de tratar de reducir la otra persona, el destruir alguien no tiene sentido, solo se comenta lo vital necesario y en muchos instantes es mejor minimizar la derrota del oponente que por lo contrario el apabullar los demás.

El verdadero merito no se demuestra se siente y se experimenta al lograr llenar las inquietudes posibles evidentes.

Son pocos los seres que logran sustentar el encanto de un grupo y logran seducirlo por sus ideas y sus apuntes siempre simples y realistas, cuando esto sucede esta persona logra una altura y pronto estará en otra situación los seres especiales nunca dejan de crecer y cada día, logran escalones superiores en todo sentido. El campo es siempre en todo contacto con otras personas.

26) La Comicidad y el Ridículo Se Mezclan Siempre.

El crear estados de risas y de alegría muchas veces nos hace protagonistas, logramos cierta espectacularidad, pero es fácil salirse del formato normal, y caer en la ridiculez.

Son muchos los que necesitan esta condición, en realidad es de vital importancia, para todos en general.

En momentos de compartir, descubrimos placer en suscitar risas, Pero no siempre el ser brillante el cómico o el ser divertido pueda rallar en la extravagancia y esto si es algo negativo o contraproducente.

Muchos pensamos que la sonrisa de terceros es algo bien, pero "Nunca comprenderemos la diferencia entre la burla y la sonrisa, es mas importante ser ecuánime simple y permanecer siempre atento." Vemos un ejemplo muy claro en los comunicadores, artistas, cantantes, o políticos, todos manejan con mucha claridad, la expresión y casi se convierte en una magia que hechiza, es por esto que los seres que manejan conglomerados precisan de una manera muy depurada de "convencimiento" manteniendo la distancia con la comicidad sin excluirla del todo.

Los seres sociales, los empresarios, los oradores los conferencistas y muchos seres que tienen trato con grupos humanos, requieren de una solvencia en la elocuencia muy por encima del común.
El poder ser convincente es un talento que puede ser adquirido, no necesariamente hay que nacer con el, lo da la cultura, el conocimiento y el ser muy honesto con nuestro aprendizaje, sobre todo la acumulación de conocimientos mediante la lucubración y la abstracción, que son las formas de meditar de cada cual.

El hablar no solo es la intercomunicación hay demasiado maneras de comunicación y lo oral es solo el 50% los gestos las ademanes y los movimientos en general en especial los ojos en esto se juega con el énfasis y las emociones es absolutamente importante mirar los ojos de la persona con que estemos hablando pero evitando la intimidación; con el grupo al que nos estamos refiriendo, todo es una fracción de la comunicación verbal y crean lo que denominamos una interrelación.

La oratoria es una condición elemental del hombre de hoy en todos los ámbitos, nunca se sabe cuando tenemos que ser explícitos y esta situación sea con fines muy serios así como puede ser algo elemental y formal.
 La oratoria, la charla, la conversación y el discurso tienen algo en común en todos se sucede una interrelación y hay factores que la pueden hacer para bien o por el contrario casi destruirnos a nosotros mismos.
Siempre podemos tener en mente lo mas adecuado y que llene mas de lo que desilusione para entregarlo a quien corresponda,

la ternura y la cordialidad son formas que muchas veces solo son adornos pero gustan y distan mucho de la altanería de la franqueza, que se usa en nombre de la verdad luego de destruir se hiere y no esta bien en ninguna situación.

En todo momento debemos mantener una actitud clara sobre un actuar justo y definido como normal.

Es importante buscar ese prototipo que siempre mantiene ese sentimiento de caballero cabal.

Siempre se precisa ser una persona fluida que logre convencer con un estilo claro conciso y sobre todo que infunda credibilidad para lograr "resultados".

Nosotros cada uno podemos conducir una charla hacia un estado de fascinación empleando los medios adecuados, la focalización, el gesto oportuno y los términos necesarios, y una mirada transparente y dirigida sin vacilaciones, es una sucesión de detalles mínimos que en general crean una situación muy trascendental, el impactar y ser contundente logrando ser comprendido pero por encima de todo el poder convencer, siendo suave y sutil.

27) El ideal: Reconfigurarnos en Alguien Mejor Cada Día.

Este libro esta siendo organizado para convertir un ser normal convencional en un alguien radiante pleno de facultades que sea competente y logre cada objetivo con la facilidad que un músico maestro logra ejecutar su más preciada obra.

Daré una serie de conceptos y de charlas, evidenciando fallas, ponderando virtudes y tratando de que queden registradas como costumbres vitales, que de hacerlo así, se sucederá ese cambio magistral de un hombre casi mediocre a un ser lucido pleno de acción.

Esto me hace pensar sobre la novela, de Mary Shelley "Frankenstein". Claro que en este caso ella pensó en un ser fuerte poderoso grande con partes bellas después que recobrara la vida.

Yo pienso que si fuera posible hacer de un ser elemental convencional en alguien trascendente seria un trabajo genial, pero en mi caso deseo que sea a nivel espiritual y intelectual y la obra se vea en acciones y un manejo de la vida mas practico y con mas ventajas sobre el medio.

Se trata de crear un sistema donde se pueda ir transformando nuestro proceder en ese ser excepcional, con gracia sentido y estilo sin excluir la moral y el mejor comportamiento, claro que la moral, es relativa para los seres de éxito.

El ser exitoso requiere condicionarse y esto conduce en momentos romper algunas reglas, lo cual implica ser algo variable con lo moral, sin ser amoral se negocia circunstancias y se busca la salida esperada en nuestros planes propios, en nuestra política personal.

Sin caer en actitudes viciosas donde la dignidad se maltrecha y decaiga ya que el ser de clase implica ser funcional en todo el sentido de la palabra y sobre todo en lo moral en la integridad visible, hay una pulcritud general y otra particular.

Siempre tendremos que condicionar las situaciones, y con la honestidad habrá que demostrarla siempre aun haya que negociar con la verdad. "El hecho en si no es perder ventajas siendo justo, hay que mantener una justicia evidente sin perder ventaja."

Es por esto que hay que manejar las intenciones y las palabras para evitar confrontar, es preferible el solidarizarse y después conducir el tema para hacer entendible nuestro concepto.

Y en muchos momentos es indispensable buscar que es lo más amable en el comentario, sin discrepar, es posible conducir la charla sin ser tajante y menos cortante

La verdad si esta es impactante y destruye o afecta a otro u otros sea evitada o transformada, puede ser ablandada o ser menos rudo, nadie tiene derecho a recalcar las fallas de otros, los errores o las incapacidades de los demás, aun sea evidente nadie desea saber que ha caído en algo erróneo y por esto ser menospreciado y casi burlado al recalcarle un asunto negativo y hacerle sentir mal.

El mantener un comentario ameno haciendo la manera de cambiar el rumbo de la charla sin que afecte, siempre habrá una que otra situación donde podemos herir susceptibilidades y es muy importante evitar el comentario que atormente aun haya muchas personas que les causa placer, el afectar o directamente el destruir a otra persona, es una costumbre arraigada que hay que transformar cuanto antes.

Se denomina coloquialmente el "meter la pata" o "embarrarla" todo tiene una relación directa con decir lo indebido en el momento crítico y esto sucede demasiado.

Es muy importante manejar la hipocresía o la diplomacia y realmente lo es, la diplomacia es el manejo de la verdad para acomodarla y "El disfrazar la mentira con una buena gala en el momento indicado."

También hay desnivel que hay que manejar y es que en momentos hacemos cambios de moral, es primordial presentir lo que se ha de decir que mas que afectar para mal sea para bien, se debe decir lo que la persona espera.

Es tan fácil hacer feliz a alguien solo con tres palabras:

A la gordita: que bien te ves estas en algún programa te veo más esbelta, (no menos gorda) o a alguien que siente que esta enfermo el comentarle sobre su buen semblante, o si alguien compra un auto hacer los mejores comentarios sobre esa marca y sus bondades y aun no sea cierto decirle que la compra fue acertada.

O al que se encuentre no perdemos mucho en comentar lo bien que se ve, o que no le pasa el tiempo, etc.

Son comentarios que llenan de agradabilidad la situación inmediata creando un ambiente mejor.

La verdad de las relaciones interpersonales no es ganar es dejar la mejor influencia y un sentido agradable de bienestar muchos seres confunden "La grosería de la insolencia con la bendición de la franqueza" y no es la mejor política, mejor dicho es carecer de política y actuar por instinto en estilo desenfrenado, solo los inconscientes no miden consecuencias solo afrontan sin importarles que situaciones puedan acarrear con sus actuaciones.

Muchas veces somos tildados de hipócritas, de mentirosos o de incautos, pero el hecho en si es dejar las cosas siempre mejor que como las encontramos, por que la intención de todo político de raza es manejar la realidad de la mejor manera y lo que prima es el permanecer en una línea de preferencia, no hay que ser mejor, pero si se puede dejar ser el peor solo manejando la retórica podemos construir de un muladar un jardín, o de un desorden algo armónico con una proyección definida.

Ejemplo: De la vida real: En una charla de amigos, bordeaba el asunto del convencimiento y cada cual exponía su teoría al respecto, y el mas convincente y usualmente se salía con la suya, le pregunte su concepto particular de cómo haría el, en una charla buscar un determinado hecho concreto.

De inmediato comenzó su charla sobre el proceso de convencer, y nos respondió con cierto aire de solvencia ya tenia prevista la respuesta:

Nos comento al grupo su ingenio que al buscar un objetivo definido, me decía: Primero pondera virtudes del afectado. Hola que tal que alegría verte me entere tienes un auto súper especial me encanta ese tipo de maquina. Lo conozco mi tío tuvo uno y aun los comentarios en su época no fueron los mejores, resulto ser un aparato magnifico.

Luego ensalza su ego, escuche que serás ascendido y créame lo mereces tu capacidad es sobrada en todos los campos, en especial en lo que se refiere a tu área y tus habilidades son visibles.

Y después culminas con armonía y haces el comentario o el pedido personal al cual es tu destino el objetivo directamente, pero ya tienes comprado la persona y en "buena armonía". Cuando se hacen aseveraciones continuadas uno puede aprovechar el mejor momento de cordura para crear el compromiso, de inmediato se continua una charla normal afable, Esta es la forma que se basa en la oratoria, el vendedor, y nosotros mismos trabajaremos a las demás personas o a el medio en el cual nos desenvolvemos.

El acto de la convicción es un asunto de radical importancia por que es el sentido de toda interrelación social sin importar el tema, el ser ameno no cuesta demasiado pero los logros si son importantes para el éxito en general.

El poder de convicción se hace al afirmar varias verdades y mezclar una aseveración que es nuestra meta en medio de tantas realidades, generalidades y bondades ya comentadas. El interlocutor debe siempre quedar satisfecho así que un cierre diplomático formal y con la cordialidad que mejor logremos presentar. Todos los escenarios son diferentes pero la cordura la galantería y el buen gusto siempre conducen a un buen final en toda situación en que nos encontremos y tengamos que cambiar ideas, "La clave no esta en ganar esta en no perder es la forma mas sutil de salir airoso"

28) El proceso Del Cambio Constante y Paulatino:

Realmente no se debe hablar de cambio tenemos que ser seres evolutivos versátiles y estar en una continua transformación constante, y no el aceptar ese comentario que muchos optan por decir ante sus propias actuaciones fallidas es un pensar derrotista el decir "Es que yo soy así"

Cada día es una opción, para aplicar los cambios, de una manera sutil disimulada y no visible, para erradicar nuestras fallas y acoplarnos a maneras más pulcras de actuar o de proceder.

El iniciar la transformación es algo de radical importancia en nuestras vidas, si es que estamos en ese estado vegetativo de solo ver pasar la realidad con el tiempo y existir solo por inercia, de ser así es un momento trascendental el tomar la opción de ser conscientes, de entender la importancia en serio de un cambio radical de ir superando todo nuestro ego, y de ir mirando como transformar una serie de situaciones que sin no la manejamos con la importancia debida podrá dañarnos si nos limitan, socialmente y nos estratifica en un estereotipo humano no muy favorable.

Es vital tomar acción ahora mismo.

Son muchas las personas que se aferran de un estilo que no se hereda ni se forma pero tampoco existe solo que actúan con la debilidad habitual del que solo reacciona por responder sin pensar, sin medir, ni calcular, solo se limita a reaccionar usualmente como un mecanismo de defensa aprendido.

Es muy fácil pensar que uno es el centro de todo y tal como sentimos y vemos la realidad los demás tendrán que acoplarse a nuestro designio y nuestros deseos, es de radical importancia estar en cambio hacia mejor cada día cada instante observando cada situación, viendo los demás y analizando maneras y fallas en otros para no cometerlas, así como por el contrario ver las gracias y el buen actuar de las personas con éxito evidente.

29) El paso trascendental "Cambiar":

Si es posible transformar nuestro mundo con solo tener conciencia de hacerlo, el solo caer en cuenta que es posible mejorar ya es un paso inmenso para lograrlo.

Hoy mismo nos decimos ¡Cambiare para mejorar!, si hoy mismo iniciamos la renuncia a ese ser que somos para renacer en otro con mas plenitud en todas sus manifestaciones, en nuestro trato nuestras maneras y ademanes.

Podemos proyectar un ideal en comportamiento, en estilo, en proceder, el hablar en carácter en gracia y sobretodo en delicadeza hacia los demás.

Desde ya inmediatamente si adoptamos esta actitud hasta convertirle en hábito inconsciente, descubriremos otro ser diferente en nuestra realidad, logramos ser dueños de nosotros mismos y manejarnos para descubrir que todo se convierte en mejor, en fácil y en una realidad constante. Podemos ingresar a un mundo desconocido donde merecemos estar siendo centro y teniendo propiedad donde nuestros conceptos y comentario hallen acomodo y tengan la credibilidad que esperamos.

No es bueno ser usualmente satélites, o auditorio de grupos o ambientes, es primordial tener propiedad y armonía, esto es siempre con toda persona sin excluir a nadie, el buen trato es algo que tiene que ser habitual en toda momento sin importar el rango de con quien nos interrelacionamos.

Ahora hay algo de mucha importancia, y es el sutil y meticuloso transformar, de nuestro mundo de una manera lenta programada sin mucha alteración.

Debe ser escalonado, poco evidente y con pasos disimulados pero que impriman un darse, un entregarse, casi un regalarse sin perder la dignidad, el orgullo y la arrogancia, esta es mal vista por muchos pero mas que defecto es una gran virtud, este termino involucra orgullo y dignidad, las cuales responden a nuestra mejor forma de proceder, la clave radica en crear nuevos modales pero hacerlos parte integral de nosotros mismos, que logren ingresar al inconsciente y así mismo se empleen sin necesidad de nuestra voluntad.

Esto lo he comprendido de estar observando la existencia humana y ver que hay muchos seres en que en realidad distan mucho de ser lo mejor y por el contrario se puede acercar a ser una existencia sin sentido ni destino, solo permanecer, viendo pasar el tiempo, crecen como una planta en el bosque sin orden ni control solo se complica con la realidad, por ser distinto al normal desenvolvimiento por esto veo importante el buscar como modificarnos es algo vital, por que nuestra trascendencia se mide en logros y estos por su misma influencia en los demás, quien mantiene un grado de convencimiento y de credibilidad en su pensar siempre logra posiciones superiores.

Es de comprender que el 90 % no somos conscientes de vivir solo existimos por una inercia sin mucha dirección ni sentido, despertamos y transcurrimos el tiempo sin comprender que cada día estando "bien" es la mayor fortuna de alguien.

En esta condición son demasiados un promedio sobre el 75% que pretende creer, que como se es, esta bien así se es, y que es la mejor manera de ser y punto, son seres obstinados que solo miden el mundo en su propia escala de valores y piensan ser el principio y fin de todas las cosas, la prepotencia solo nos conduce a una soledad sin sentido nadie voluntariamente disfruta de su presencia, solo son participantes accidentales en cada momento sin mucha sentido, trascendencia o importancia. Son personas que marchan sin un sentido ni una meta especial, solo enfrentan cada día con la misma cadencia del anterior y solo esperan cubrir las necesidades que cada día trae sin esperar mas que solo existir sin mas dirección que hacia donde los mueva el devenir cotidiano.

30) El Factor de Total Importancia, "La credibilidad"

(Wikipedia) Credibilidad son los componentes objetivos y subjetivos que definen la capacidad de ser creído de una fuente o mensaje.

Tradicionalmente, la credibilidad se compone de dos dimensiones principales: capacidad de generar confianza y grado de conocimiento

Conocimiento, donde ambas poseen componentes objetivos y subjetivos. Es decir, la capacidad de generar confianza es un juicio de valor que emite el receptor basado en factores subjetivos.

En forma similar el grado de conocimiento puede ser percibido en forma subjetiva, aunque también incluye características relativas objetivas de la fuente, o del mensaje. (por ejemplo, antecedentes/ referencias de la fuente o calidad de la información). Otras dimensiones secundarias, son por ejemplo, el dinamismo, o carisma de la fuente, y la atracción física que genera.

La credibilidad ira de la mano con la verdad, debido a que si una persona posee credibilidad quiere decir que no se le ha visto involucrado o juzgado por alguna mentira de ella. Entre mayor cantidad de temas "dudosos" la credibilidad ira disminuyendo paulatinamente.

La credibilidad en Internet se ha convertido en un tema importante a partir de mediados de la década de 1990, en que se ha incrementado en forma sensible el uso de la Web como fuente de información. El *Proyecto sobre credibilidad y medios digitales* de la Universidad de California en Santa Bárbara provee información sobre avances recientes y estudios en curso en este tema, incluyendo análisis de medios digitales, juventud, y credibilidad.

Adicionalmente, el *Laboratorio de tecnología persuasiva* de la "Universidad de Stanford" ha estudiado la credibilidad de la Web y ha propuesto los componentes principales de credibilidad en Internet y una teoría general llamada *Teoría de interpretación de la relevancia.*

De acuerdo con el código deontológico de la Sociedad de Periodistas Profesionales, la integridad profesional es un aspecto fundamental de la integridad periodística. Este vocablo es algo desconocido mejor comentarlo, no es bien citar términos no muy conocidos así que haré un paréntesis para ver como se relaciona este término con el tema que estamos estudiando. Esta referencia la extraeré directamente del Internet más exactamente de Wikipedia para ser mas exacto.

31) Deontológia o Ciencia de la Moralidad S XVII

Deontología :(del Griego δέον "debido" + λóγος "tratado"; término introducido por Jeremy Bentham en su *Deontología or the Science of Moralita/Deontología o la ciencia de la moralidad,* en 1889) hace referencia a la rama de la ética cuyo objeto de estudio son los fundamentos del deber y las normas morales. Se refiere a un conjunto ordenado de deberes y obligaciones morales que tienen los profesionales de una determinada materia. La deontología es conocida también bajo el nombre de "teoría del deber" y, al lado de la axiología, es una de las dos ramas principales de la Ética normativa. Trata, pues, del espacio de la libertad del hombre sólo sujeto a la responsabilidad que le impone su conciencia.

Asimismo, Bentham considera que la base de la deontología se debe sustentar en los principios filosóficos de la libertad y el utilitarismo, lo cual significa que los actos buenos o malos de los hombres sólo se explican en función de la felicidad o bienestar que puedan proporcionar asuntos estos muy humanistas. Para Bentham la deontología se entiende a partir de sus fines (el mayor bienestar posible para la mayoría, y de la mejor forma posible)

Los argumentos humanistas de libertad y utilitarismo fueron apropiados en la deontología, con las exigencias ético-racionales que influyeron de alguna manera en el constitucionalismo colombiano (como que fue amigo de Francisco de Paula Santander y Miranda). Bentham coincide con Rousseau en su idea de que, hasta su tiempo, los sistemas morales y políticos están fundados en el irracional histórico y deben ser sustituidos por una moral y un orden político naturales, es decir, racionales; lo cual fue acogido por las nacientes repúblicas americanas.

Los primeros códigos deontológicos se aplicaron después de la segunda guerra mundial luego de ver las atrocidades que los profesionales de la salud (Médicos principalmente) aplicaban con las personas justificándose en el ejercicio de la investigación, pero que tampoco tenían ningún tipo de regulación ni control, es así como durante la guerra fría se comienza a estudiar y aplicar la deontología en Europa.

Como ya se ha observado, América Latina no ha sido ajena a la apropiación de la deontología ya que se han implementado muchos códigos deontológicos y éticos principalmente en el área de la salud, incluso existen leyes apoyadas en la deontología como es el Código Deontológico y Bioético del Psicólogo Colombiano, Ley 1090 de 2006 en el cual el **Dr. Nelson Ricardo Vergara C.** Psicólogo investigador y gestor de éste código y ley (Psicología Hoy 2005 y COLPSIC), deja ver claramente la base filosófica Humanista liberal y utilitarista benthamista, muy apropiada para la psicología moderna y que no menos se hace notar también en la constitución Colombiana de 1991. Este es un claro ejemplo de la fuerza y la solidez del concepto deontológico aplicado y expresado en las leyes democráticas más modernas

Con esta aclaración queda claro este termino nuevo la "Deontología" como una norma paralela ala ética formal que conocemos o a la claridad de concepto que debemos mantener en base de lo mejor para los que nos rodean.

El creer que nuestro pensar es la verdad es una gran falla, la verdad se impone por su propia fuerza no hay por que defenderla ni apoyarla (pero todos quieren refutar y discutir) La verdad, es una percepción sin pensar, solo es un pensamiento que aflora sin hacer un análisis sobre nuestro actuar, y lo contraproducente es que todos somos así queremos defender nuestros puntos de vista de todas maneras aun haya que discutir, Pero el discutir implica debilidad en el concepto, no se deben dejar grietas donde nuestro interlocutor pueda aferrarse y afrentarnos, anulando todo lo dicho, la verdad es solo una y tiene su propia fuerza.

No hay que presionar ni convencer solo enunciarla y ella se impondrá por si sola.

"Esto sin condenar por que el fallar, no es cuestión de mala intención es asunto de mala educación" y el ser ignorante es culpa de los que fueron nuestro entorno y de nosotros mismos por acomodarnos a un medio donde solo asimilamos lo que se presenta, no con una lógica medida ni con la instrucción debida y sin una intención marcada, y esa falla en la formación es la que tenemos que ir vigilando de cómo cambiar, son demasiadas cosas que sin ser malas podrían ser mucho mejor, sin afectar el proceder abruptamente, nada de improviso solo se cambia paulatinamente.

Todo ha de ser sutilmente sin cambios radicales y sin afectarnos demasiado lo haremos sin que nadie se entere ni nosotros mismos.

32) El problema de la Realidad del Concepto.

No siempre lo que vemos lógico, es lo que realmente vale ante los demás, tenemos criterios creados y heredados de nuestro mundo intrafamiliar y muchas veces son erróneos.

Regularmente son demasiados los seres que solo vegetan sin una intención ni un sentido con un pensamiento variable y sin sentido conocido.

Podría afirmar de un grupo tan amplio que solo se podría definir como la mayoría Ya que no es posible distinguir en la escala de valores quien es consciente o solo pretende serlo muchos solo existen por que en la mañana despiertan, y hay otro día más para vivirlo.

Claro que sus excepciones existen pero en un grupo mínimo, ya que solo los privilegiados y algunos hijos de familias muy cultas se emplean a fondo para mantener una educación verdadera y constante en los niños, pero realmente es un adiestramiento sin alejarse de amaneramientos infundados sin razón que condicionan hasta deformar, la tradición es una carga que traemos impresa como una marca familiar.

Es muy importante el definir como adiestrarse sin ser muy evidente, es una forma de entrenar, pero la verdadera educación radica en valores. Y esta selección es la que hay que revaluar.

Son muchas las actitudes y costumbres que acogemos desde muy temprano, en nuestra formación, y en épocas superiores de madurez ya se hacen diferentes las costumbres en nuestro proceder y es cuando tenemos que reaccionar.

Ciertos valores pierden su lógica en determinados momentos de la vida cuando la educación nos hace ver diferentes las actitudes y tenemos que imponernos a nuestros propios criterios, es cuando hay que cambiarlos o tendremos que caer en prejuicios y condenas anticipadas, por establecer conceptos y por haberlos heredado en nuestro medio, con las maneras de pensar del momento que nos correspondió entenderlo, por lo tanto es importante el aprender a discernir, esto implica revisar nuestras actuaciones paso a paso en cada lapso de existencia, que son nuestras 17 horas de acción de cada dia es la unidad básica es nuestra vida, la existencia se basa en vivencias de la cotidianeidad y cada vez hay que ir mejorando, es otro día mas en que tendremos la posibilidad de transformarnos y otra vez cambiaremos.

Son demasiados los sentimientos que necesariamente hay que transformar, el cambiar implica renuncias y aceptaciones.

No se trata de como juzgar por estados emocionales, no se debe conceptuar cuando emocionalmente estamos afectados, es cuando podemos no ser prudentes y no medir las consecuencias, es mejor esperar sosiego o no perder fácilmente la cordura al emitir nuestros conceptos.

Nada debe impedir el juicio justo en toda situación y el decir justo implica ver Pro y contra y en momentos podemos percibir que hay cambios que es tonto no haberlos hecho desde antes, se necesita integridad para aceptar muchas cosas que un día descubrimos inadecuados con la realidad

Socialmente es muy bien el estar acorde con la realidad del momento, se hacen comentarios que sin discutirlos se pueden aseverar o conducir sin imprimir nuestro sello aun, hay que disfrutar y especular sobre la temática impuesta sin demasiada profundidad, el tratar de imponer criterios tiene mucha responsabilidad, ha de ser paulatinamente y sin mucha evidencia de que estamos conduciendo la charla en nuestra intención, pero siempre encontraremos el campo para hacer prevalecer nuestra idea sobre algo si sabemos tenemos la razón pero no podemos imprimirla en su mejor instante, aunque el mejor momento es cuando podemos ser categóricos y la verdad se muestra evidente.

Es mejor comentar generalidades, y estar al margen, que confrontar, sin las herramientas apropiadas.

Las generalidades, son muy aplicables se usan cuando es mejor conciliar, que entrar en debate.

Este termino "generalidad" es aplicable a todo tipo de comentario sin eficacia pero con una intima relación a los hechos tratados y lo mas sutilmente posible, "Es mejor parecer inadvertidos que emitir juicios puntualizantes o radicales", que nos puedan generar aprensión, duda o sospecha.

Casi hay que decir que todos actuamos así solo los hijos de Grupos privilegiados, se cultivan desde siempre casi desde el nacer, aun pueden carecer de la claridad en el concepto, teniendo especial cuidado en una educación demostrable y cuidando los aspectos históricos y el conocimiento general, pero descuidando lo principal, es la verdadera formación y es la configuración desde que percibimos la realidad con una conciencia estable, siempre aprenderemos con las limitaciones propias de quien nos guía, por esto es posible y necesario un cambio de concepciones en su momento justo por que siempre careceremos de muchas sensaciones así como cargaremos demasiadas fallas, las de los seres de los cuales aprendemos, ellos también cargan errores de su época y nosotros estaremos en otra.

33) Como establecer un perfil acorde con la realidad

El autodominio personal, el manejo de la emocionalidad y el auto controlarnos no es innata hay que descubrirla en la educación, y buscar como dilucidar todo tipo de inquietud hasta lograr la practica constante y poder sentir como es la mejor manera de actuar.

El gran asunto es como crecer el alma y las maneras de sentir respecto a todo, no aceptar y concluir como real lo que en un momento nos parece pleno de sabiduría, no siempre nuestra verdad es la misma para los demás.

El problema esta en no descubrir como sentir y mas bien el mantener modos de proceder prefabricados, es el dilema de nuestro pensamiento adiestrado que tenga el fundamento de un proceder acorde con el instante que vivimos, y usualmente estamos bajo la presión de prejuicios y tendencias personales de estas personas, con que nos desarrollamos y no están siempre sobre lo ideal.

El ser humano trae muchos valores en su carga cultural que pueden cambiarse y modificarse para que sean mas adaptables y así evitar el gran estrés de enfrentar lo indeseado, y si se mantiene un perfil demasiado alto en relación a nuestras expectativas lo mas seguro será que vivamos muy desilusionados de todo, Es importante manejar una expectativa lógica dominable y soportable.

El perfil bajo menos férreo y mas dúctil a las circunstancias que bordean los momentos que nos encontramos, podría proyectar un esperar mas cómodo y "adaptable" cosa no fácil pero perfectamente obtenible solo con nuestra voluntad, es solo un transformar de valores y así cambiar el perfil a algo mas superable así podremos evitar el estrés que nos lanza a la ansiedad y la incomodidad, de no superar nuestras expectativas, ya esperadas.

Los seres de mandos responsables antes de ser alterables son personas de una pasividad especial y de profunda comprensión, pero en ellos no se debe aceptar bajar el perfil es muy importante el nivel de exigencia alto en cuanto se refiera en trabajo para terceros, la mediocridad nunca dará buenos resultados.

34) El dominio de las reacciones emocionales:

"Los necios y los ignorantes estallan por lo mínimo y pocas veces se sienten a gusto con lo logrado, y lo que no logran manejar con la razón lo buscan con el ímpetu, del furor personal."

Siempre que alguien se sale de su normalidad es que algo discrepa con su propia expectativa y es cuando la exaltación crea el marco de la situación, que se sale de lo normal.

Es por esto que me he dedicado a ver que podría hacerse para transformar esta situación nefasta en algo más valedero, las personas que no comprenden "Lo grandioso que es vivir y lo triste que solo es vegetar sin sentido".

Es muy alto el grupo humano que no saben como proyectarse para lograr algo de éxito conocen que el fracaso es habitual y que el perder es algo normal solo permanecen viendo pasar los días sin una meta, cada día hay que conocer aprender, descubrir y sobre todo cambiar y no estar creciendo sin sentido ni dirección, hay que buscar metas preestablecidas.

"La mediocridad es una palabra estigmatizada como insulto, pero realmente es una manera de definir las personas que permanecen y se mueven al compás de la situación". Es más una condición o característica que un defecto. Es una fase normal habitual de todos los que creen estar en la línea correcta de proceder.

Es hablar de los que ven como normal lo medio, lo regular y se despreocupan de lo excelente, son personas que acatan todo suceso sin descubrir el atractivo de cada acción y su propia magia cuando depositamos algo de entusiasmo a las iniciativas esto se convierte en habitual. Es vital hacer del crecer algo mecánico involuntario constante.

El desear un hecho es un reto y eso solo sucede al fusionar la <u>iniciativa + entusiasmo= deseo</u>. Si esto lo buscamos como norma general así logramos convertirlo en un acto instintivo, al ingresar al inconsciente se convierte en algo normal y habitual espontáneo y se hace permanente aflorando en todo momento, lo que llamamos inconsciente mente, es esa actitud nacida de nuestro sentir.

Así logramos ir configurando una manera de ser "entusiasta, diligente y activa" lo que necesita todo ser para ser alguien especial y sea bien recibido en todo momento y ambiente.

Es verdad que existen aun seres brillantes de una condición triunfal conocida que pueden manejar la mediocridad como algo normal no perceptible y lo logran al poder cubrir todo con dinero, o con una lógica nacida del poder personal, es la condición del que tiene capacidad y no requiere mucho mas que su simple solvencia para todo ponerlo como bien. Estos al no tener que cultivar el talento, este jamás se desarrolla "Sin necesidades no se crea nunca el recurso de solucionarlas"

Otros por su condición de mando o autoridad logran esconder las condiciones reales personales, pero la mediocridad es algo que siempre aflora en todos los medios, en cambio hay seres muy pobres con excelencia en su actuar y en su proceder, lo que les da esa solvencia de escalar sin mucho ruido, ni escándalo solo con la lógica formal de el que sabe.

Y son condiciones humanas a las cuales nos acostumbramos por mantener un vivir continuado en medio de una sociedad que es nuestro entorno donde hay que sobrepasar demasiados problemas es nuestro micromundo, no siempre es un grupo humano ideal y con el cual hay que tratar de emparejarnos limando asperezas en todos los campos.

Puedo ver con claridad que cada cual se desenvuelve y crece sin un sentido realmente orientado, seria como ver la espesura de la jungla solo extiende por donde pueda su exuberancia sin ningún orden definido. Pudiendo ser algo más real, en base de realidades matizadas con la verdad y lo necesario.

Cada persona podría enterarse lo valioso que podría ser de hecho lo es, pero su vivir inercial solo lo conduce a estar en un estado funcional y sin una determinación. Todos cometemos deslices, pero solo quien los acepta sale bien librado.

Quien comete errores sin sentido y se proyecta sin una dirección sin un logro especifico, se vera siempre en una condición de necio.

Muchos adquieren un estatus y se recuestan por coincidencia a un modus operandi, solo por que funciono, pero la verdad es que solo hay una manera lógica perfecta de lograr ser integral y es con ciertos condicionamientos, en cada medio y es necesario actuar de acuerdo a las expectativas, no solo nuestras, si no en general.

La ecuanimidad, la sensatez, y el ser mesurado, Es el grupo de condiciones que da el criterio y la solidez de conceptos, nadie ocupa una presidencia de una compañía por simpático o por su ropa tal vez por su familia pero usualmente lo hace por su "carisma" su posibilidad de influenciar en los demás, esto hace de seres normales en personas de excepción.

Hay miles de historias de cómo se inicio en esa línea no siempre fue la coincidencia el ser alguien no es por que se dio por simple accidente, siempre se conjugan diversas situaciones pero no se crece por inercia, se logran las alturas por trabajo, por dedicación, y por entrega La suerte nunca existirá, lo otro es la opción del compromiso y la influencia del destino, la verdad siempre se impone hasta sobre la razón.

No importa que tendencia se escoja ni como se proyecte.

La manera directa es el orden moral y la disciplina matemática que se aplique, "El auto condicionarnos crea una constancia que siempre conduce al éxito".

La mayoría de los seres se conforma con lo que aparece y como llega espontáneamente sin buscar una verdadera línea de acción que se mueva con la naturalidad del momento histórico o la realidad que en el momento sea la propia.

No esperar a que la coincidencia lo ubique frente a la oportunidad, es triste hablar de oportunidades, la vida se hace como un juego de azar, y uno se resigna a esperar, en esto radica la mediocridad humana y el fracaso de tantos.

"El tener la confianza de que algo bueno suceda" es muy triste esta concepción en medio de la existencia que es el campo de lucha, de acción, de la vida.

Por esta razón es que te invito a que tomes la determinación de cada día, en cada hora, y cada minuto veas que puedes mejorar o cambiar para hacerte mejor esto es una obligación que podemos crearnos, el como "pulir "cada día nuestro proceder hasta lograr los niveles óptimos en cada situación el poder sentir que somos éticos y que obramos en base a la razón sin impulsos emocionales ni presiones diferentes a nuestro deseo de mejorar en nuestro momento habitual, esto esta correlacionado con el momento histórico.

35) Como Ubicarnos en Nuestro Momento Histórico.

Muchos tenemos que vivir a destiempo y buscamos mantenernos en un mundo que ya no existe y descubrimos como meta los logros perdidos no realizados de días idos, si hoy tenemos los medios es posible que compremos las ropas que dejamos de comprar o hagamos actos que no pudimos realizar en otras épocas cuando teníamos la juventud mas fresca, y realmente solo tratamos de cubrir lagunas perdidas en el pasado, hoy tenemos que actuar con la realidad inmediata y identificarnos con el día actual y no buscar usar prendas o vocablos o amaneramientos que nunca pudimos alcanzar y al poder lograr asumirlas pensamos que nos sentiremos bien ya que esos días dejamos las imágenes dibujadas en nuestro recuerdo.

De eso trata el descubrirnos en el mundo nuestro "Momento histórico" Es muy importante enmarcarnos en los parámetros reales de nuestra edad y nuestro estilo en relación al mundo actual. Si no optamos por ver con claridad estas opciones lo mas seguro es que quedaremos de ridículo sin condición, ni estilo solo recostados a un mundo que no desapareció en el pasado.

Es de radical importancia asesorarnos en lo que no estemos al dia, siempre existirá alguien que domine campos que en nosotros son inexistentes.

Esto no nos hace menos, el asesorarnos en cada situación "Las acciones inconsultas usualmente no son las mejores"

Tomamos una visión critica de la moda del momento y lo que realmente hacemos es alejarnos de la realidad consciente, Ejemplo: Vemos como nuestro padre pondera y alaba un auto de 20 años de construido y dice eso si era maquina y esas si eran latas con metal de verdad no plásticos . . .

Esta visión será errónea desde todo punto de vista ya que el auto de hoy solo carece de los defectos del primero y se ha cargado con las ventajas que faltan en el anterior.

Así mismo es nuestra genialidad nuestro obrar y nuestro criterio carecemos de las fallas de otros en otras épocas y tenemos la versatilidad de lo de hoy careciendo del lastre y las limitaciones de otros días.

"El descubrir las maneras y formas que serán vitales para salir de la mediocridad es la misión de este trabajo"

Deseo descubrir que situaciones son, a causa del desequilibrio y la caída en las discrepancias de comportamiento que nos hace ser excluidos, y al mismo tiempo ver cuales son las claves de los sucesos que nos conducen a los verdaderos logros.

Es mi deseo que muchos se logren encausar por la línea de auto superación cambiando su "Manera a desenvolverse".

En todo esto es muy importante estar conscientes del presente ya que es el área donde operamos otras épocas son un sin sentido, ya pasaron aun tengamos una visión muy presente de esos días idos ya no están y tenemos que apropiarnos de la realidad actual o de lo contrario seremos desadaptados o viviremos en un mundo que no es el nuestro. En esto es muy fácil escuchar términos coloquiales o populares de que es "Chapado a la antigua" o vive en otro mundo o simplemente es un inadaptado social.

36) Descubrir Como Integrarse al Presente:

Siempre tendremos recelos de los escenarios que se presentan cada día con sus extravagancias
En la vida hay tres conceptos planos lógicos pero reales y nos comprometen: el Pasado, el presente y el futuro.
Los tres son simbolismos de la vida careciendo de un estado concreto tenemos que vivir con ellos.
"El pasado ya fue." Y como fue quedo que solo es un reflejo de una vida ida y solo traemos recuerdos y una nostalgia, que se desvanece en el tiempo y solo es lo que recordemos.
"El futuro no existe" al presentarse ya es pasado así que desaparece en el tiempo que también es una sensación que tampoco existe pero que lo creamos en base al pasado y sus recuerdos unidos con una esperanza en lo próximo . . . .

Muchos hablan que "Todo tiempo pasado fue mejor" es una falacia una mentira por que solo ha quedado en el recuerdo ciertas situaciones plenas de brillo y de logros de días idos, y solo permitimos que los momentos grises sin sentido de días pesados ilógicos e incómodos se acumulen en el olvido y el paso del tiempo los sepulte en el recuerdo.

Son las épocas es el tiempo son las situaciones muchas cosas se unen para demostrarnos nuestra propia dificultad de crecer libremente, muchas situaciones alegran el alma y otras son una carga, si logramos tirar la carga y acrecentar lo positivo lograremos la armonía perfecta.

Realmente solo tenemos una época brillante y es la que en el momento vivimos.

El habernos enamorado de los días idos solo es armar un festín nostálgico donde solo las luces que brillaron veremos y las sombras incomodas las dejamos caídas en el tiempo las borramos de nosotros mismos y solo dejamos esos momentos amables plenos de armonía.

Todo sentido de añoranza de días bellos es un pensamiento retrogrado ya que es destapar del pasado lo que nos lleno separándolo de lo incomodo y revivir esas secuencias solo hace ver mediocre el momento que realmente nos pertenece, es crear sombras a las escenarios que son las realidades nuestras en verdad.

Yo opinaría que a partir de ahora dejemos en el olvido todo lo que es preciso dejar en ese mundo ya inexistente, y comenzar por valorar las épocas que tenemos al frente y disfrutar la mejor edad que podemos tener que es la actual, la nuestra y la que realmente nos pertenece.

Es la vida en si, el pasado solo es el eco de algo que ya no vale y pronto el velo del tiempo lo dejara sepultado en el olvido como una sombra que paso fugaz.

El presente; es nuestro vivir, es nuestro mundo, la realidad.

Es la edad en que carecemos de más defectos, y hemos aprendido más que siempre, así que es nuestro mejor momento.

Jamás existirá la vejez ya que todos marchamos en la misma fila nadie nos tomara ventaja y nadie nos alcanzara, la verdadera riqueza radica en lo que hayamos guardado en nuestra memoria y en nuestro pensamiento, es la riqueza de la experiencia.

Realmente no es suerte, no es destino, no es comportamiento ni el tener protecciones de ninguna especie . . .

Es muy importante, entender algo muy lógico.

El principio fundamental, radica en la actitud.

El ser humano tiene una valiosa opción sobre los demás y es el poder moldearse a las circunstancias de acuerdo a su criterio y este es elaborado en base del conocimiento adquirido a través de la vida, el conocimiento acumulado es nuestro mejor bagaje y es nuestra base para componer un presente pleno de armonía y de logros, es indispensable haber guardado en nuestro recuerdo todo lo útil y haber desechado todo lo incomodo y lo que pueda haber sido lastre para hoy.

37) Las Palabras Claves: "Ambicionar Hacerlo".

Es una frase insólita sin mucho peso ni dirección es posible que no tenga ninguna aplicación ya que solo son dos palabras que se repiten a diario sin mucho fundamento. Solo son una intención.

Carecen de valor si no hay un propósito creado o una intención que le acompañe.

Pero ya hay una motivación y un deseo personal de lograr proyectarse como alguien diferente mejor y con más sentido que hasta ahora.

Es algo muy trascendental que denotan el "Entusiasmo" y cada ser que tenga entusiasmo esta en la línea de dirección correcta por que, quiere hacerlo, sin importarle que es ya una intención dada, una inquietud que de asumirla hemos transformado todo, por que ya entramos en la acción practica y no hay que cambiar el mundo, somos nosotros quienes tenemos que cambiar.

"Solo los grupos humanos que creen en si mismos logran escalar, y fueron los que tuvieron entusiasmo, y optaron por hacerlo."

La gran mayoría solo hacen lo que por coincidencia les toca hacer, o por las obligaciones que podemos contraer en nuestro deambular diario, pero esto no es vivir solo es un existir sin ningún afán apegándonos a lo vital y obligante.

Son innumerables las empresas humanas desde tirar este papel al tacho, hasta inventar lo imposible.

Y si siempre se precisa del entusiasmo nunca se decaerá y siempre el paso será escalón y no un estático permanecer que es la situación de tantos. Los que conocen y usan la palabras; pereza, incomodidad, o aburrimiento.

38) El acto especial "La Actitud como manera"

La actitud es un signo de la personalidad que proyecta un sentimiento emocional sublimizado, es una emoción constante oculta pero que se evidencia donde la persona proyecta un estado de gusto o lo contrario, esta sensación es constante y demuestra un estado que puede ser para bien, si implica acercamiento agradabilidad, crecimiento o por el contrario repulsión.

Esta forma de proceder, crea ambientes que pueden generar daños irreversibles o también logran suscitar afectos si se prolongan y por inercia crean dependencia. "Siempre existirán esos seres con quien deseamos permanecer eternamente"

O lo contrario distancian hasta la separación total, se pueden dar en el trabajo, entre familia o simplemente en las relaciones en general.

Es muy importante tratar que estos estados nacidos del rencor oculto o de tendencias no claras sean limitados y erradicadas, o por lo menos disimularlas, son comportamientos que sin ser visibles si se traslucen en un estado incomodo que suscita fatiga, ansiedad y estrés.

Pero si son lo contrario de afecto es bueno que permanezcan latentes, coloquialmente se habla de "Tal persona me cae mal "o de otra manera se dice "No se que tiene pero es muy desagradable" esta persona no me cae bien desde que le conocí" todo depende de que clase de actitud se manifieste y es totalmente manejable por nosotros mismos.

Cada cual es responsable por su imagen y el dar el mejor carácter nos crea relaciones con todos, muy por encima de las expectativas

En las relaciones en general se presentan constante mente y lo mejor es evitar los que susciten incomodidad.

Pero si son para bienes bueno tratar de mantenerlos los que hacen que las simpatías aumenten.

En las relaciones afectivas son muy notorios que por rencillas mínimas se crean estados que pueden perdurar y si no se cambian, logran crear distancias insalvables que terminan en destrucción total.

La actitud es una emoción contenida inocultable que se manifiesta en una frialdad discordante, o por el contrario en una agradabilidad constante.

Pero también suele suceder que el asedio constante con gusto y afecto logre con el tiempo crear afinidad y hasta algo parecido al afecto adquirido aun la química no haga presencia, se da unilateralmente pero puede ser mutua con el tiempo, es algo muy común en muchos casos.

En lo social general es la actitud lo que crea la diferencia marcada entre lo que hace de hombre y lo distancia del "ser primario o elemental" El ser con una actitud negativa crea un ambiente que disocia y crea estados de inconformidad con todos, no es que sea incomodo, es que no encaja en ningún medio o grupo, su forma de proceder le crea un aura incomoda de una energía que desagrada.

Hay seres que solo son libras mas movimientos, sin destino sin razón ni dirección, y muchos, "Usan su cuerpo para vestirlo, su cabeza para peinarla y sus días para pasarla". Lo mas triste es que muchos logran educarse hasta un doctorado sin perder la mediocridad, ni la elementalidad.

Lo mas peculiar de este genero de humanoides es que muchos creen que lograron todo por tener cinco años mas de academia un grado, un master o un post grado pero dejaron su sentido común oscurecerse en el árido sentimiento de acariciar alturas por medio de acumular grados o títulos o diplomas o dinero pero el solo hecho de subir y ascender pero sin dejar de ser solo eso "seres incompetentes", (Seres que se presentan pasan pero jamás llegan a ser).

Estos radican el triunfo al salario y los encadena la solvencia como máximo logro, o al poder en si solo el espíritu de dominación les da el sentido de vivir.

Estos son el promedio mas amplio, No es mesurable ya que hay instantes que se salen de ese campo flotante e ingresan a la realidad y otros se salen de la realidad y se regresan a ese estado de mutismo irracional.

Es como una condena portátil es como una carga o lastre, del que se pueden librar sin mas que cambiando la Actitud, y así dejar de ser seres excluidos para ser personas realmente.

Yo en lo personal deseo crear la manera de despertar, de crear otro estar donde el ser descubra quien es, que desea, y hacia donde ir, con los pies en el suelo y la cabeza en alto con un destino marcado y con la capacidad de enfrentar la vida sin tropiezos y con la dinámica obligada por el medio real en que se vive. Solo se precisa algo de criterio personal y una revisión de la escala de valores, de cada cual.

Inicialmente hay que determinar como llegar a tener lo que encierra el concepto "Actitud", seguidamente el revisar los tres estados básicos humanos para lograr auto determinarse revisar el inconsciente, ver como esta el subconsciente y entender como actúa el ser en si o el consciente. Y equilibrarse con una realidad lógica, enmarcado en el paisaje real de la historia, la edad y el medio que realmente nos rodea. Como quien dice ser paralelos ala realidad inmediata.

La personalidad es nuestra forma real de ser, pero muchas veces es algo que no encaja o no corresponde con la realidad inmediata y esto es lo que llamamos una personalidad fallida, será mejor hacer el comentario de esta actitud para poder ser explícitos.

39) Actitudes distanciadores las respuestas Obvias y tontas:

Hay una serie de comentarios fatuos que predisponen en contra el buen ambiente de una conversación, esta es otra manera inconsciente de caer en fallas garrafales en muchos instantes y es cuando se antepone la burla buscando un comentario ocurrente pero no sabemos hasta que punto pueda ofender o ser incomodo.

Es muy fácil en cualquier instante descubrir una acotación obvia y sentir deseos de burlarse de la persona a quien se le hace y esto crea irritación y malestar en el otro semejante que siente se le ha considerado tonto o infantil.

El preguntar; hola cuando llegaste y responder no, no he llegado. También; Hola como estas, y responder vivo. Son innumerables respuestas tontas que en realidad no merecen burla pero hay personas que pretenden ser cómicas o chistosas y en verdad crean un pésimo ambiente para conciliar una charla de provecho, esta practica se da mucho entre adolescentes y jóvenes pero hay un momento en que se deja de ser inmaduro y siendo adulto deja de ser prudente estas anotaciones crean un ambiente muy negativo que impide una charla normal.

Hay instantes que el desanimo producido conduce a un cambio de injurias y molestias escondidas pero latentes.

Es de tener cuidado, de no aprovecharse de ninguna debilidad en la charla de otra persona para hacerle ver que es tonto o que es fácil burlarse de el.

Si hay maneras de ser ágil, manteniendo una charla formal se pueden convertir en enseñanzas de otro calado más formal y constructivo, si se mantiene la línea de respeto lógico.

Es otro nivel mas profundo, inteligente y sutil la charla profunda filosófica del maestro en parábolas, las fabulas con sofismas de cierta profundidad que invitan a la reflexión real o con matices filosóficos. En este nivel es diferente el descubrir figuras explicitas llenas de sentido.

La parábola, la máxima, el aforismo popular siempre denota un nivel constructivo de critica que enseña y construye, donde se exalta la necedad y el buen juicio simultáneamente.

Todo tipo de interrelación verbal implica un cambio de ideas y comentarios y en esta secuencia se pueden ver logros de crecimiento y persuasión es de especial importancia ver como sacar el mejor provecho de toda charla con cualquier persona.

Ahora se presenta un tema critico especial y muy importante que podría ser a meta especifica de todos nosotros y es el configurar la manera de ser, que sea mas que aceptable, agradable, con estilo y dirección que de la impresión de solvencia, de conocimiento y de veracidad que infunda credibilidad, y respeto esto le podríamos llamar 'personalidad arrolladora" Y merece verle con mas claridad y profundidad.

40) El triste accidente "La personalidad fallida:"

Todos configuramos una personalidad de acuerdo con el entorno sin medir pros o contra somos productos de una época y es el ambiente que nos rodea, con las proyecciones que aparecen y las posibilidades que vemos solo por que son evidentes. Aprendemos lo que vemos simplemente. Es por esto que hay que buscar mejorar, y no ser tan naturales.

Pero descuidamos la selección, el estilo, posiblemente los modales ideales y no los ademanes viciados, en fin una serie de actos humanos que nos configuran, muchos no en la mejor forma, es importante ver la forma para llegar a ser ese tipo de ser que siempre impacta por su prestancia, con una intención ya conocida.

Muchos optamos por imitar inconscientemente a diversos personajes que uno cree tienen popularidad, logros o triunfan Sin ser realmente así, pero uno supone que es la manera perfecta, como uno los ve, y piense sea lo mejor, lo de alguien que sobre sale o personaje de moda, algún relacionado, o personas que conocemos en parte.

Se pueden adoptar procederes que se piensa son la claves y entonces optamos por actos despersonalizados, cuando hablamos o nos vestimos, o en la escuela somos los mas populares pensando que la popularidad la obtienen de su aspecto pero solo es estilo particular el cual no es sano adoptar de buenas a primeras, de acuerdo al medio ambiente, cada cual se desarrolla en diferentes conductas.

El competir en marcas y modos, pensando que en esto radica la verdadera forma del estilo.

En verdad no es la ropa es como se lleve, como se use, es el sentido de la clase y la pulcritud sobre todo la pulcritud moral que se evidencia en la mirada simple y llana.

Pensamos que hablaremos como "ese" que se le ve bien y emplearemos su estilo y vocablos, sus amaneramientos, y ciertas maculas que se asimilan, sin intención solo por que si, y uno solo se da cuenta si un tercero lo nota este fenómeno es la aculturación que es el "como" de las actitudes de otros uno se impregna sin ser consciente de esto.

Realmente no estamos distantes de esta situación y todos caemos en esa misma tendencia.

Y caminaremos como tal actor que le da clase y sentido, pero realmente cada cual, tiene su sentido y su clase, y el tratar de imitar seremos despersonalizados y no encajaremos una cosa con otra.

Todos hablamos tal como aprendimos como por un simple accidente sin una dirección, ni con unas maneras manejadas, solo el accidente cotidiano, y nada mas.

También tendremos una dicción accidentada como normalmente "sale" jamás nos escuchamos solo oímos todo y tal cual lo inscribimos en nuestro sentido y no coincide regularmente cada cual somos diferentes, el hablar es un arte, jamás nos escuchamos, no sabemos entonar o intencionar, el aplicar énfasis o el ser categóricos, son cosas que se aprenden inercial mente sin gracia ni estilo solo se dicen y, como un accidente oral.

Podría ser más que importante el saber como es la mejor manera de comunicarnos con los demás, pues en esto radica en gran manera nuestra personalidad, y desde temprano podríamos ir puliendo esta manifestación personal, podemos mejorar" nuestro acento y nuestro estilo de comentar o de intercomunicarnos.

Nos reímos por instinto sin medir el como o el donde solo quien hace el comentario se siente bien o si nuestro jubilo corresponde al momento, no por que una sonrisa nos salga.

Es un dar sin ser pedido, no es bien visto y se iguala uno a los mediocres que lo tienen que hacer para congraciarse con quien sea en el momento el actor, o el payaso de turno esto nos resta mucho.

El actuar sin calcular es algo que bien podríamos cambiar de una vez y comenzar el manejar nuestras, formas de referirnos a los demás o los temas que se traten.

Hay que mantener todas las acciones calculadas, medidas estudiadas, el ser espontáneo es algo que no funciona, el sentido verdadero de lograr lo que se haya pensado es midiendo todas las situaciones como si uno estuviera entrenado previamente.

Es de gran importancia ver nuestro proceder en cada momento por que hay demasiadas fallas que repetimos y no estamos conscientes de esto salvo que alguien nos las insinúe cuestión muy remota por que la intimidación de la arrogancia y el respeto personal nuestro crea una insalvable distancia que no se supera con solo un comentario es indispensable ver como vemos nuestra actuación delante de los demás.

41) Vicios de Proceder, Maculas, y Gesticulaciones.

Existen demasiadas formas de ser incómodos, y crear ambientes que no son propios de alguien de una educación aceptable y nos incapacitan para formalizar con el regular de personas, lo peor de todo es que no nos enteramos de estos procederes.

Son lo justo para no ser admitidos en colectividades en las cuales tenemos que actuar, en esta variedad de conductas muy perturbadas con inclinaciones que pueden ser muy molestos para otras personas

Usamos la carcajada, así como el estornudo o los sonidos guturales, o la tos provocada, solo como vicios o maneras sin control ni medida, y usualmente a destiempo estas son maculas gesticulaciones y acciones que siempre incomodan a terceros, no a nosotros, son movimientos habituales inconscientes, y estamos acostumbrados a estos por el ámbito familiar o nuestro medio ambiente, donde no fueron criticadas nunca por nadie de nuestro entorno.

Son actos inconscientes que sin darnos cuenta afloran y no los podemos detectar como errores, el emitir ruidos para aclarar la voz, o hacer sonidos al aspirar aire por la nariz. Esto solo son los aspectos físicos que maquinalmente hacemos.

Esto sin caer en el uso de palabras repetitivas para llenar espacios, se denominan formulismos, vicios de dicción o frases de cajón y sin ser notorios para el que habla si son detectables por el interlocutor dando una impresión incomodas de mala educación o el estar ganando tiempo para llenar espacios, o el tomar otros desenfrenos, sin estar consciente de nada hay una falla de dicción algo no tan común hoy en día como el hablar y reprimirse, después liberarse con dudas el no tan común, hablar con tartamudeo esto es algo muy importante, por que implica una acción doble de consciente e inconsciente, si el menor es amonestado y enseñado a tiempo logra sobreponerse a esta falla que le puede seguir afectando por siempre.

42) Manías convertidas en síndromes "tartamudear":

Siempre se ha catalogado esta falla del hablar como algo casi congénito, o casi un defecto natural, o falla de lenguaje pero en verdad es una condición psicológica aprendida y sostenida donde la voluntad tiene mucho que ver y es la culpa de nuestros progenitores o de las personas que tuvieron el cuidado de nuestra educación primaria en los primeros años

Esta falla al hablar es algo muy elemental que aparece en nuestra primera infancia en nuestra niñez, se trata de una intención directa de comentar algo en especial, pero también hay algo de duda que nos impulsa a evitar la acción de decir lo pensado, y el niño por ganar tiempo se retracta y emplea unos segundos configurando una respuesta, es un acto de presión simultanea entre nuestra intención y nuestro deseo de no decirlo y mientras hay una decisión se interrumpe, es una fracción de segundo pero se emplea al decir las primeras letras de algo y repetirlo reiteradamente dos o tres veces.

El cerebro pone una atención relativa en un concepto y lo revisa y al fin lo dice.

Es un acto inconsciente de duda y decisión lo grave de esta situación es que no es perceptible por quien lo ejecuta o sea nosotros mismos y estamos distante de esto hasta que alguien, una tercera persona nos lo hace saber.

No siempre de la mejor manera y de ser para bien es necesario que haya ciertas características típicas que nos de opción de aceptarlo y tratar de cambiar.

Esta persona que hace la observación también debe hacer una reprimenda, es importante que haya contundencia, sin un impacto traumático no habrá cambio y tendrá mas peso la costumbre viciada de repetir y dudar al hablar debe tener cierta autoridad moral o importancia para nosotros, peden ser nuestros padres, la maestra o el director o alguien que pueda tener alguna influencia sobre nuestra formación, pero si nuestra personalidad y arrogancia es intimidante nadie se atreve a criticarnos abiertamente, entonces no hay una manera de estar al día y de modificar nuestras fallas o como corregirlas, estaremos sin enterarnos de nuestros problemas de articulación y así pasa el tiempo y la vida.

El balbucear es otra falla aprendida con la misma teoría de intención y duda simultaneas.

Somos seres nacidos del ambiente y conformados por lo inmediato, y proyectamos lo que sentimos y vemos es una semblanza muy elemental y así crecemos y somos, así simplemente, nos configuramos de la manera mas accidental posible, si no tenemos quien nos corrija.

Esto es posible cambiarlo y emplear la voluntad personal para lograr el superar estas discrepancias con lo que se es considerado como algo normal.

La forma en que nos formemos es algo muy accidentado pues tomamos todo lo que aparece en el medio ambiente que nos correspondió, pero es posible cambiarlo a tiempo si tenemos quien nos guíe, pero esto no sucede usualmente.

Esto no es personalidad es un aspecto que emana de nuestro deambular mas grosero incomodo y sin clase que los demás si perciben y solo es una precipitada manera de actuar nacida del medio que nos rodea.

Hemos aprendido de el entorno de lo que nos rodeo en nuestro crecimiento y nuestra formación.

De todas formas esto es totalmente cambiable mejorable y es mas fácil de lo que pensamos. Solo necesitamos algo de dedicación, para esto solo se precisa autodeterminación.

Es posible encausarlo por la mejor manera y ese es mi asunto crear las formas para que nosotros podamos cambiar para bien y logremos superar, todas estas incomodidades para lograr un acomodo social mas real en el medio y ser aceptados por nuestra propia forma de ser, no por los medios o la capacidad no por apariencia usualmente es nuestra personalidad lo principal en todo medio.

Se ha tenido que los modales, el glamour, y las buenas maneras son formas afeminadas solo para burgueses y personas de cierto mundo, pero no es así por el contrario mucha gente pierde su estatus por su presentación y proyección, mientras otras adquieren ese estatus por sus modales y su estilo.

La educación nunca ha sido propiedad de unos, es un bien general y el renunciar a ella es como evitar ser normales, la educación esta paralelamente emparentada con los modales y la pulcritud personal, moral y espiritual, casi podría decirse que la educación es para la personalidad como el aseo para el cuerpo, y la formación para la mente

Cada ser carga un estilo si lo ha esculpido, cada persona tiene obligación de ser y hacerse, no dejar que la vida, el tiempo, y el medio le transformen en solo eso una cosa andante, "Humanoide", el lograr ser competente implica el cultivarse el ir puliéndonos y buscar ser mas que aceptables en todo medio.

Y tenemos la tendencia a recostarnos en una situación que entendemos como más placentera y a esa misma manera vamos adoptando una personalidad y en momentos puede llegar a no ser compatible con el medio ambiente circundante, pero no siempre estaremos en el mismo medio cuando se suceden transformaciones también tenemos que cambiar con el ambiente que nos corresponda ocupar.

Es el acoplarnos paulatinamente la clave para lograr estar acorde con la vida real.

Hay una manera muy singular de adquirir esa disciplina que podría moldearnos en cada situación y se trata de auto limitarnos por medio del bloquearse, esta practica es una forma de condicionarnos a evitar ciertas actitudes que no corresponden a lo usual, esto habrá que comentarlo mas ampliamente, es algo complejo.

43) El auto control mediante el bloquearse Voluntariamente:

La disciplina personal es un control que nuestro cerebro tiene sobre nuestras acciones, es común escuchar decir "Es que me nace hacerlo o por el contrario no puedo estoy bloqueado"

Es el condicionamiento voluntario que nos imponemos para ciertas acciones o por el contrario la corrección que nos impide determinado actuar.

Es posible bloquearnos por principios por valores, por prejuicios o por traumas sucedidos en muy variadas situaciones, todo impacto traumático nos genera un sensación que se registra en nuestro inconsciente y nos crea una limitación, un aprensión, o simplemente un impedimento, muchas veces es importante se ocasionen estos traumas cuando son para modificar conductas personales. Ejemplo: En un momento dado se reprende violentamente un hijo y la ley no lo acepta, pagara una multa posiblemente algo de cárcel y desde ese instante evitara la violencia en sus reprimendas, se ha creado un trauma y un bloqueo psicológico y esto aflorara siempre que se repita un suceso que amerite reprimir.

En un simple acto de meditación se puede lograr un grado alto de auto convencimiento que nos haga caer en cuenta d evitar ciertas actitudes que puedan crearnos problemas en nuestra vida normal, si no sucede algo contraproducente así podemos imaginar como cambiar para evitar sucesos incómodos en el futuro de nuestras vidas.

Lograr el dominio personal es aprender a como bloquearse o por el contrario como desbloquearse cuando una limitación nos impide obrar normalmente, en sociedad o en nuestra vida regular, el asunto redunda en como descubrir que no hacemos bien o podemos hacer mejor.

 Conociendo el como bloquearse es la forma mas simple de lograr ese dominio que nos hace limitados en las tendencias que puedan ser molestas para otros, "El reprimirse no es una costumbre es una disciplina"

Es solo el reflejo del ambiente que le rodee sin una dirección y posiblemente tomando ademanes ordinarios que en lo particular no tienen importancia pero en general configuran una forma de proceder muy critica incomoda y es hasta vulgar, cada cual tiene obligación de configurar una manera de ser de acuerdo a las mejores costumbres y ademanes eso es lo que nos hace dueños de una personalidad que se acople a toda situación y siendo nivelada, uno pueda ser incluido en todo medio sin crear discrepancias con la realidad y mejor fomentando una relación lógica donde todo sea acorde con lo esperado. Seria interesante ver que es una personalidad arrolladora.

44) La búsqueda de la "Personalidad arrolladora"

Este término se aplica a seres que logran impactar positivamente con su sola presentación pues sus maneras y comentarios usualmente están acordes con el momento y las personas que conforman el entorno.

Este proceder cauto medido y dominado nos impulsa en todo campo y con todas las personas que nos interrelacionemos.

Este grupo de personas son de estado mental muy apropiado, y usualmente no piensan todo esta ya predefinido y muy meditado.

Son personas con una educación nivelada y acarician con todo comentario, siendo categóricos no intimidan.

Hay estados en que se departe con muchas personas de buen roce, y es cuando debemos analizar hasta el más mínimo movimiento acción y comentario.

Las personas que por obligación tienen que mantener relaciones con diversos grupos humanos como, ejecutivos empresarios etc., emplean comentarios que presuponen es lo que la otra persona quiere escuchar, usualmente se adula se agrada, se halaga, es la intención central del comentario en todo sentido el agradar el dominar y "convencer" a los demás, cuando esto se logra es cuando se cataloga la persona, respaldada solo por su propia "Personalidad" y es cuando se descubre la Personalidad arrolladora.

Solo cuando se logra un nivel emocional en armonía con el momento en que se viva, se puede pensar en tener un dominio de "si" con la medida exacta para todo y con un discernir frío calculado y medido, donde las emociones se manejen y se midan sin perder la capacidad del asombro. Son estados mentales y personales que nos hacen merecedores de todo el interés por parte de los que en el momento sean nuestro entorno.

Si pensando que nuestra presentación, nuestro estilo y maneras son o no ideales de acuerdo en el lugar en que nos encontremos, nos enfrentamos al mundo muy dispar y podemos tratar de ser lo mejor posible de acuerdo a las opciones sin comprender si realmente somos hombres con personalidad o simples seres que se forman sin mucho sentido de la realidad pero pretenden serlo.

Siempre hay una sensación de sobrepasar el medio que nos rodea, es un sentimiento humano generalizado, es algo natural inconsciente, así que el "Arribismo" es un sentimiento normal general, todos huimos de la "mediocridad" en todo sentido

Es muy importante que haya una manera de conformar con una disciplina definida en nuestro espíritu y el mejor proceder con nuestros modales, nuestro estilo, y lograr autoconfigurarnos con una actitud realmente positiva.

Cada día tenemos que entrenarnos como en una práctica deportiva o como un ritual habitual, el fin es de ser cada día mejor en todos los sentidos.

En lo físico es trascendental mantener una postura de acuerdo a nuestra actitud podría decir que: "La Postura conduce a la apostura"

Son demasiadas las personas que no se detienen a meditar sobre su actitud, o su presentación y se pueden caer en situaciones molestas que no están en el nivel lógico, y es cuando descubrimos nuestro mal actuar más por los resultados que por su misma forma de ser.

Y así funcionaremos bien o mal logrando o perdiendo solo permanecemos en una maraña de actuaciones que sin un propósito real solo nos permiten existir entre los humanos en una masa sin sentido, despersonalizados y sin una proyección especifica. Solo el existir ser sin sentido ni dirección mas accidental que educado.

Es muy normal ver en alguien su distancia con la manera agradable de ser interesante y simpático y solo se puede ver una persona de ademanes incómodos y con una formación que afecta negativamente en todos los campos.

Se han encontrado niños que se crían en la selva solo con animales y como tal actúan, nunca llegan a la normalidad, esto es un caso extremo, pero así mismo hay niños que a los cinco años dominan cuatro o mas idiomas o tocan de memoria una obra completa clásica al piano, también es un caso extremo, pero somos de la mitad mas un poquito alejándonos de la mediocridad.

Toda esta responsabilidad esta en nuestros congeniares y las personas que inicialmente nos educan en nuestros primeros años, desde que nacemos hasta la infancia es la época mas critica de conocimiento adquirido.

Después el conocimiento es deducido y aprendido académicamente, pero la educación dista mucho y es basada en los principios, valores y delicadeza, heredada en nuestra herencia cultural.

El poder tener influencia solo se logra si inicialmente hay identificación y no siempre por coincidencia, para poder ejercer influencia sobre otro hay que acercarse mucho ideológicamente a el esto es la identificación, después de esto ya podremos seccionarlo en nuestra idea o manera de proceder, también tenemos que adoptar maneras de acuerdo al momento y ser nosotros quienes realmente hacemos que la otra persona se identifique con nosotros, y evitar así perder campo de acción, si nosotros nos identificamos con el interlocutor estaremos en su campo y comenzamos en desventaja.

La persona que logre estar siempre en el centro de toda charla se convierte en modulo y en un patrón de conocimiento, es mucho mejor que ser dueño de la polémica o la discusión, solo hay que lograr tener el comentario justo en el momento apropiado y tratar de demostrar solvencia y conocimiento esto nos dará la propiedad, y es cuando es importante dominar la credibilidad y así tendremos la influencia suficiente para seguir en el centro, solo hablando lo necesario y muchas veces es mas sabio guardar silencio, u omitir esto conduce a la duda favorable,

45) Conformar la Personalidad Proyectada.

El transformar nuestra personalidad hacia algo superior es

La misión mas difícil y desafiante, es buscar la manera de hacer un cambio de "Actitud" y ese será mi propósito en esta obra, solo necesito que el lector comprenda, que cualquier persona se puede redefinir y buscar una forma optima de mejorar en todo sentido, el como nos enfrentamos a la realidad y descubrimos como colmar las expectativas que son necesarias para lograr acomodarnos a la situación de la mejor manera, y solo hay que hablar sinceramente y llenar una conversación con los comentarios apropiados.

El solo permanecer en la mejor disposición y atendiendo cada situación en su propio instante.

Quien alcance a manejar su pensamiento ya se sabe que lograra lo que se haya propuesto y escalara, pero hay que hacer un esfuerzo por encima de lo normal para lograr esta meta

Hay dos maneras de ver nuestro entorno y nuestra existencia y es el entender, que es importante diferenciar del comprender.

El entender solo asume el escuchar, con normalidad y solo saber que se entendió lo dicho.

El comprender implica lo particular, lo general, y lo proyectado, el comprender es entrar en medio de la temática ser parte activa y poder tener participación y asimilación así como el identificarse o el ser rechazado, en fin el asunto radica en como se aplique al existir, no solo se entienda la vida convencional. Hay que buscar como plasmarse y lograr el distinguirse para poder estar al día, el asunto principal esta en el comprender, que es algo amplio y pleno que ocupa en todos los aspectos, pero el entender solo es un acto involuntario, aun si lo sea de aceptación, el comprender es participar y dar sentido lógico a cada situación de lo contrario solo seremos testigos presenciales de nuestro vivir, y en eso estaremos siempre solo aceptando y sin participar de lleno como modificadores hacia el mejor estado, siempre hay que ser parte constructiva no solo asistentes sin sentido.

De esta forma pienso ir encajando el sistemático transformar de nuestro mundo y también nuestro entorno.

46) La persuasión Como Medio de Convicción.

Hay una forma muy simple de estar en acción constante en todo ámbito y es el estar aportando para bien.

El método de persuasión, es acomodando las razones y la lógica, no para decir algo concreto, directamente pero si sobre el tema pero indirectamente.

Procurando estar afectando sutilmente a la persona que nos escucha, sin que se percate de que tenemos una conversación envolvente sin mucha presión pero con mucha lógica y mucha verdad evidenciando cada situación con pruebas de veracidad.

Esto cuando se trata de conducir la charla hacia convencer,

Y el sistema puede ser acoplado en forma contraria cuando no se da la situación esperada y se opera un impacto traumático, hay que emplear el efecto contrario o sea el auto convencernos. Pondré un ejemplo.

Ejemplo: "Alguien desea hacer un negocio, la compra de un almacén, y la charla es general se trata que el negocio no se realiza y cae la persona en un gran depresión.

Para este fin se trata de ir comentando todas las posibles fallas errores y problemas sin hablar que lo relacionado a que fue mejor así como paso.

Se tomaran temas sobre la crisis. Tal vez de los riesgos del comercio actual lo inseguro del tratar de iniciar un negocio desconocido y extenderse en el tema se habla de una historia de algún amigo, que le sucedió un asunto similar y después se comenta que hay buenas formas de invertir en otras ramas mas seguras y no necesariamente en comercio, en fin se hablara de dificultades generales de crisis de preocupación y aun no se sabe nada del negocio a instalar, pero la otra persona ya ha escuchado de varios riesgos que no tenia en cuenta así como aspectos negativos, poco a poco se puede "Persuadir sistemáticamente", y en ultimo aceptar lo que en un principio fue incomodo en algo que rinde mejores frutos.

Son maneras sutiles de mandar una información subliminal que desaparece en el momento pero queda haciendo su efecto de convencimiento lento y simple sin condicionamientos ni confrontación, popularmente muchos comentan de charlas de tanteo. En este proceso de influenciar es muy importante que no se hable directamente de la acción que buscamos cambiar o variar.

El convencer o el auto convencernos es muy importante para estar siempre de acuerdo mediando la lógica y no solo la resignación.

Para esto he ido diseñando una forma sutil de afectar el subconsciente y llegar al inconsciente para hacer transformaciones e insertar deberes y retirar limitaciones.

Si se logra colmar el espacio ambiental con una tendencia ya prevista el interlocutor se vera con razones para aceptar insinuaciones mas directas.

Es muy importante no ser dramático o contundente solo explicito, para evitar traumatizar.

Quiero ir analizando los parámetros que hay que ampliar y las condiciones que hay que evitar, y muchas cosas que se necesitan condicionar, se trata de una modificación del inconsciente para hacer una inserción de valores y una depuración de otros y así lograr crear un pensamiento realista.

El convencer es arte mas que una conducta. Creo que es importante hablar del inconsciente, como tema especial.

Determinar con mas precisión los tres estados mentales en que podemos razonar es importante por que se ha usado repetidamente y sin conocimientos estos términos muy impropiamente, así que es bueno hacer una aclaración amplia y general.

47) Alma, Espíritu, Conciencia, Inconsciente

Tomado de (Wikipedia) La **conciencia** (o **consciencia**, del latín *conscientilla* 'conocimiento compartido') se define en general como el conocimiento que un ser tiene de sí mismo y de su entorno "*Conscienfia*" significa, literalmente, "con conocimiento" (del latín *cum scienfía).* En la especie *Homo Sapiens,* la conciencia implica varios procesos cognitivos interrelacionados.

Conciencia se refiere generalmente al saber de sí mismo, al conocimiento que el espíritu humano tiene de su propia existencia, estados o actos.

Conciencia se aplica a lo ético, a los juicios sobre el bien y el mal de nuestras acciones.

Una persona cloroformizada recobra la conciencia al cesar los efectos del anestésico.

Una persona "de conciencia recta" no comete actos socialmente reprobables.

La conciencia en psiquiatría, puede también definirse como el estado cognitivo no abstracto que permite la Inter actuación, interpretación y asociación con los estímulos externos, denominados vida real.

La conciencia requiere del uso de los sentidos como medio de conectividad entre los estímulos externos y sus asociaciones.

Está demostrado científicamente que otras especies animales también tienen conciencia de sí mismo.

El ser humano tiene conciencia sensitiva y conciencia abstracta, aún que también el pensamiento abstracto se presenta en otras especies animales.

Pero solo el ser humano pudo acumular el conocimiento y retransmitirlo, y todos los seres que aprovechan el conocimiento acumulado nunca pararan de crecer, y hay grupos humanos rodeados de creencias que limitaron su crecimiento y aun viven en estado salvaje, o primitivo aun estén en una sociedad normal contemporánea.

Por lo menos son muchos los grupos humanos que están limitados por sus creencias, políticas, filosóficas, religiosas etc. que se han limitado por sus propias doctrinas sectarias y alienantes al transformar la persona en estados muy elementales de crecimiento o desarrollo.

En el lenguaje corriente, el término inconsciente se utiliza como sustantivo para designar el conjunto de procesos mentales, que no necesitan depender de una prioridad, que no hace falta la voluntad para ejecutarlos, por lo tanto son actos involuntarios mecánicos. O bien no son relevantes para la tarea que se está desarrollando o porque ya tienen un camino establecido que atiende a esos eventos de forma automática, por lo que no son pensados conscientemente. Por que al estar ya en el inconsciente así mismo afloran "conscientemente" Sin una intervención de la voluntad propia.

Historia del término:

Empleado por primera vez como término técnico en lengua inglesa en 1751 (con la significación de no consciente) por el jurista escocés Henry Lord Kames (1696-1782), el término inconsciente se popularizó más tarde en Alemania, en la época romántica, (por ejemplo, en un poema de Goethe"A la luna" (1777) se utiliza por primera vez el término en alemán: *"unbewusst"*) designando un depósito de imágenes mentales, una fuente de pasiones cuyo contenido escapaba a la conciencia.

En el ser humano esta el área donde se mantienen una serie de mandos, que son condicionados por nuestra formación y juicio y se diría coloquialmente en términos populares; Las costumbres habituales, son actos ya inconscientes obedecen a la conducta personal de cada cual.

Y se sucede persistente mente hasta que quedan como una ley en nuestro proceder, esto es cuando se logra insertar el condicionamiento sobre una práctica positiva para nuestra forma de vida normal.

Es muy importante el crear una manera como evitar que tendencias momentáneas logren afectar nuestro juicio personal, En las decisiones en nuestro devenir debe primar la cordura limitada por el mejor deseo para evitar el crear estados de incomodidad a otras personas o a nosotros mismos, Estos instantes críticos son procesos emocionales no manejables se imponen y nos doblegan totalmente. Y es cuando obramos desaforadamente sin medir consecuencias ya sea de palabra, o de hecho, una decisión afuera de lo lógico, en un segundo pueden hacen daños que en toda una vida no podríamos arreglar, de forma que la conciencia es el centro del pensamiento y el lugar mas intimo de cada ser.

El estado inconsciente (psicológicamente) es una forma de actuar de acuerdo con el deseo primario sin condicionamientos.

En el Psicoanálisis tiene una importancia tan vital que es básica

El psicoanálisis es «una disciplina fundada por Sigmund Freud y en la que, con él, es posible distinguir tres niveles:

A) Un método de investigación que consiste esencialmente en evidenciar la significación inconsciente de las palabras, actos, producciones imaginarias (sueños, fantasías, delirios) de un individuo. Este método se basa principalmente en las asociaciones libres del sujeto, que garantizan la validez de la interpretación.

La interpretación psicoanalítica puede extenderse también a producciones humanas para las que no se dispone de asociaciones libres.

B) Un método psicoterapéutico basado en esta investigación y caracterizado por la interpretación controlada de la resistencia, de la transferencia y del deseo. En este sentido se utiliza la palabra *psicoanálisis* como sinónimo de *cura psicoanalítica*; ejemplo, emprender un psicoanálisis (o un análisis).

C) Un conjunto de teorías psicológicas y psicopatológicas en las que se sistematizan los datos aportados por el método psicoanalítico de investigación y de tratamiento»

El inconsciente es el concepto clave de la teoría, puesto que constituye su principal objeto de estudio, y designa en el sentido tópico un sistema y un lugar psíquico desconocido para la conciencia.

Otra escena") y en el sentido dinámico al conjunto de los contenidos reprimidos que son mantenidos al margen, apartados de la conciencia, aún cuando ellos muestren una permanente efectividad psíquica e intensa actividad a través de mecanismos y formaciones específicas.

Son épocas muy tempranas para comprender en verdad como es el funcionamiento de la concepción de la idea y su materialización en hechos.

El inconsciente es la función básica de nuestro actuar y de nuestra personalidad ya que es el centro donde tenemos nuestras normas y valores ya confirmadas.

Es la parte central de nuestra personalidad, es donde acumulamos nuestros principios, valores, tendencias y costumbres y todo tipo de formación general que aplicamos en muestro trascender en nuestra existencia o nuestra vida.

Es la parte de nuestro pensamiento que mantiene las guías morales, que empleamos para sustentar nuestra mejor manera de mantener una moral estable, funcional, y con una "Lógica practica" definida como una costumbre establecida.

Es normal que tengamos criterios vigentes no lógicos y que son limitantes, que impiden que nuestro razonar y función habilidad sea normal, son los valores que en un momento dado se hacen diferentes a las maneras reales como podemos enfrentar la vida, son las formas prejuiciados

Que se hacen costumbres y nos hacen caer en las discrepancias que nos puedan excluir en el sistema actual de comportamiento, normal natural.

Son muchas las maneras de comportamiento que hay que sacar de nuestra forma de actuar para crearnos una vida realmente funcional.

Mantenemos una serie de actitudes que nos distancian del mejor actuar.

Ejemplo: Este ejemplo ya lo he citado pero es una manera directa de mostrar este fenómeno de la limitación por el prejuicio.

De niño supe que el hablar de sexo era algo malo, pero al superar la adolescencia era algo necesario, si no cambiamos este valor inculcado estaremos limitados por esta tendencia siempre y veremos como sucio o impropio este tema, que es muy importante en determinada edad.

Para poder ser alguien competente tenemos que hacer cambios radicales en nuestra personalidad, son demasiadas las formas en que podemos insertar como otras costumbres o nuevos comportamientos claro que es imprescindible también ir sacando otros valores que ya son prejuicios que no están relacionados con las conductas actuales o cotidianas.
Son muchas las cosas que hay que ir transformando paralelamente a la sociedad que en el momento este con nosotros, el momento histórico contemporáneo.

Pero en verdad hay muchas costumbres y formas de proceder que en un momento fueron muy importantes que tuvieron un momento de vida práctica cuando fueron impuestos, pero que la madurez obliga sacarlos del sistema, ya que pueden convertirse en limitaciones, al dejar de ser prácticos al pasar de las épocas.

48) Limitaciones Traumáticas por una reprensión.

Hay tres términos que no son de uso común y que tendré que usar en esta comentarios y es mejor verlos con mas cuidado.
"El mito" es una creencia momentánea, sobre algo real o irreal pero que en general se acepta.
"El valor" Son los sentimientos que pueden crearse en el pensamiento respecto a muchos actos en nuestra vida personal, los valores los fomentan los mitos y no siempre es para bien también un valor personal afecta en contra de lo establecido como buen actuar,
"Los principios" son comportamientos existenciales que se adquieren por la clase de valores acumulados que nos incitan o nos limitan en nuestro actuar ante la existencia.

Si no hay una formación normal aplicada a la realidad contemporánea será muy difícil lograr romper los <u>mitos</u> que en un momento dado dieron paso a los <u>valores</u> que en una época fueron necesarios y que nos condicionan a ser menos funcionales, o por el contrario mas contundentes y certeros.

Creo que esto merece una aclaración mas profunda y el traer un ejemplo puede ser importante.

Ejemplo: En determinada época el menor no debe intervenir en las charlas de los mayores Y un día es amonestado y castigado, este menor adquiere un <u>mito</u> y es el de "no intervención" y esto lo hace cauteloso y receloso es cuando aparece el "<u>valor</u>" de la prudencia, y esto crea el "<u>Principio</u>" de alguien bien ducado.

 Esto esta muy bien en la infancia pero al superar la adolescencia, el que sea ha auto limitado para intervenir esto incluye la escuela las reuniones sociales y demás eventos normales, ya se convierte en un trauma, esta persona cuanto antes tiene que hacer cambio de valores o de lo contrario su forma de proceder lo limitara, le llamaran apocado o que es acomplejado.

 Esto puede ser normal en muchas épocas en que nos crearon un temor por una represión o un castigo, después será un peso emocional (trauma) por siempre en nuestra vida regular, por que tendremos limitaciones que no comprendemos, siempre olvidaremos lo que tenemos en el subconsciente, pero el golpe emocional si entra directo al inconsciente como una emoción negativa y esta será recurrente y nos atormentara todo la vida, son "mitos" que hay que ir eliminando y de paso insertando otras actitudes mas direccionalas a nuestro mejor comportamiento. Esto solo lo da el sentido común, y es difícil saber que esta bien o que puede ser impropio, por que todo se debe a la edad cronológica y a la época en que estemos viviendo "el momento histórico."

Se cometen muchos errores en nuestra forma de ser educados, retenemos mensajes u ordenes que no es nada bueno para nuestro libre discernir, heredamos pasiones bajas, la ira, el reaccionar, los rencores y los odios, la envidia etc.

Continuando con el ejemplo este menor que ha sido reprendido por su madre severamente.

Siendo algo muy mínimo en su recuerdo del hecho sucedido que solo lo registra en el subconsciente y se borrara instantes después, pero por el impacto emocional entra al inconsciente dejando una marca imborrable (trauma) que no se olvidara jamás y le atormentara para siempre cada vez que haya que enfrentar alguna situación relacionada con lo que fue castigado.

Ese acto termina en unos segundos pero "Nunca se olvidara ese instante de mi recuerdo", se escucha a menudo.

De manera que nadie sabe el trauma que su madre le propicio solo tratándolo de educar bien, lo afecto demasiado.

Este muchacho hay que revaluarle el mito de la no intervención, así anularemos el valor de la prudencia y poder eliminar una limitación y convencerle de que la participación es vital, para el integrarse y esto solo se logra antes de consolidar una personalidad, o de lo contrario en cada impacto emocional se ruborizara o se afectara profundamente.

Sucede mucho en muchas personas, que se afectan por muy determinadas situaciones particulares.

Es en la adolescencia que hay que ir iniciando ese cambio de valores, y romper los mitos que haya que romper, pero no podemos descubrir fácilmente como, hacerlo.

En la educación por un lado es vital pero lo que real mente importa es ir revisando cada una de nuestras maneras de proceder y es en la práctica diaria ir observando nuestro comportamiento cotidiano descubrir que actitudes no son del todo para bien.

Solo hay que cambiar un día, y ese día es hoy mismo quien se atreve a cambiar para bien ya logro superar el prejuicio general que lo limita. El proceso es simple pero de cuidado hay que ver cual es el cambio de actitud, tendré que hacer un ejemplo para ser mas explicito podría ser de cortesía, es posible que nunca al retirarnos de la mesa hagamos comentarios pero si podremos pedir permiso al pararnos de la mesa, no es un acto cotidiano en nuestras costumbres pero el pedir permiso al retirarse y ponderar la calidad de la comida algo jamás hecho . . . nos sonara extraño solo a nosotros mismos, el primer dia será extraño y no muy fácil todos lo verán cursi, el segundo dia será parecido pero menos traumático,

Ya el tercer dia es casi normal y saldrá con facilidad y ya el cuarto dia se hará mecánicamente y será necesario ya se ha instalado en el inconsciente y será un acto mecánico ya se ha modificado una conducta.

Así se pueden cambiar muchas acciones cotidianas es algo dispendioso el mejorar en todo pero con solo tratar de auto determinarnos y proyectarnos a "pulir" nuestras costumbres ya se ha dado el primer paso.

La clave es el momento inicial que hay que hacerlo por medio de nuestra voluntad, la segunda vez también es difícil pero la tercera ya es casi normal.

"En el momento propicio aparecerá la costumbre y pronto se hará inconsciente por medio de la repetición y persuasión la misma costumbre se convierte en ley y después aflorara inconscientemente en cada momento crítico" se convierte en un acto mecánico constante.

Hay muchas ideas que hoy no son practicas, aun en su momento lo hayan sido, pero las condiciones cambian de época en época, hoy tenemos que configurar otro sentido de vivir acorde con la realidad del momento.

Este comentario muy superficial solo encaja en algunas pocas situaciones pero es una forma obvia de mostrar estados de creencias que un día fueron necesarias pero que cambian con la edad o la época.

Muchas formas de pensar o de ver las cosas fueron aprendidas y no por un juicio profundo e inteligente, solo por que otro las aplico o la gente lo hace, por ver o escucharlo solamente.

Es cuando estas se convierten en prejuicios, y son juicios a priori o razones de otros sin nuestro escrutinio, esto será permanente de no ser que se mantenga vedado el tema en cuestión.

Algunas mujeres muy "prejuiciados" procuran evitar el tema sexual, en la mayoría de situaciones, por prejuicios detestan el sexo y todo lo referente a el y piensan que es una manera muy digna de proceder, este proceder fue muy importote en la adolescencia cuando lo adoptamos pero superada esa etapa hay que hacer cambios normales con la época que nos corresponde. Este proceder nos distancia de los grupos regulares y nos condicionan y de cierta manera nos limitan y optamos, por distanciarnos erróneamente, Se de muchas familias donde el sexo jamás fue tema. Y cada grupo tiene prelación por ciertos temas y fobias por otros.

El mito se ha de romper y el valor del tema que esta creando diferencias con lo normal que usualmente es algo prohibido y deja de ser valedero, hay que erradicarlo pero hay miles de personas sobre todo mujeres que evitan el tema por la limitante creada por un mito impuesto anteriormente como una manera ética de respeto moral en muchos casos afectan psicológicamente la persona en su vida intima.

Este tipo de procederes se crean en la escuela en nuestra formación pero cada vez en distintos ámbitos no en todos los campos y tampoco son para toda la vida.

Si fuimos educados por un profesor adulto el obra con el criterio de un maestro de tres generaciones por detrás de la nuestra, el lo hace con el mejor deseo y la mejor intención pero con el tiempo hay que transformar este proceder.

Son múltiples las situaciones que tendremos que ir analizando para revaluar muchos valores que nos hacen obrar de forma errática.

En ese momento era normal este pensamiento y se aplico con cordura y fue bueno en pero en ese instante solamente.

Se aplico por ser necesario hacerlo y esto fue en el lugar de nuestra formación elemental se aplico y fue útil crecimos y en un momento era necesario cambiar la forma de actuar y dejar la costumbre adquirida.

"Si un valor no se elimina a partir del mito que lo sostiene no se podrá modificar la conducta humana."

Cuando el valor no es destruido anulando el mito, es cuando nace el prejuicio que no hará, mas que limitarnos y nos hace conceptuar mal todo tipo de pensamiento que podamos tener.

El gran problema fue que no fue retirado en su momento crítico. Y ahora ese buen sentido se hace prejuicio y nos acorrala y nos obliga a actuar de una u otra manera.

En casa no se uso hablar del tema, o simplemente por un descuido social no se entro a discutir sexualidad y se ha quedado este mito respaldando el valor, de que el tema sexual es un tabú y al pasar de los días no se crea el criterio de cambiar las cosas, en algunos hogares.

Resulta que aparte de mantener una ignorancia al respecto se rehúye del tema por la costumbre de evitarlo, pero por deficiencias culturales no se erradica ese valor y se transforma en un prejuicio limitante que incapacita socialmente la persona y habrá de ser tildada de inmadura en muchas oportunidades o simplemente de ignorante.
Cierta ignorancia muchos la califican de virtuosidad, y se obliga ser o se vera mal en una dama ciertos temas.
Es muy posible que se cree una distancia entre los criterios por evitar discutir, pero esto crea estados de ignorancia dignificada a virtud. Siempre lo real permanece pero la aflora usualmente no hay que defenderle.
Un ser de conducta perfecta no debe de tener la ignorancia como algo sano aun en su momento importante pensarlo así, el niño asimila sin discutir casi todo entra al inconsciente directamente sin mediar dudas solo se escucha se atiende y se aprende.
Este ejemplo trivial solo es algo pasajero pero es infinita la gama de preceptos que permanecen anclados en nuestro recuerdo y se convierten en prejuicios limitantes que nos impiden ser liberales amplios y normales.
En el siglo pasado se pensó erróneamente que la ignorancia femenina era virtuosa y una dama de bien tenia que ser carente de cultura hablo del siglo XVIII (18) donde una mujer de bien no sabia escribir ni leer.
Esto solo era cuestión de hombres.

Pero son múltiples los temas, las acciones o las funciones que por deficiencias culturales se evitan tratar y se mantienen valores ya inoperantes que ocasionan los prejuicios.

Este es simplemente un ejemplo los valores son múltiples y los mitos que los sustentan son también miles . . .
Es my importante una relación cultural equilibrada con el medio ambiente o con el momento histórico para lograr tener la madurez necesaria para dejar de ser un hombre simple, deficiente, mediocre y reiniciarse como ser competente.

El otro campo subsiguiente es el sentido del proyectarse y en psicología se habla del subconsciente que es como están nuestras maneras, nuestras estrategias, y nuestros trucos, para confrontar la realidad, este campo es muy amplio y nosotros tenemos la posibilidad de influenciarlo. El aprender "tretas" y estilos de funcionar es otra forma de ser practico y aceptable en la vida cotidiana.

De acuerdo a nuestra formación y nuestro estudio ya que la cultura es el área primordial de la sabiduría.
Pero la experiencia solo se adquiere cuando sabemos calcular como desenvolvernos de una forma racional lógica y normal sin crearnos limitaciones que nos hagan ver como seres extraños de comportamientos diferentes a lo común.
Educación +cultura +experiencia= sabiduría

49) El Subconsciente es nuestro teatro cotidiano.

Este campo esta íntimamente relacionado con nuestro comportamiento, nuestro nivel cultural, nuestras maneras y nuestro estilo, es la forma de pensar y de manejar el entorno basado en lo que hoy hemos acumulado en nuestro registro de formas y medios, nuestros recuerds y todo lo que aprendemos del medio, seria coloquialmente hablar de nuestra caja de herramientas, o nuestro depósitos de tretas y trucos para emplear en nuestro devenir constante, serian todas las posibilidades aprendidas lo que típicamente llamamos experiencia o conocimiento adquirido.

Nuestra cultura, nuestra capacidad de deducción, nuestro sentido practico, todo esta ligado íntimamente con las vivencias que hemos superado y de las cuales hemos aprendido.

Pero principalmente como las hayamos abstraído y acumulado pues si se vive sin aprender seria como no haber vivido, muchas personas solo existen sin darse cuanta de las cosas ya que solo son testigos oculares de todo y jamás participantes.

El tener una vivencia y no extraer una enseñanza es como no haberla tenido nunca.

Es por esto, que es muy recomendable el meditar cada noche sobre los sucesos del día.

Meditación no implica sentarse en posición de flor de loto cerrar los ojos y esperar.

Eso piensan muchos sobre el meditar, pero el asunto es mas fácil y real. El meditar, elucubrar, Y todo acto de tomar claridad sobre los fenómenos del día estudiar como fue el éxito y cuales fueron las razones para el logro haya salido de la mejor manera, nos da las claves normales o los esquemas de cómo volver y hacerlo con igual o mejor resultado o lo contrario descubrir en que fallo el proyecto y por que paso así ver la forma que hay que hacerlo para que la próxima vez no sea un fracaso como hacer algo para que salga mejor.

Esto en las noches debe ser habitual e inconsciente el ver que razones o mecanismos dan un buen o mal resultado. El meditar en verdad es algo natural y esencial es como realmente aprendemos del asunto cotidiano. Es recorrer las vivencias y descubrir que ardid fue bueno y que intento fue fallido, ver como se logro el éxito de algo que venia mal, y el por que algo malo salio tan bien, evitando generalizar ni mucho menos ser parcial, el aprender es un arte, una virtud, y una ventaja, no es una costumbre ni un memorizar.

Es posible saber muchas cosas pero, lo más importante no es recordar sino poder deducirlas y crearlas con sentido común.

El no ser practico con el aprendizaje nunca llegaremos a la sabiduría, seremos seres plenos de anécdotas pero sin haber extraído su verdadera razón.

Muchos solo aprenden "Frases celebres ", aforismos o comentarios firmados, para demostrar conocimiento que no poseen" usualmente las citas son copiadas de otra persona que las haya dicho. "Lo mejor de leer un libro es olvidarlo".

Pero sacar una conclusión y tener el sentido real que fue el mensaje del autor y si fuera posible ni recordar el autor.

El aprender textualmente solo implica un esfuerzo muy grande y un ocupar de espacio mental con un bloque de palabras. Pero asimilar su sentido, entenderlo y sobre todo comprenderlo, es realmente la meta practica para adquirir esa agilidad mental del que no piensa sino que logra deducir por que todo fenómeno ya ha sido medido y analizado.

La ecuación de la sabiduría es; la mezcla de tres factores claves: Educación+ Cultura+ experiencia es quien realmente adquiere sabiduría, siempre y cuando este acorde con el momento histórico actual, o el instante social en que se viva.

Muchos escritores no escriben por que piensan en estar plagiando. Por que han aprendido muchos pasajes de memoria ocupando su propia capacidad con textos sin mucho sentido.

Pero que enuncian esquemas repetitivos de la realidad, si suenan bien o parecen lógicos, pero riñen con la ética personal y cohíben el pensamiento propio.

Es por esto que busco una transformación paulatina y lenta del ser que ahora somos en algo practico y pleno de sentido con una visión de la vida en relación con el medio ambiente, podría afirmar que hay un 90 % de humanos que tienen un ciclo vivencial basado en la inercia, y dolorosamente yo estuve incluido hasta ahora.

Pero ya tengo el deseo de ser pensante, no estar recordando, constantemente, es por esto que hay que aprender a no pensar y obrar por "Instinto inconsciente".

Teniendo la mayoría de respuestas ya fríamente pensadas y al momento de determinada situación aflora la reacción sin tener que aplicar la voluntad es un movimiento inconsciente automático.

Ahora veremos el consciente que es la reunión de nuestra alma o inconsciente con nuestra manera maliciosa de ser y ponerlo en nuestro cuerpo resultando el personaje que realmente somos.

Es el ser real que somos ante el mundo y la sociedad como nos ven y nos aceptan o por el contrario nos excluyen por ineptos o nos reciben con el deseo de escuchar la voz de lo real, de lo verdadero y con la credibilidad que siempre esperamos tener, es muy incomodo sentirnos ignorados y esto suele pasar cuando nuestro comentario solo son palabras sueltas sin una fuerza que imponga la verdad regularmente, cuando se habla con claridad y con lógica hasta lo mas elemental se llena de importancia.

50) El Consciente "Nosotros." Tal Cual Somos

Con este termino se designa el ser normal completamente apto y actuante, en medio de una sociedad regular, el ser social tal cual somos, somos seres conscientes.

Hay una marcada diferencia entre dos términos que suenan muy parecido y muchos no los distinguen el Inconsciente es nuestro íntimo sentir y el subconsciente es nuestra manera de pensar o razonar. Pero nosotros, personas normales somos Conscientes. Ahora la misión de esta obra es el lograr alcanzar ese obrar con cordura de ser humano en el nivel general normal.

El buscar llegar a convertirse en un ser competente y practico Será como tratar de hacer una proyección de un personaje que podríamos ir construyendo de acuerdo a la necesidad personal y nuestro mundo real, idealizando un ser que podría ser el final de nuestros deseos como personas, competentes y capacitados, personas de un grado de comprensión y con una personalidad magnética, y como alguien que merezca nuestra admiración y respeto.

Este ser ha de estar preparado en diferentes ángulos ya que tendrá que condicionarse para afrontar diversas situaciones de hoy así que debe ser muy afín con el instante que ahora mismo es nuestro entorno o nuestra realidad, es nuestro medio o sea el "Momento histórico actual".

Veo que es importante comprender con claridad cual es el momento histórico actual y haré un comentario al respecto por que noto algo distante esta frase.

51) Enmarcarse en el Momento Histórico Actual:

Cada día que vivimos es muy desigual al anterior y al siguiente, por que cada época es cambiante y se enmarca en una serie de parámetros sociales y costumbres muy dispares, con maneras de actuar y de hablar muy diferentes. Y de acuerdo con la evolución de cada generación, hoy día son los jóvenes de los tatuajes y los piercing, otro día fueron los de música así, o los que siguen vanguardias de cada temporada, los teenager etc. cada apoca se adapta a una serie de circunstancias, de tendencias o fads del momento y esto es el momento histórico el ambiente que se respire y en el cual nos desenvolvemos, si nos apartamos de esta situación seremos desadaptados por estar fuera de la época y así no podemos tener un pensamiento critico y ver las cosas desde el ángulo verdadero, es por esto que es muy importante estar comprometidos con la realidad que estemos respirando en cada momento y con la seguridad que pronto seremos trasladados a otra época que nadie conoce ni sospecha.

Es muy crítico empaparse de situaciones y de estados del momento en especial la moda, las artes, la música, y lo que concierne a estar al día, sobre todo de la música contemporánea, que aun no comulguemos con ella hay que darle aceptación y mas aun integrarnos es una obligación social, y moral, claro que cada cual que se quiera alejar de la realidad andante puede hacerlo y son muchos los que se alejan del momento real en el cual están viviendo y se les denomina "Desadaptados sociales"

Este grupo humano, es demasiado amplio y podría llamarse la mayoría y son todos los seres que se oponen al normal funcionamiento humano, por que desean que el mundo se detenga en su propia época y se niegan el comprender la realidad que en el momento se este respirando con su cultura y sus características normales.

52) "Desadaptados Sociales. Sin darnos cuenta.

Este termino unido al fenómeno social, da como resultado, un prototipo de personalidad muy conocido de seres que viviendo en una época, evitan identificarse con esta misma, y se recuestan a la costumbre, y estilo que fue su medio en su época, al pensar que esta forma de vivir es la lógica desean frenar la historia y el mundo y que todo se quede en esa manera que los rodeo en su formación.

Aun en esos días sus antecesores se asombraron del desorden existente en ese momento y pregonan que "Todo tiempo pasado fue mejor". El desadaptado se regresa a un mundo que fue el que el conoció. Aun le llamen retrogrado, el desadaptado cree que solo el mundo que el vivió en su formación es el verdaderamente lógico y practico.

El desadaptado social no solo esta fuera de época, también se distancia de la realidad del momento. Es muy común, el que muchas personas tengan una vivencia fuera de la realidad inmediata, y seria primordial hacerles comprender la importancia de adaptarse al medio en que nos corresponde vivir.

El estar acorde con el momento actual es una obligación moral, y hay que tomar conciencia que es nuestra realidad y nuestra vida, aun no estemos de acuerdo con lo que sucede es la rueda de la historia y tenemos que integrarnos de lo contrario estaremos enajenados y viviendo contra la corriente, la vida es esta y la realidad es lo que sucede ahora mismo, no lo que vemos como ideal por que fue lo nuestro.

El ser universal es lo contrario a ser desadaptado y el poder aceptar el mundo tal cual se presente es la única realidad el pretender frenar la evolución solo será un acto personal que no trasciende solo nos inmoviliza en la vida, nada peor que no querer ver la realidad inmediata.

Esta condición, no puede ser mantenida por mucho tiempo o seremos excluidos de todo grupo. Por esto es imprescindible buscar la forma de incorporarnos al mundo actual.

Solo creando una escala de valores que se equipare con las realidades inmediatas podremos conseguir una aceptación del mundo tal cual es, pero esta tarea es algo difícil por que mantenemos nuestros mitos muy dentro de nuestra manera de ser, son sentimientos que fueron muy vitales en ciertos días, cuando fueron necesarios de acuerdo a la realidad de ese momento, pero con el transcurso del tiempo dejan de ser guías morales y se convierten en formas de proceder coaccionantes y logran convertirse en lo que llamamos prejuicios, y nos condicionan sin una necesidad a vivir encadenados a secuencias que ya no son validas, pondré un ejemplo.

Ejemplo: Hay una época en que el discutir sobre una temática moralista de unas medicinas que la iglesia condeno, que ahora son de uso popular, seria fuera de lugar intentar discutirlo otra vez mas o mantener esta retórica alegando nuestras raíces religiosas. Hablo de los anticonceptivos que en una época era un acto vedado y sacrílego y pecaminoso se discutió mucho su aceptación.

Aun muchos se inclinaron en su contra, así mismo contra la energía nuclear, o el aborto o las drogas, hay mucho prejuicio que aletarga y lo más practico y sabio es comprometerse con el mundo actual, y no tratar de imponer nuestros criterios por encima de la vida normal actual.

El actuar preenjuiciadamente solo nos hace salir de una realidad que en verdad debe ser la que marque la pauta.

El mantener una idea sobre leyendas, historias fantásticas O el hablar sobre fabulas infantiles en épocas distintas, En la mayoría de los casos el ser humano se recuesta a una situación dada usualmente se acomoda a un estado existencial considerado como bien, una época un formato un estilo y un parecer que en ciertas condiciones funciono con resultados.

Pero ya son otros días y pronto otros serán los dueños de la historia y el mundo, los menores de hoy son los que nos reemplazaran y ellos merecen consideración y respeto, por eso la integración mas que positiva es obligante y base esencial de la cultura si uno no se integra se rezaga y desparece como persona será otro alienado mas que deambula.

Usualmente nos encanta regresar a momentos especiales que quedaron en nuestro recuerdo como instantes plenos y felices, siendo épocas en que pudimos disfrutar de logros y de una buena temporada, era nuestra juventud y fue nuestro marco.

Entonces traemos estos estados o amaneramientos que nos dieron resultados pero ya no están en uso y aplicamos secuencias vivenciales fuera de contexto pero que registramos como de éxito en días ya muy distantes, este romanticismo nos distancia de un juicio real del mundo actual y nos ubican en otra época sacándonos de ser seres coherentes y vitales para convertirnos en personas anticuadas sin una realidad lógica.

Hay situaciones que nos parecen normales pero se salen de la realidad nos acercan demasiado al ridículo.

Este proceder es errático fuera de lo natural y nos saca de la realidad para hacernos seres de una época diferente pretendiendo ser actuantes de un mundo distinto.

Este proceder fuera de lo normal no es ni bueno ni lógico ni real es como prender estar donde no es posible permanecer. No funcionara será como ver el abuelo bailar una tonada rock de hace 30 años cuando con ella doblego mujeres y sedujo adolescentes de nuestro entorno, esto ya no funcionara, seria mas practico bailar una música contemporánea tímidamente, lograría mas impacto que un ridículo sin ningún resultado ni sentido, nada obsoleto por mas que haya sido grandioso en su momento pero no es funcional en esta época.

El pretender una situación impactante de otros días no dará el resultado esperado solo un poco de nostalgia pero nada, es posible que experimentemos un sentimiento de traernos recuerdos que nos dará una sensación de seguridad y trascendencia a nosotros mismos, pero nos dibujaremos como seres fuera de época, y con mucha distancia de la realidad, pondré un ejemplo practico para dar mejor claridad al concepto.

Ejemplo: Recuerdo una mujer muy digna y señorial de mi trabajo pero en las fiestas solía vestirse con minifaldas y ropas de uso en épocas pasadas, las compañeras comentaron que eran ropas de mujer de 16 años y ella borde los cincuentas lo que la hacia victima de comentarios y burlas, los hombres se burlaban, ella no se entero pero hacia el ridículo, esto es una anécdota simple y trivial pero su contenido luego de la abstracción donde se deduce la manera que operan las emociones y las acciones.

Yo por mi parte disfruto las camisas de colores apretadas que pensé me harían ver mejor, en épocas distintas cuando eran mis días, era atlético y ágil, sin tener el cuerpo tan pesado como es ahora y hoy al tratar de usarlas solo hago el ridículo, ni colores estridentes ni tallas apretadas, y resulta que lo que debo comprar son tonos pasteles con tamaños amplios y que encaje en la moda de hoy y evite criticas de vestirme como con una marcada extravagancia o fuera de tono con la época actual, esto si es bueno asesorarse y buscar el equilibrio entre lo ideal y lo deseado "Ni mucho ni menos".

Es de vital importancia el excluir valores, el cambiar conceptos y el destruir mitos y falacias inexistentes que nos condenan a una presentación incomoda ante la sociedad y ante el mundo.

Hay una serie de creencia que realmente son mentiras sostenidas por la tradición, las llamare falacias o mentiras heredadas que nos corresponden por el paquete cultural que hemos cargado de nuestro entorno familiar y afectivo.

Enunciare algunas actitudes que son mitos sosteniendo valores que podríamos cargar erróneamente y tener en practica pensando estar en lo correcto, solo enunciare algunas falacias o verdades equivocas que se mantienen comúnmente en muchas personas, la realidad es que son infinitas pero solo enunciare algunas que en el momento llegan ami pensamiento.

53) Son demasiados los "Mitos y falacias:"

Enunciare rápidamente algunas

Que el bravucón es el tener más hombría . . .

Que el gritar nos da personalidad . . .

Que el posar así nos hace más atractivos . . .

Que el imponerse crea liderazgo . . .

Que el acceder es debilidad . . .

Que el ser infiel nos confiere estilo y capacidad . . .

Que el mentir es algo condicional a los hechos . . .

Que el ser violento nos hace más varoniles . . .

Que el pedir perdón nos resta personalidad o

Que el aceptar que cometimos un error nos degrada . . .

No son falacias, son mentiras sostenidas . . . Y como estas son miles y miles de creencias erróneas que mantenemos como actos normales y conviven en nosotros sin darnos cuenta si en verdad son reales o positivas, no tenemos un criterio claro para aceptarlas o negarlas solo están por que las cargamos como parte de nuestro paquete de creencias heredadas.

Hay que revisarlas veremos experimentalmente como podríamos analizar para destruir estos mitos que crean valores limitantes, prejuicios o factores deformantes de una personalidad aceptable, y nos limitan en nuestra aceptación por el mundo que hoy seria nuestro entorno.

Experimentalmente y solo por un análisis tratare de hacer un recuento y estudiar cada falacia ocurrida de los miles que podrían situarse de momento en mi pensamiento o en el de cualquier otra persona,

Bueno ya que entramos en este tema tan importante trataremos de ver con mas detenimiento cada situación solo por analizarla sin ir muy lejos, solo es una visión pasajera de tantas mentiras que flotan en el aire que hoy es nuestro medio ambiente.

Iniciamos con el primero les aseguro que no tuve que pensar para hacer el listado son infinitos pero solo estos afloraron en mi pensamiento en solo un minuto pero creo podría estar mucho tiempo seleccionando falacias, mitos, creencias y estupideces que tenemos como valores hechos reales y que normalmente son solo defectos en nuestra presentación ante el mundo andante, lo que nos excluye del mundo normal y nos hace permanecer en nuestro mundo particular,

54) La Admiración por el Bravucón.

Se tiene en ciertas sociedades pueblerinas y poco cultas la admiración por el violento que comete irresponsabilidades al no poder reprimir el ímpetu de intimidación que le hace reaccionar con una ira inmanejable. Es brutalidad, la falta de dominio personal, que nos incita a tomar acción violenta con los nuestros o con cualquier persona.

Solo nos confiere la irresponsabilidad de perder la razón ante una situación, y no poder controlarnos, realmente ante algo que no logramos arreglar de una manera inteligente es mas debilidad y cobardía el estallar violentamente y acometer en contra de los demás o con alguien en especial.

Hombría es lo contrario es el aceptar con dignidad lo que es incomodo o no es normal, es el perder y aceptar la derrota con hidalguía y entender lo que es inaceptable sin discutir es mejor entender la capacidad del interlocutor, el comprender que lo real, es lo que es, sin pretender crear puntos de vista que realmente no tienen el peso suficiente.

Comprender a todo costo que la verdad se impone por su propia fuerza, que es su misma razón, que no hay que imponerla con violencia ni con más argumentos que la simple verdad.

Que las palabras con lógica evitan el tener que imponerlas. "Que todo es como es y no como deseamos fuera". Lógica practica.

55) El Gritar o con Violencia Confiere Hombría.

Solo implica que nuestra exactitud no tiene fuerza y tenemos que imponerla violentamente eso es debilidad de criterio, el pretender enfatizar gritando solo indica debilidad, o la incapacidad de ser categóricos.

Nunca el deseo de ser fuerte ni de imponer, se debe dar por medio de la palabra dicha de mal manera, siempre el hablar pausado se puede lograr con contundencia y poder imprimir esa razón de la que se duda.

En todo cruce de comentarios lo que debe primar es la lógica y las circunstancias sin pretender imponerse y menos sobresalir solo la fuerza de la verdad debe ser nuestra manera de proceder y de hablar

Todo esto en relación directa con la personalidad, y el deseo de mantener nuestra razón defendiéndola no discutiendo.

Ahora hay que encajar una personalidad en un parámetro aceptable de moda estilo y maneras, entonces la relación con el aspecto es definitiva. En esto hay que recalcar mucho, es muy fácil nuestro gusto sea diferente a lo que esta en el momento como bien usar, en este campo el poder asesorarse seria lo ideal siempre hay personas que ayudan los seres públicos a "vender" su imagen su presentación y su obrar de la mejor manera.

56) Toda Pose que no Sea Natural es Odiosa: Si hay algo que reste personalidad es cuando se pretende estar posando o tratando de impactar con maneras aprendidas o fingidas, nada mas solvente que la presencia de un diplomático de carrera o un empresario o un político en su función, que nada le perturba que es incólume inmóvil y nunca se recuesta ni opta por tener poses fabricadas o remedadas cada cual tiene su propio estilo y usualmente corresponde a su propia personalidad.

Todo amaneramiento recién adoptado se nota irregular y no natural lo que crea en el interlocutor una sensación baja de la otra persona lo cataloga antes de poder configurar un concepto, sucede mucho en las personas de se aculturan sin cuidado y se impregnan con facilidad de cualquier medio en el cual este aun sea unos instantes.

El pretender crear un estigma de impacto se puede convertir en lo contrario el ridículo. Toda manera de pose o de postura que no sea natural solo muestra inseguridad, la personalidad es lo contrario, el estar simple llano y sin presunción nos da ese halo de firmeza que todos buscamos.

57) La necesidad de hacerse sentir o imponerse. Solo crea dudas de capacidad ya que la persona se debe imponer por sus ideas y su fuerza interior, sin evidenciar su deseo de liderazgo, el tratar de hacerse notar involucra diferentes conceptos de ignorancia, debilidad, inseguridad o simplemente falta de criterio o personalidad, toda persona que sabe que no le reconocen es quien desea ser notorio y eso le descalifica ante muchas situaciones, sin darse cuenta ya esta por fuera, en esto radica el no ser aceptado.

La sola presencia simple sin mucha dirección imprime ese toque maestro de la sencillez, que implica seguridad personal, todo ser de criterio no se trata de imponer, por el contrario al saber que esta ya impuesto y esta por encima del medio busca el no evidenciarse como líder y se trata de no salir de su sombra normal, quien pretende ser notorio solo demuestra su propia pobreza espiritual.

La persona que se acomoda ante una situación aun no sea su deseo demuestra ser ecuánime claro y sobresale por su capacidad.

Otros buscan esgrimiendo amaneramientos crear un estilo de superioridad también es notorio y corresponde a alguien sin un criterio definido

58) La Falta de Ética en las Relaciones Interpersonales:

Esta situación de desequilibrio, realmente no es un acto de perversidad, mas bien se trata de una forma niveladora personal, por mi parte, he sido muy liberal en esto y solo cuando siento que hay algo disfuncional afectivo se siente la necesidad de tener algo de afecto o de atención por otro lado.

Hay personas que piensan que el amor es un torneo donde vale todo y que el desamor debe pagarse con dolor o venganza que el pretender hacer justicia desde nuestro propio ángulo de la manera y solo contando con nuestros propios valores, solo destruyen sentimientos muy importantes que unen y además de esto crean distancias insalvables que después el tiempo no logra borrar.

Solo es una debilidad humana, que cargamos en nuestro fardo cultural heredado, el hombre opta por otras tendencias cuando en su jardín no logra lo que pretendió.

Por defecto se hace buscador insaciable, el estar en esta acción demuestra que su sed es eterna pues nunca logro llenar ese vacío interior afectivo, los hombres infieles solo son seres carentes de sentido y que dudan de su propio fin como hombres.

En la mujer es algo que le descalifica en todo medio y campo, la mujer que no se estima no se sacia nunca aun encuentre la persona ideal nadie será suficiente por que su deseo incontrolable de buscar siempre le mantendrá en acción de descubrir lo que no sabe esta buscando. Es un deseo de cambiar no de encontrar así que si descubre alguien en verdad su deseo primordial es buscar y continuar buscando se convierte en un hábito que nos doblega, como el que busca dinero aun lo tenga continua su búsqueda incontrolable.

59) Con El Mentir se Inicia el Desorden Moral Humano.

Es carecer de ética y de principios nada es real todo puede ser variable, el mentiroso es amoral, y podría considerarse enfermo mental por que carece de honestidad y esto es una anormalidad, usualmente el que miente carece de realidad y la moldea a su estilo, esta forma de la personalidad riñe directamente con la honestidad y con la veracidad, y excluye la persona de todo medio social donde lo primordial es el interrelacionarse este ser no tiene cabida ni aceptación.

La mentira esta asociada con el robo, con el engaño y toda forma insana de proceder. El pretender moldear la realidad sin una base real sino la conveniencia personal crea problemáticas de comportamiento que nos pueden aislar totalmente.

Cuando el hombre no respeta sus actos y carece de palabra nunca será bien visto por los seres que le rodean y poco a poco ira perdiendo su entorno hasta que un día solo tendrá su propia conciencia de compañía, pero este también carece de conciencia así que estará totalmente solo, por que todos los que le rodean terminaran decepcionados de el mismo.

El perder la credibilidad es perderlo todo. Y no ser aceptado en ningún lugar.

60) "La intimidación como Parte Normal Humana" Son muchas las personas que pretenden ejercer presión psicológica en otros.

Solo es la salida del incapaz, la vía del bruto", y la única opción si se carece de la razón.

El Intimidación carece de realidad y de convicción, y emplea la fuerza para hacer su voluntad real por su propia incapacidad, las vías de hecho solo se emplean cuando nada mas es posible, y en estos seres carentes de la razón es la única manera de intercomunicarse con el mundo normal, los violentos siempre descubrirán que jamás podrán influenciar solo imponerse.

No solo se da la violencia en los actos plenos de emoción que crean ambientes terribles y explosivos. Hay violencia en las palabras, en los comentarios, en las acciones y procederes.

La violencia moral es más impactante que la violencia física. Hay seres que con palabras sutiles y simples puedan crear heridas que no sanen nunca, el dolor moral es superior al emocional y al físico.

El moral es constante crea ansiedad y frustración. El emocional es inmediato y se puede esfuma con el tiempo en algunas situaciones, pero no siempre. Muchas veces las heridas son por toda la vida.

La violencia física si no se complica también es superable con el perdón, pero usualmente no se olvida y queda una sensación inconsciente por siempre. Es algo que al merecer análisis siempre se opta por la medida menos traumática.

61) La Formula Mágica el Disculparse o Pedir Perdón:

Es regularmente darle la razón a la verdad, y nos confiere un sitial en la legalidad, la justicia y buen proceder, aun muchas veces debemos perdonar situaciones plenas de injusticia el fin es la conciliación sin importar medios y no el hacer "nuestra justicia", cada cual tiene su propio juicio y su propia justicia es asunto de los valores personales de cada cual.

El dar la razón a quien es dueño de la verdad o la realidad es la mejor forma de conquistar la credibilidad por que nada que haga daño a terceros puede ser admitido, cada cual debe tener responsabilidad de sus actos y ofrecer disculpas por sus acciones o comentarios fallidos. Si dado el caso es injusta una culpabilidad pero hace libre otra persona, menos clara en los conceptos, vale bien la pena de aceptarlo y hacer que la pagina gire.

El arte de convivir en sociedad y evitar el rechazo

La veracidad es el orden de las ideas en su forma normal, cada ser que obra con la verdad siempre contara con acomodo entre todo grupo social. La verdad nos confiere la tranquilidad con conciencia y nos da campo de hablar sin pensar por que todo comentario es deducido de lo lógico, el que solo tiene verdades en si mismo solo hablara la realidad, puede decir y deducir sin pensar, no le hace falta acomodar las cosas así que puede usar su capacidad mental al intercomunicarse, al no tener que cubrir nada todo se hace transparentemente.

El aceptar que fallamos nos da credibilidad y sensatez, por que damos campo a que la verdad se imponga por su propio peso, y pronto con el tiempo se vera que lo real se evidencia por su propio veracidad.

Así vemos si analizamos muchos mitos o falacias que tenemos en mente logramos descubrir cuanto estamos fallando sin darnos cuenta.

Son muchos los mitos que hay que revisar, para poder estar en sociedad sin caer en errores que nos descalifiquen.

En cada época hay tendencias que arrastran con preferencia no la juventud exactamente. Sino los "despersonalizados" que usualmente buscan adoptar situaciones particulares ya que dudan demasiado de su propia forma de ser, En todas las sociedades se presentan situaciones donde nos basamos en creencias que nuestros padres nos inculcaron y nos obligan a tomar actitudes y posiciones filosóficas o reales que no están ligadas a nada y solo son creencias sin una razón.

El revisar nuestro perfil de exigencias nos hará revaluar algunos y negarnos a otros, el limitarse siempre será una forma de detenernos es mejor aclarar y dilucidar con una justicia que emane del momento actual cada tiempo trae diferentes concepciones del mundo que nos rodea.

Es de gran importancia permanecer integrados al mundo actual, y aceptar cosas que en nuestro momento fueron inconcebibles y las rechazamos en su época, pero si hoy son parte de la vida misma es mejor no excluirnos y si acoplarnos a la situación real.

Quien no se inserte en la vida misma como actualmente que funcione, estará excluido y por lo tanto carecerá de liderazgo por ser una persona acoplada a valores no usuales, se diría coloquialmente "Fuera de la realidad" o tal vez "Desubicado" o "desadaptado", realmente son vocablos sinónimos de quien no se integra ala realidad practica del vivir normal en el momento real.

62) Como Lograr ese Nivel de Personalidad Ideal:

Es muy normal el que nosotros tratemos de acoplarnos a prototipos existentes, así como a remedar formas de hablar o de proceder o de actuar, todo esto de actitudes asimiladas y aplicadas solo deforman el estilo natural.

Cada cual se adapta en su propia manera el tratar de emular o imitar ciertas maneras vistas en otros solo nos distancian de nuestra realidad.

Se tilda de despersonalizado a la persona que busca adoptar otras maneras sin ser las propias eso es notorio y deforman, el ser de bien, es muy fácil caer en este grupo sin dirección ya que solo subsiste por una inercia de sobrevivencia, el ser que se ocupa de perfeccionar su modus operandi de acuerdo a una lógica real acorde con la existencia misma logra esa aceptación que nos hace brillar.

Recuero un amigo fue a la Argentina por un mes y se le pego el acento, regreso hablando Argentino nadie le dijo nada pero lo bautizaron el Argentino y suscitó la burla desde ese instante deformándose ante todo el entorno.

Los amigos opinaron que se había vuelto loco, otros que era muy despersonalizado y mediocre y no falto alguien que se distanciara de el por su propia estupidez y falta de seriedad y el no se entero nunca de esta situación.

Es muy fácil caer en estados de despersonalización cuando optamos por cambios muy radicales en nuestro comportamiento. Y en un principio podemos entenderlo pero si se hace reiteradamente por persuasión ingresa a nuestro inconsciente y se convierte en una acción involuntaria, que aflorara ya sin nosotros tener conciencia de esto, y si no se hace deformara la personalidad en general.

Recuerdo amistades que venían a Norte América y en seis meses regresaron olvidando casi el español y sin aprender mucho de ingles, olvidando muchas palabras en español y hablando con acento americano.

Tengo claro el concepto de algunas personas que logran superar su estatus sobre otras en base a su estilo y personalidad, que el que mas simple se presenta tiene más seguridad y por lo tanto puede ser más prestante.

Esta persona no necesita reforzar su aspecto de la forma que sea tiene su importancia, sin dudar de si mismo esto es muy visible por los seres que conforman nuestro entorno.

El que ha buscado "hacer mas bonito su aspecto" ya con un tatuaje o un piercing o algún adorno solo demuestra que duda de si mismo, y trata de sobresalir pero emplea la peor forma es por esto que veremos sin discriminar; que las personas que logran las alturas carecen de adornos y de aretes y piercing o tatuajes. También ala inversa. Los que si he visto mucho en las películas es que no hay un preso o una mujer de alquiler sin tatuajes, en cambio los ejecutivos gerentes y políticos siempre carecen de estos asuntos tatuajes y piercing.

El pretender impactar es un arte que no es fácil de comprender pero que solo la razón natural nos lo dicta, de esto depende mucho el éxito personal.

Es muy visible descubrir en una persona su clase y su estilo con solo verle el impacto a la primera vista vale demasiado y es muy importante tener un cuidado especial en este aspecto, las personas se pueden estigmatizar por solo su propia presencia y con solo detalles ínfimos uno puede catalogar a alguien.

"Las mujeres con uñas extra largas no son ordinarias sino extraordinarias" etimológica mente extra, es un superlativo de ordinaria, usualmente les veo en personas sin clase ni estilo y ven en este hecho algo que las hace resaltar y en seres que carecen de una presentación clara y diáfana y no discrimino solo es una observación personal.

Es muy importante el seguir una secuencia lógica de adaptación con la realidad cosas muy difíciles puesto que uno esta dentro de uno mismo y solo después que uno supere la realidad inmediata podemos conceptuar de una manera acorde con el momento.

Yo deseo principalmente hacer una descripción lo mas clara posible no siendo fácil pues es muy difícil enmarcar en parámetros muchos sucesos que son emocionales y de mucha sensibilidad.

Pero si es posible ver lo que es negativo pero por la moda se puede aceptar como algo casual. En la vida de cotidianidad descubrimos muchas tendencias o situaciones que condicionan o esclavizan nuestra personalidad.

En este caso hay muchas formas heredadas del medio cultural existente de la música, de los artistas de moda, del tema del momento o simplemente del "fad" o del instante critico que de momento se viva en determinados ambientes . . . .

Son sentimientos que solo pertenecen a las seres que permanecen en este instante, la aculturación nos llena de lo que haya en el medio ambiente y esto no podemos evitarlo.

Nosotros solo vivimos sumergidos en un mundo de ideas y preocupaciones propias de nuestro mundo de asuntos y negocios. Pero la juventud si se impregna de muchas tendencias que los lanza en asuntos muchas veces fuera de una realidad normal consciente, creando aberraciones de proceder que de inmediato no son visibles pues la popularidad las condiciona a la normalidad.

Todo esto falsea el estilo de cada cual y lo deforma de un estado propio y autentico. El ser humano tiene en medio de todo un marco de presentación y es la personalidad esta compuesta por su propia mentalidad que se puede descomponer en los campos anotados.

63) Como Evitar "Las Acciones Inconscientes":

Nuestra vida esta enmarcada en acciones y ademanes muy propios y naturales, frecuentes que son nuestra manera de actuar y los cual nos caracterizan, muchos son buenos modales y algo bien visto, pero hay otras maneras que muchos las podrán ver como incomodas y groseras.

Se suceden a menudo y nos engrandecen pero las otras que se podrían denominar vicios, por que nos entorpecen nuestro deambular y damos el reflejo de ser mal educado o con pésimas costumbres en sociedad, ya que desdicen de nosotros mismos.

Son mecanismos automáticos, que nuestro cerebro ordena sin la participación directa de nosotros mismos, sin nuestra voluntad se realizan mecánicamente.

De estos depende nuestro ingreso en sociedad o el rechazo tácito que los demás hacen de nosotros mismos, es importante modificar muchos actos involuntarios, que nos hacen caer en notas que no concuerdan con las buenas costumbres.

Viéndolo en términos populares una acción inconsciente es el evento que se sucede sin que nuestra voluntad realmente tenga que impartir la orden o se necesite el deseo sino que se opera "inconscientemente" con naturalidad, nuestro sistema inconsciente lo dispara como una acción automática sin que nuestra iniciativa tenga que tomar parte directa en esta decisión simplemente, por lo tanto no nos enteramos, pero si actuamos sin tener conciencia de que lo hacemos, es algo involuntario, mecánico, tal vez casi automáticamente sin darnos cuenta, es muy importante corregir estas acciones involuntarias o de lo contrario siempre e caeremos en los mismos errores. Son mecanismos ya en nuestro proceder y no es fácil detectarlos hasta que otras personas nos hacen caer en cuenta, cuando esto pasa logramos descubrir fallas que serán indetectables para nosotros mismos, por esto es importante estar revisando que ademanes o modales tenemos que no coincida y para esto lo mejor es ver todo lo molesto en los demás y acoplarlo a nuestro proceder y ver si hacemos situaciones similares, hasta que un dia no tengamos las asperezas que nos hacen perder el lustre de alguien cultivado con una educación buena que no nos impida permanecer en todos los ambientes.

64) Hechos Casuales Involuntarios que nos Afectan:

Hay una secuencia de hechos, costumbres o vicios, en los cuales no tenemos mucha intervención, y son continuos en nuestra relación con los demás es algo no podemos percibir por ser actos inconscientes apenas perceptibles por los demás.

Son recurrentes y normales en nuestro parecer, esto es natural pero tenemos toda la posibilidad de cambiarlas a nuestra manera de actuar, solo tendríamos que identificarlas pero nadie se atreve a comentarnos por respeto.

Hay que ver en este caso la secuencia, es meramente psicológica así que en lenguaje común hablaremos del inconsciente o el alma que es el lugar donde se encuentras las guías principales que conducen a un obrar nivelado con la realidad de nuestra existencia, muchas veces no son lo ideal pero ya están en nosotros y son estados de costumbres y procederes que modifican nuestra conducta por toda nuestra vida, es por esto importante detectar estas formas de actuar y sacarlas de el inconsciente así obraremos normalmente y sin pensar y con la naturalidad debida, si logramos cambiar lo que no es ideal, podremos superar fallas que cometemos sin culpa ni con la responsabilidad propia. Realmente el pecado lo cometieron los que nos educaron en nuestra primera infancia en la niñez.

Son principios morales o amorales inculcados en nuestros primeros años en nuestra existencia, nuestros padres, nuestro entorno, nuestra familia, que crean costumbres que se transforman en mitos que dan campo a valores y estos se instalan en nuestra alma, creando los principios, ya cuando logran por persistencia quedar en nuestro inconsciente no somos capaces de detectarlos, simplemente se quedan y son parte integral de nosotros mismos, nos modifican la conducta sin darnos cuenta, son demasiados y no es fácil descubrirlos son anomalías propias no comprensibles pero si constantes y recurrentes, pero podemos buscar la manera de evitarlas mediante el escrutinio constante o por medio de quienes nos rodean mas de cerca.

Para ingresar o hacer cambios en el inconsciente hay que emplear ciertas técnicas de autopersuacion, y convencernos para poder adoptar actitudes menos molestas para los demás

Tratare de un acto normal hacerlo convertir en un acto inconsciente, podría ser: el pedir permiso para pararnos de la mesa y agradecer la comida estupenda.

Esto es fácil solo hay que intentar una acción la primera vez y ejecutarla aplicando nuestra voluntad, es hacerlo obligándonos, como si fuera una obligación, aplicando nuestra voluntad directamente puede ser algo difícil.

Después del primer intento hay que procurar volverlo hacer con menos dificultad, y al otro dia en otra comida hacemos el intento con mas naturalidad.

Repetirla la primera ves es algo incomodo, luego vendrá la segunda vez de la misma acción, y la segunda es menos molesta y la tercera vez ya se acepta mas fácilmente, y después será casi un acto mecánico, y luego se hace inconscientemente.

Esta forma en términos populares es descrita como "La costumbre crea la ley" y así todos los mitos y valores que tenemos y nos condicionan están supuestos a ser cambiados por nosotros mismos, solo hay que hacerlo hasta convertirlos en habituales y constantes así cambiaremos actitudes y reacciones.

Regularmente estamos ante una llegada constante de mitos creencias o comentarios que debemos dejar de lado si logramos percibir que son incompatibles con la vida normal de bien y otros adoptarlos a nuestra vida regular, si notamos que son buenas costumbres cuando son para bien los otros hay que erradicarlos de nuestro proceder.

Muchos de estos son temporales algunos afectan hasta la adolescencia otros hasta nuestra juventud y otros por siempre en esto hay que tener un cuidado muy especial ya que si se posterga mucho la desarticulación de un valor se convierte en "Prejuicio".

65) Un Malestar que nos Limita" El Prejuicio"

El prejuicio es una condición que nos hace tomar una posición determinada ante un fenómeno sin medir la trascendencia de nuestra actitud, y son ya determinaciones creadas de ante mano por determinadas influencias no exactamente por nuestro criterio, solo por creencias infundadas de antemano por determinadas razones sin nuestro personal concepto, la aculturación es un accidente social que modifica nuestro proceder.

Esta manera de proyectarse juzga y condena mucho mas que modificar una conducta, es un pensamiento estático que hemos fijado en nuestro conceptuar, limita y atrofia la mentalidad de nuestro proceder.

Por que se sojuzga sin que haya un criterio dado solo una manera viciada y critica de condenar directamente.

Sobre esta temática ya se comento someramente pero la realidad es que hay que profundizar mucho más. Son muchos los seres que han adquirido determinada visión sobre diferentes temas sin más formas de análisis que el simple comentario volátil o el escuchar de alguien o simplemente por un criterio caprichoso sin el verdadero sentido investigativo,

El escuchar que algo o alguien es bueno o malo sin ver el porque nos prejuicia de inmediato y dependemos emocionalmente del medio que nos ha rodeado en nuestra vía de información sin un cuidado personal.

Esta forma de proceder es odiosa y puede ser incomoda para otras personas, lo que hace que nos excluyan sin poder entender por que, simplemente por emitir conceptos fuera de una situación esperada. He escuchado mucho sobre el que tal persona esta muy prejuiciada en muchas situaciones, esto se da cuando el criterio es adoptado de creencias de otros sin el cuidado que merece el optar por una posición a determinado tópico que en momento nos pareció acertado por el ambiente en que fue dicho, si en un estado de ira colectiva uno se puede exceder y gritar un improperio, fue el calor del momento que causo el hecho pero se ajusto muy bien a la realidad tanto que pudo haber sido adoptado y al emplearlo en un ambiente frío puede sonar disonante y demasiado cruel e impactante, el ego es algo con demasiada flexibilidad y puede tener connotaciones fuera de lo lógico y llegar a ser mitificado como un ente de fuera de la realidad con caracteres de mucha fuerza y hasta inmortalidad en muchas creencias.

66) Mitificaciones del Ego Hasta la Inmortalidad:

Nuestro pensamiento ha sido calificado modificado analizado y visto de infinitas formas, y se le han dado al alma valores hasta inmortales y proyecciones mucho más lejos que esta realidad tangible

El inconsciente ha sido mistificado o mitificado al nivel de inmortal dependiendo el credo o creencia filosófica al cual se pertenezca, en esto seré muy respetuoso de cada cual por que en el pensamiento científico las creencias no tienen mucho en relación y carecerían de piso científico, cada cual mantiene un nivel muy personal filosófico sobre la vida la muerte y la eternidad, que solo son figures abstractas de un pensar modificado por nuestras creencias.

Cada grupo filosófico tiene su tendencia muy particular y cada una difiere de la otra, y si yo impongo mi criterio según mi formación excluiría muchos del tema y dejaría de ser pensamiento serio para ser parcial hacia algún credo, donde se necesite creer por solo dogma leyes o por fe.

Yo respeto todas las creencias pero no es posible recostarse en ninguna solo la posición, científica.

Tendré que obrar libre de condicionamientos así no caeré en ninguna tendencia filosófica marcada y que discrimine otras.

El pensamiento científico solo se atiene a lo verificable y que sea comprobable de alguna manera lógica y real.

Después de comprender estas situaciones si podremos ver con más confianza el verdadero sentido de este trabajo y es el cambio de valores.

67) Como Transformar Nuestros "Valores":

El cambio de valores es una operación psíquica muy trascendental y se evidencia en todos los campos, pero jamás se le ha dado importancia y se sucede por inercia, por accidente o por casualidad, siendo esto tan vital como el cambio básico de nuestra vida el revisar actuaciones, y descubrir estos procederes, o por el contrario su propia falta de criterio o inmadurez de cada cual.

Es en este punto donde radica la parte mas determinante del ser y lo que hay que tratar para lograr cambios en al personalidad, en la forma de proceder y de presentarse en todos los ámbitos de la vida.

Si es posible insertar valores nuevos o por el contrario borrar otros que ya no deben existir, es un proceso algo delicado ya que el ingresar al inconsciente es mediante persuasión y convencimiento, y casi podría decir que no hay un solo ser que no necesite urgentemente cambios en su forma de proceder o en su personalidad.

Este medio de transformar comportamientos es la tan conocida terapia que aplican ciertos elementos entrenados, pero la verdad para dar terapia mas que entrenamiento es necesario talento, el repetir canciones de: usted debe; tiene o es mejor que bla, bla, bla

Este ingreso en el inconsciente de la persona es algo muy delicado pero esto solo se puede hacer después de haber logrado una profunda interacción entre el trapista y el paciente por que se requiere más que una intima confianza casi una camaradería o complicidad.

Solo en este grado de afinidad podría lograrse el efecto de asimilación de un mito para que soporte un valor nuevo, son maneras que el paciente por estar en plena identificación con el que hace de trapista en el momento puede ir convenciendo y así lograr que acepte rechazar un mito incomodo para reestablecerlo o cambiarlo de manera total solo se logra si hay un medio de acercamiento donde pueda existir la credibilidad sincera y prime la identificación y el aceptar son dudas el nuevo sentimiento decididamente. Hay muchas distancias que vencer para lograr el acomodar este nuevo pensar, para poder tener la posibilidad de afectarse, daré un ejemplo es muy compleja esta situación.
Ejemplo: Se trata de una dama que se ha afectado desasido hasta traumatizarse por descubrir que su esposo le fue infiel en un viaje que ella ha realizado.
, y le ha dejado solo por una temporada.
Es evidente que en ella por razones familiares tiene aversión por los hombres infieles, su madre padeció este flagelo, entonces hay que convencerle que ella sobre valora este pecado como una falta superior terrible pero que realmente el impacto no es de tal trascendencia que todos los hombres somos así y que el promedio mundial es una infidelidad cada tres años en una relación normal.
No estoy sentando valores solo trato de explicar técnicas de disminuir un impacto traumático que afectara su concepto, con respecto a determinado asunto, y continuar minimizando el golpe emocional hasta convertirlo en algo elemental de mínima importancia, solo así se logra ingresar al inconsciente del interlocutor hasta doblegar pensamientos arraigados que nos afectan en diferente medida.
Se trata de manejar la técnica subliminal, para lograr la persuasión por convencimiento, el comprender que una situación es

asimilable no es fácil y hay que persuadir y recalcar hasta lograr el convencimiento real.

Referente a lo subliminal en la información:

> Las técnicas subliminales son maneras imperceptibles donde el convencimiento se logra en base a que la información sutil, no es consciente es profunda e indirecta donde se afecta la persona por diferentes vías sin enunciar directamente el verdadero sentido del cual se busca empapar la persona o el interlocutor.

Este mensaje se hace subliminal*en tres formas distintas sin hablar de lleno de la situación real sino comentarios alternos con la misma similitud, hasta "condicionar "o ablandar el pensamiento de la persona y que logre comprender que es una situación común normal elemental.

Se supone que esta manera no legaliza determinada actuación solo se trata de ir cambiando la gravedad de la falta en el pensamiento de la persona, hasta lograr una aceptación, y que ella comprenda que realmente imprime una trascendencia exagerada a una situación casi normal, o que es posible mostrarla como tal, pero de ninguna manera se acepta la lealtad o el faltar de ninguna manera a los asuntos de cada cual en su escala de valores como un hecho regular, solo en este caso, especifico para tratar de minimizar el trauma existente en el momento.

Son muchas las posibilidades en la vida en que faltamos a lo normal o a lo justo pero en todo caso es posible minimizar los efectos traumáticos de un mal obrar, solo convenciendo la otra persona que algo que ve muy grave realmente no lo es y que la trascendencia dada al asunto solo causa mas mal a nosotros mismos que a la otra persona.

En el caso de una infidelidad en una pareja, se traumatiza la mujer y desea terminar todo de raíz dejar toda una vida hecha por un enredo momentáneo con "alguien".

El próximo estado es el de reducir a una condición leve lo que la otra persona siente que es terrible.

Después paso siguiente es el de convencerle que ella tiene una visión infantil de la realidad que no hay una sola relación sin infidelidades por razón de la otra persona o del hombre.

Social y culturalmente el hombre latino, esta ligado a costumbres que la mujer de hoy no logra comprender claramente, y en esto se encuentra la poligamia, el machismo que legaliza el alcohol, la violencia, y son sentimientos, como un factor cultural, heredado, el ambiente cultural es algo que no se puede negar nunca y la aculturación hace que el hombre vea como normal algo inmoral ya legalizado por una tradición cultural, o una vida acostumbrada a ciertos estados que aun siendo anormales los vemos como algo regular habitual.

Usualmente el hombre fiel entra a lo normal el hecho que el hombre es así por naturaleza y que pedirle lo contrario es algo muy elemental y casi fuera de la realidad. Se continúa el proceso muy sutilmente, hasta convencerla que hay que remover el valor del hombre "fiel" que no existe. Solo existe el hombre que respeta, uno no se puede condicionar a no admirar gustar y sentirse afectado es por esto que hay que insertar otro de que "la infidelidad es un acto con el cual hay que convivir". Aun no se presente pero es una realidad humana por parte y parte.

Son dos estados que hay que revisar y extraer uno e insertar el otro, aun no sea real hay que manejar la situación solo en el plano de disminuir un impacto que causa demasiado dolor por estar tan arraigado como un trauma profundo de gran impacto.

Es posible que una persona plena feliz y colmada de realidades positivas nunca de campo a una relación extra, pero no siempre se tiene esa actitud y pueden haber actos de infedilidad que no lo son en verdad Y hay afectos marcados escondidos que si son realmente infidelidad y hasta se aceptan sin comprender "Si se habla de algún amor olvidado es que no lo esta realmente", o el comentar que alguien no se olvido nunca eso es infidelidad realmente. Es infidelidad verbal aun no haya un hecho real. Pero una salida fortuita con alguien solo es una aventura mutua accidental, usualmente el roce físico no implica ni amor ni afecto solo el respeto hacia uno mismo por los valores heredados, "Es mas grave ser incapaz que ser amoral lo primero afecta siempre lo segundo solo es un defecto efímero."

En esta sociedad hay conceptos formados que no coinciden con la realidad y hay valores que también se salen de lo cotidiano y son asuntos a revisar y hay que cambiarlos en su debido momento y tiempo, de lo contrario nos afectaran sin descanso una y otra vez.

68) El embrujo del "Convencimiento subliminal

En toda conversación, es significativo destacar un factor muy importante y es el pensamiento mutuo que flota en el ambiente sin descontar la charla que se sostenga esto es el pensamiento real o la intención mantenida, sostenida y potencial, siempre habrá un a política personal o intención ya prevista y se aplica en el ambiente que cada cual se desenvuelve y con las personas que se esta interrelacionando. Este sentimiento del mensaje subliminal muchas veces si no siempre s algo involuntario pero no deja de ser un deseo inconsciente y potencial.

La simple forma de vestir de una dama y sus arreglos para acrecentar su belleza, puede ser incitante y siempre lo es una invitación subliminal a un hecho concreto de seducción pero esto en verdad jamás se enuncia, se evidencia o se acepta, pero el esmero en vestir, la pulcritud y la belleza los aromas, en si son un mensaje subliminal de seducción totalmente intencionado y real, pero ni se acepta ni se comprende pero funciona muy bien.

En años recientes se descubrió que al insertar un mensaje de tome refresco esto sin ser perceptible físicamente pero el inconsciente si lo detecta y crea una repentina ansiedad para inclinarse por lo ordena inconscientemente, y al momento del intermedio o pausa en la película, de no hacer el acto inducido quedaría un malestar, o una incomodidad y al tener el refresco tal vez no hay sed por que en verdad fue un acto inducido psicológicamente sin la participación normal de la persona conscientemente.

De todas maneras muchas personas salen como en trance a comprar ese producto en especial, igualmente una mujer se arregla para seducir aun no lo acepte o diga lo contrario "Ella gusta estar Linda y sexy dice que solo es por estar bien y jamás aceptara que es un deseo subliminal de seducción" solo ciertas mujeres de algunas culturas del Asia por asuntos religiosos no permiten mostrar mas que los ojos y las manos, en este medio de prohibición de mostrar si se puede ver la no intención de seducción, pero esto solo se ve en grupos demasiado alienados por sus creencias.

También existen muchos comentarios subliminales en los llamados "estudios" que se acuñan comentarios que se repiten por todo lado como: "Estudios realizados por la universidad de Yale demuestran que el polen de los cerezos causa neurosis" si esta noticia se esparce por diferentes medios aun no sea nada serio ni verdadero ese comentario estigmatiza los cerezos y es posible que nadie mas camine por ese parque por un temor inconsciente por ese polen, esto suele suceder en muchos campos y no es fácil saber si esos estudios son reales o simple mente rellenos o campañas de publicidad maliciosa, también la prensa manipuladora a nivel mundial puede crear tendencias sin mucho sentido pero que si repercuten, así mismo logran creencias arraigadas en el publico o crear simpatías u odios por razones fuera de lo normal, esto es muy trabajado por la propaganda comunista en contra de occidente su enemigo directo culpan los motores de progreso occidental como los responsables de todo lo malo en el planeta, despotrican y maldicen las multinacionales y las familias dueñas de la gran banca que son los que permiten que exista el préstamo con interés mínimo, y logra occidente trabajar crear industrias o evitar quiebras por el desorden del mercado. Eso no sucede en el mundo comunista todo el mundo es una ficha que produce nada mas es un esclavo del sistema sin dignidad ni libertad, Y las multinacionales han reducido costos aumentado efectividad y logrado invertir billones en investigaciones pudiendo mejorar técnicas tecnologías y procedimientos que al final son robados por los comunistas para reproducirlos burdamente.

En Norteamérica se suele vivir de la psicosis popular por la posible amplia difufusion de las noticias al no haber restricciones de manera que todos nos enteramos de todo.

En los países de corte comunista solo se entera de lo que corresponde en cada grupo, con noticias filtradas y manejadas por el estado al tener una vida limitada por el gobierno dictatorial en manos de psiquiatras sociólogos y manipuladores en general.

69) Mucha Información Pasa por Debajo de lo Visible.

Es importante recordar que el subconsciente es el vínculo que sustenta el hombre como ser pensante, es el constante devenir y nuestra actitud.

El subconsciente mantiene una estrecha relación con el alma o el inconsciente y al unirse con la parte física, el cuerpo para convertirlo en un ser social, humano y practico, que es el <u>consciente</u> realmente, o el pensamiento, propio de la persona normal en su propio ambiente.

En la época de Freud nace el término subconsciente como un estado inferior de captación, como quien dice por debajo de la conciencia pero esto ha cambiado a lo que hoy es en realidad, o sea el área de acumulación de datos temporal y la que nos da la prestancia o nos la resta.

Para entrar en este campo tendremos que actualizar el termino al concepto contemporáneo y no como nació en el siglo antepasado.

Bien evolucionando con la historia daremos un significado mas contemporáneo Es la parte de nuestro pensamiento de más trabaja cada día se incrementa y lo mas apropiado es que sea para bien. Es el lugar donde mezclamos las tácticas, nuestros procederes, nuestras costumbres y deducimos formas de proyectarnos hacia la realidad con el efecto buscado.

En el subconsciente solo tenemos registros o pensamientos temporalmente, muchos de ellos son para mejorar y hay que convertirlos en órdenes mecánicas y esto solo se hace al hacerlas inconscientemente. Para que logren ingresar al inconsciente hay que repetirlas y por persuasión se integran en nuestro proceder y las obedecemos sin esfuerzo donde la voluntad ya no hace trabajo el inconsciente es automático las acciones se hacen Inconscientemente, sin nuestra voluntad esta solo es referente a nuestro subconsciente.

La intención principal radica en el autotransformarnos en alguien cada vez mejor.

Usualmente cuando pensamos algo es el subconsciente el que esta en acción, pero cuando optamos por determinada decisión sin pensarlo mucho, es que la tenemos ya en el inconsciente como un filtro y esta información nos crea una limitación y una conducta que ya tenemos pre escrita como una orden subliminal, Mantenemos una serie de valores que son nuestras guías practicas y no siempre son lo mejor ya que han aflorado en nuestro pensamiento por diversas situaciones no solo por un razonar lógico. Ejemplo: Abrimos las puertas sin avisar, hasta que un día sucede algo incomodo, esto crea un impacto traumático y nos deja la orden de golpear la puerta antes de entrar, se ha hecho algo involuntario y lo acatamos, de haber sido por persuasión nuestros padres nos comentan repetidas veces que "se toca antes de entrar" esta información por persuasión se hace mecánicamente, inconscientemente, es un proceso emocional que nos hace entrar en comportamientos mejorados con mas formalidad usual.

La parte del pensar o de meditar esta ubicada en el y mezclamos situaciones posibilidades y medimos resultados son procesos donde tenemos que imprimir mucha perspicacia para optar por lo mas practico.

El subconsciente que es el lugar donde existe la malicia o donde creamos estrategias o buscamos como enfrentar la vida con el mejor estilo y menos caídas, el ser normal crea un sistema de manejar la realidad de acuerdo con su intención primordial su propia política, en esto recae el sentimiento subliminal. El mundo que vemos es solo un paisaje general pero detrás de cada detalle se esconden las verdaderas incógnitas que flotan en un medio imaginativo mental.

"Es importante comprender que mas de la mitad de nuestros pensamientos son ordenes subliminales escondidas en nosotros mismos solo ciertos seres de máxima sensibilidad logran comprender lo que hay detrás de cada pensamiento coloquialmente se habla de la malicia que siempre será algo intencionado"

Usualmente cada cual maneja una intención de acuerdo a su sentido, su deseo particular. Que no siempre esta plena de justicia es nuestra intención así que siempre será en beneficio o en procura de un fin predeterminado, "Nunca un ser pensante hace absolutamente nada carente de interés, jamás".

Cada persona tiene su propia política y sobre ella marcha el mundo de seres que nos rodean citando a alguien diría: el político siempre esta enviando un mensaje subliminal sobre su discurso de que si no sale electo no sucederán las ventajas que el ha enunciado, esto jamás lo diría pero es el significado de la intención particular.

Se diría que el chantaje y la extorsión son una parte normal en la vida en la política, la gracia del hombre brillante es que no permita ser descubierto y así poder ejercer la influencia buscada, son asuntos imperceptibles pero reales y recurrentes en todo ser pensante, es el ámbito subliminal.

El mensaje subliminal siempre trae una cubierta dócil suave normal y aceptable pero su verdad esta escondida de manera que es solo evidente después que todo se disipa, algo no encaja y es cuando se nota la marcada intencionalidad, el clérigo funciona de la misma manera, así como el enamorado, en su seducción emplea toda forma y matiz amable de adoración y de entrega pero en el fondo solo añora determinados logros, o matrimonio u otra meta diferente con su amada.

"En muchos casos es valedero y normal, pero en otros solo es una misión de seducción y listo, es una condición humana perenne y se cumple siempre el interés es algo tan normal como obligatorio en todo ser humano".

En todos los eventos existe una dirección personal marcada y nunca nadie obra desinteresada mente pero por esto tantos alegan no ser interesados, todo ser humano es interesado, en cualquier situación, nadie hace nada que no le beneficie sin importar el momento en que se encuentre hasta el ayudar a las demás personas, es otro movimiento con un marcado interés sutil pero evidente el sentimiento del sacrificio o de la obediencia, de ayudar desinteresada mente también hay un intimo deseo de que una deidad o Dios vea la acción y es otro negocio subconsciente buscando misericordia o salvación eterna o logros especiales, el humano en si, negocia mucho con las deidades, suelen cumplir suplicios para cambiar dolor por otros logros muy específicos de acuerdo a la persona con que se encuentre.

El vivir es un negocio constante de emociones y logros. "La actitud Subliminal es constante en el ser humano" Siempre hay una intención diferente detrás de las palabras, y siempre se mantiene esta actitud, nunca ha sido de otra manera de esto se desprende el que en la mirada se puedan percibir muchas intenciones.

El hombre de hoy mantiene un gran dialogo preorganizado y sostenido pero en verdad son muchos los móviles que se mantienen en el pensamiento.

Encuentro que es indispensable hacer una reseña histórica del término, dada la situación, será muy usado a partir de esta época de investigaciones psicológicas.

El asunto subliminal es el sentimiento sostenido en cada interrelación, usualmente hay algo entre manos y es algo diferente a lo dicho verbalmente siempre hay un sentimiento que nos obliga a ser formales, pero sin dejar de lado la intención real propia, pero nunca se es llano siempre hay una intención formada que es la que primara sin importar el tema tratado

70) Lo subliminal en la historia:

(Wikipedia)Reseña histórica del término: "subliminal" Durante la última parte del siglo XIX y principios del XX, Freud investigó nuevos conceptos y teorías sobre el subconsciente y el inconsciente.

La teoría del sueño de Freud creó una base sobre la que el doctor O. Poetzle hizo uno de los primeros descubrimientos científicamente importantes sobre la percepción subliminal. Freud dijo que los sueños tienen tres características principales:

Protegen el dormir al convertir el material potencialmente perturbador en imágenes propias del soñar;

Representan la realización del deseo; Los estímulos del sueño son transformados de manera simbólica antes de surgir en el sueño, sobre todo aquellos estímulos que amenazan al individuo.

Poetzle descubrió que un estímulo o una información captada conscientemente por una persona no aparecen en los sueños subsecuentes.

Cuando estudiaba las reacciones a figuras plasmadas o escondidas en pinturas descubrió que el contenido del sueño en apariencia era trazado por los estímulos percibidos a un nivel inconsciente anterior al sueño.

El científico formuló su Ley de exclusión alrededor de la observación de que los seres humanos, excluyen de sus sueños los datos percibidos de manera consciente.

Concluyó diciendo que el contenido de los sueños estaba compuesto en esencia de información percibida subliminal mente.

Poetzle reflexionó sobre que el concepto de transformación de Freud, la tercera característica del sueño, era en esencia una modificación de material percibido de modo subliminal. Este fenómeno de transformación fue descrito más tarde como la defensa de la percepción, mecanismo mediante el cual el individuo se protege a sí mismo de la información que podría ser poco placentera, potencialmente dañina o que produjera consecuencias de ansiedad.

La información amenazadora depositada en el inconsciente debe ser enterrada o transformada en algo relativamente inofensivo antes de ser admitido en la conciencia.

El análisis del sueño durante la psicoterapia se basa en la interpretación del estado transformado de manera lenta y cuidadosa para que el paciente pueda aprender a vivir con comodidad cuando surgen del inconsciente los recuerdos penosos.

Los discípulos de Poetzle teorizaron que los ojos hacen cerca de 100.000 fijaciones diariamente. Sólo una pequeña parte de estas fijaciones se experimenta de modo consciente. De alguna manera el contenido percibido subliminalmente es aislado y transformado para su reproducción posterior en los sueños. El descubrimiento sugiere que los estímulos inducidos de modo subliminal actúan con un efecto de reacción retardada de "alarma de reloj" o "bomba de tiempo" sobre el comportamiento.

En 1919 Poetzle estableció una relación entre los estímulos subliminales, la sugestión posthipnótica y la neurosis compulsiva. Un individuo realiza los actos que se le han indicado o programado que haga sin ningún conocimiento de por qué está haciendo dichas cosas. Es algo recurrente ilógico y peligroso, se traslucen en nuestra personalidad.

71) Comentarios Sobre Investigaciones Recientes

El estudio de la percepción subliminal volvió a llamar la atención del público a finales de la década de 1950. En 1957, James Vicary, publicista norteamericano, demostró el taquistoscopio, máquina que serviría para proyectar en una pantalla mensajes invisibles que pueden ser comprendidas por el inconsciente y no captados por el subconsciente.

Sin que la persona pudiera tenerlas en el consciente realmente Durante la proyección de una película aparecían fotogramas con el siguiente mensaje: "¿Tienes hambre?, come palomitas. ¿Tienes sed?, bebe determinada soda". Según Vicary el resultado fue asombroso: las ventas se dispararon.

Su teoría fue recogida por el escritor Vance Packard en el libro "Las formas ocultas de la propaganda" que causó preocupación de las autoridades estadounidenses en plena Guerra Fría con la entonces Unión Soviética. Una ley prohibió el uso de publicidad subliminal y la CIA comenzó a estudiar su utilización contra el enemigo.

Este fue obligado a negar los resultados para apaciguar toda tendencia al respecto y su utilización con fines comerciales o dudosos.

Cuando Vicary publicó su asombroso descubrimiento, su empresa atravesaba graves problemas económicos. En 1962, el autor reconoció públicamente que se habían manipulado los resultados, pero en verdad la ley de la persuasión implica causas creadas y logros sucedidos.

Sin embargo el meta análisis de C. Trappery de 1996 ha sido refutado 10 años más tarde en 2006 por los investigadores Johan C. Karremansa, Wolfgang Stroebeb y Jasper Claus, del Departamento de Psicología Social de la Radboud University Nijmegen y del Departamento de Psicología Social y Organizacional de la Universidad de Utrecht, quienes alegan que, no invalida la hipótesis de la efectividad de los mensajes subliminales.

Estos investigadores finalmente han demostrado que si las condiciones son las correctas los mensajes subliminales funcionan.

La realidad es que tenían que negar de plano ante la opinión mundial algo muy valedero y muy evidente que en verdad manipula es la manera mas contundente de la manipulación y no es posible que el publico lo sepa o de lo contrario pierde su efectividad pero en 100% esta probado que el mensaje subliminal afecta el inconsciente de todos los humanos en general. Y estas negaciones realmente son mensajes profundos subliminales que alteran el conocimiento popular.

El sentido inverso al hablar con ordenes subliminales esta dado en el hablar con transparencia es cuando no hay un plan se piensa y se habla sin cuidar el resultado y sin preorganizar intenciones con anterioridad.

72) El Arte de Hablar con Transparencia:

Hay otra forma de pensamiento y es el hablar solo con argumentos naturales, nacidos del análisis profundo constante, esta en los seres objetivos y con una mentalidad ya cimentada en la verdad y en la razón.

Se caracteriza, por mantener una acción sin vacilar y con plena intención, es cuando el sentimiento es directo entre el escuchar y el responder, no hay un lapsus de meditación ni de análisis, la respuesta aflora sin esfuerzo y sin mucho pensar, ya esta pensada y respondida la repuesta, ella esta ya resuelta en nosotros mismos. Coloquialmente se comenta sobre la sinceridad, para esta practica constante.

La oración, el ruego, el intimo deseo son ordenes subliminales hechas hacia uno mismo y funcionan es la autoconvencimiento subliminal, si no dan resultados en lo amplio en lo particular brindan sosiego y tranquilidad, cada vez que el creyente reza siente que paga influencias para tener logros en sus deficiencias.

El que habla con transparencia carece de intereses y solo es un vinculo entre el comentario el sentimiento y la verdad establecida.

Es cuando el ser logra un estado de madurez y de educación que le permite presentir la respuesta acertada sin tener que cavilar, o recordar.

Cuando la persona logra un estado claro de comprensión y en muchos casos es algo natural caprichoso, pero siempre es una parte integral de la madurez, difícilmente se aprecia esta calidad de pensamiento en seres jóvenes, salvo que hayan logrado un nivel muy alto de conocimiento y de definición mental donde el interés no existe solo se aplica la sabiduría personal.

Se dice de la persona que responde con todas las respuestas listas y lo hace directamente, no tiene que pensar esta acción es de seres con mucha madurez psicológica, y mediante el análisis normal cotidiano logran un gradúo de percepción suficiente para ser certero y conciso.

Es la persona que no tiene que pensar por que ya todo lo ha pensado con anterioridad. Este fenómeno de velocidad y lógica es cualidad de oradores conferencistas predicadores, así como de poetas y filósofos, los iluminados tienen un grado de percepción por encima de lo normal los políticos y demás seres que tienen como herramienta la palabra el verbo y la facilidad de convencimiento.

Regularmente es una disciplina virtuosa de pocos seres honestos y geniales usualmente profetas filósofos escritores y seres con una superioridad intelectual por encima del promedio, estos logran decir verdades con un mínimo de palabras y mucho sentido.

Se ven las citas de muchos seres geniales, ellos jamás pensaron solo descifraron o presintieron todo estuvo ya guardado y aflora con fluidez y con armonía, así mismo el poeta el filosofo imprimen sensaciones que nacen por la inercia de la sabiduría.

Todos en determinada medida tenemos una fracción de nuestro razonamiento ya listo, pero esto requiere madurez experiencia y lógica, pero cada día podemos ir acumulando conocimiento esquematizado, estructurado no pasajes floridos y pintorescos, de cada acción descripción florida y detallada, solo con resultados podemos sacar un esquema aplicable ala generalidad de situaciones afines, esto esta complicado mejor ejemplarizarlo.

Ejemplo: Al realizar una operación comercial y ver cada riesgo y condición y asegurándose de tomar toda precaución, el resultado ha de ser favorable y positivo, no necesariamente hay que recordar una narración florida plena de detalles y situaciones peculiares, solo el esquema básico: todo tipo de negociación donde se estudien los pormenores en detalle y se analicen los riesgos termina con éxito. Lo contrario toda acción donde no se vigilen los detalles concernientes jamás dará el resultado esperado.

No hay que recordar historias hay que tener el esquema del suceso y el desenlace, esto debe ser constante y se logra cuando meditamos o elucubramos cada noche.

Ahora tenemos un caso muy especial de raciocinio que precisamente es el no razonar, y es cuando la persona en sus meditaciones hace una selección clara en medio de múltiples opciones que seria lo ideal de acuerdo con su propia filosofía, su propia intención, seria como guardar las situaciones con su propia respuesta estampada, esto ha de ser a manera de situación esquematizada, como un plano simple sin muchas formas solo el sentido real del hecho y el desenlace.

Este estado primordial humano es lo que yo he llamado "El razonamiento transparente" Es la manera de actuar cuando no se piensa pues ya toda respuesta se tiene lista pensada y respondida en nuestro inconsciente. Con un mínimo esfuerzo uno logra traer al pensamiento un grupo de posibilidades aplicables al asunto que en el momento sea el tema.

Más exactamente les comentare el sentido de la transparencia que realmente es el no pensar o el poder Carecer de subconsciente o de la malicia. El crear un sistema de respuestas rápidas , premeditadas y certeras, es una disciplina que con cuidado podemos descubrir y aplicar "Siempre hay que estar involucrado a nuestro entorno con todos los sentidos, sin importar donde o con quien.

"Mantener un marcado interés por estar en cada detalle de todo lo que manejemos en cada situación, aprendiendo cada instante hasta lo innecesario todo es útil"

Muchos seres son de especial sensibilidad pero ellos han esculpido su alma con conocimiento de lo inmediato.

La estratagema, o el plan, para esto es muy importante tenerla en cuenta. Es necesario tener una disciplina moral y una serie de principios que nos conducen a un estado de depuración espiritual o moral superior. Se habla de seres superiores virtuosos o especiales, estos son personas de una profundidad superior presienten verdades, ya que solo han acumulado realidades, verídicas y reales, no tienen que componerlas fluyen como el aroma del jardín sin esfuerzo, Todo depende de la forma como hemos estructurado nuestro conocimiento solo basado en verdades, así solo emitiremos verdades.

Se logra en muchas disciplinas de orden filosófico o espiritual muy serias y profundas.

Esta condición también se da en ámbitos de formación estandarizada instituciones militares o de formación filosófica profunda, donde las situaciones no merecen corrección ni opinión, donde se trafica con ordenes directas y condicionamientos estandarizados hacia situaciones inflexibles. Se logra un estado donde los pensamientos son solo esquemas de obligaciones ya previstas. Y se acatan con mucha naturalidad de acuerdo a cada momento.

Es otro estado donde no interviene el subconsciente ni la opinión propia, se hace lo dicho ya alguien lo ha pensado y es responsable del resultado, en este caso no hay brillo ni inspiración, pero tampoco se piensa solo se actúa por una determinada inercia que obliga y nada mas.

73) La Responsabilidad

La responsabilidad es el criterio del hecho directo sin nada a cambio solo el interés de la acción por que es algo necesario.

Este acto sin gusto se opera en las practicas normales de un medio donde impere la disciplina normal y nuestra voluntad no esta en posibilidad de operar solo son estándares que están ya dados y que hay que cumplir solo eso.

En otros campos si la disciplina no existe se obra solo por un gusto o por un logro es un negocio mercantilista donde algo prima en cambio del acto a seguir, los niños usualmente solo hacen lo que les reporta un gusto o placer especial, lo que se denomina por morbo si no hay un gusto determinado no es posible aceptar el hecho o la acción. Cuando el muchacho ha estudiado en lugares de disciplina marcada o en el ejercito o en un internado donde tempranito cada cual tenia que levantarse hacer la cama y tener cierto orden en el aseo y las rutinas, cuando esta persona se acostumbra a las responsabilidades al llegar a casa es normal verlo haciendo estas acciones sin el menor trabajo, como algo usual.

La responsabilidad es un acto voluntario que se ejecuta por una orden natural que ya tenemos impresa y no obedece a estados de gusto agradabilidad o un premio en si solo son actos que ya tenemos en nuestro proceder como actos normales y los hacemos sin mas peso que la costumbre ya están codificados en nuestro inconsciente.

La responsabilidad es un accionar aprendido mediante la costumbre y se opera sin que hayan mas presiones que nuestro propio criterio. Solo opera si la persona ha tenido un medio donde se haga lo debido y no exactamente lo deseado.

74) El dogma, la fe, en las creencias

El dogma es una proposición que se sienta como un principio innegable en una doctrina, esta no admite duda ni replica y se sienta como una creencia inflexible, en el común de las practicas el enseñar este tipo de doctrinas se denomina como adoctrinamiento lo cual implica enajenar la persona de la realidad inmediata y condicionar el ser en solo la dirección dogmática del grupo al que se pertenece usualmente una creencia religiosa, filosófica o política. Es muy fácil al llegar a doblegarse por el dominio dogmático caer en la alineación.

En su origen (del latín *dogma*, y este del griego δόγμα) el término podía significar una norma o decreto emitido por una autoridad, o una opinión característica de una escuela filosófica Con el crecimiento de la autoridad de la iglesia católica la palabra adquirió el que ahora es su significado más usual, dogma teológico o dogma de fe del que derivan -por analogía- el resto de los usos

"Cada grupo de filosofías sectarios o de grupos con mística propia ha elaborado un estado de confidencialidad consigo mismo aun sin la complicidad de nuestra propia alma.

En la religión hay un estado que se llama de "gracia", es una situación de meditación y de percepción donde prima la honestidad y los principios fundamentales propios de esta línea filosófica, es la comunión del ser en si, con Dios y hay una carencia de duda y una intención directa que no merece revisión, ya que esta pautada mediante cánones ya preestablecidos en las lecturas sagradas. Se aplica la oración y el dialogo franco con fe inquebrantable. Son estados de intimidad muy personal.

Son estados de profunda convicción donde el ser se encausa en compromisos consigo mismo.

La persona se inclina hacia su deidad con la fe como forma central y su dirección es la intención serena y pura de un hecho concreto, es extraño comprender como se suceden los estados calificados de "milagros" y se suceden continuamente y sin comentarios paralelos son sucesos que sin entenderlos hay que comprenderlos, enfermedades certificadas se curaran, se logran encuentros, se concretas asuntos distantes de la realidad, en fin el milagro es un termino con mucha profundidad religiosa, espiritual o social, dependiendo del medio o el grupo que lo este influenciando con su formación intelectual o mística.

En este campo cada filosofía tiene su propia dirección en el hinduismo o las doctrinas orientales hay un gran tendencia por el espiritualismo como forma de el pensar con transparencia, en esto tendré que entrar en campos diferentes pero similares En el hinduismo hay un estado muy especial el "Nirvana" veré Wikipedia.

75) Comentarios sobre el nirvana en el hinduismo

(Wikipedia) Nirvāṇa es una palabra Sanscrita que se puede traducir como 'desatar' (en referencia a los nudos de la mente) o como extinción, calma, quietud, desaparecer, cese, soplo de una vela (en donde la llama representa las pasiones incontroladas y se apaga). Se utilizaba comúnmente para designar un enfriamiento de algo, por ejemplo de la comida.

En otros idiomas se dice: *(nirvāṇa)*, en escritura devanagari (del sánscrito);   *(nirvāṇa)*, en prákrito   , *(nibbāna)*; en pali;   *(nehan)*, en japonés;   *(nibpan)*, en tailandés. *(yŏlban)*, en coreano;   Definición En el contexto religioso, este término pasa a aplicarse en las religiones surgidas en India como el hinduismo, budismo, jainismo, para así indicar un estado de cese de la actividad mental corriente y que significará una liberación espiritual. Dependiendo de cada contexto religioso, el nirvana tiene diferentes implicaciones.

Las dos religiones más importantes respecto a su influencia en Occidente son la hinduista y la budista (fundada por el Buda Gautama).

En todas estas religiones, la palabra nirvana tiene connotaciones de quietud y paz. La persona que experimenta el nirvana se compara con un fuego apagado cuando su provisión de combustible se ha extinguido, es un estado de máxima postración en su relación con su deidad.

En todas ellas también este combustible sería la falsa idea del Yo, que causa (y es causada por) el deseo, la necesidad, la conciencia, el nacimiento, la muerte, la codicia, el odio, la confusión, la ignorancia.

Entonces el nirvana no sería un sitio ni un estado, sino una verdad absoluta que debe ser experimentada. (Esto es un comentario de ellos)

Según sus practicantes, la experiencia del nirvana es posible mediante: El trabajo y el estudio de uno mismo, las prácticas en sí (sin necesidad de un contenido religioso),   la metafísica. Cada uno de estos senderos considera que es el único que permite alcanzar el nirvana y considera que los demás senderos son pseudo religiosos y dirigidos por maestros o gurús falsos.

El asunto de buscar la paz del alma es algo que cada filosofía antepone como fin indirecto.

(Wikipedia) El nirvana es el estado transcendente libre de sufrimiento y de la existencia fenoménica individual; es la experiencia religiosa más identificada con el budismo. La palabra procede de un verbo que significa *enfriarse* o *apagarse*, como el final de una vela. La connotación es que sólo en el nirvana están extinguidas las llamas de la lujuria, el odio, la codicia y la ignorancia. En estado de nirvana se rompe el ciclo de la transmigración, que de otra manera sería eterno. Su naturaleza ha sido muy debatida por el pensamiento occidental, algunos de cuyos investigadores sostienen que implica una total aniquilación aunque otros lo interpretan como beatitud eterna. Ambos puntos de vista son problemáticos en ocasiones, ya que el nirvana es indescriptible y sólo puede conocerse desde su experiencia.

En el hinduismo se habla de la unión con el uno absoluto (Brahman), por tanto aunque el nirvana apunta a un mismo suceso de paz interior, no se debe considerar exactamente con las mismas consecuencias que en el budismo, ya que de hecho el budismo redefinió el concepto de nirvana según sus propios postulados. Cada una por tanto tiene su propio marco religioso

A su vez dentro del hinduismo este concepto de liberación es concebido de manera diferente por los distintos credos *(dárśanas)* hindúes. Los vaishnavas (vishnuistas, o devotos del dios Vishnú) consideran que *mokṣa* no implica la fusión monista del alma dentro de Dios, sino la aceptación del alma para servirlo. Por eso en el vaishnavismo no se desea realmente abandonar la reencarnación, sino servir a Dios, aunque sea sufriendo en este mundo lejos de él.

76) El nirvana en el budismo

Siddhartha Gautama (Buda) refería al nirvana en el budismo de la siguiente manera: «Hay una condición donde no hay tierra, ni agua, ni aire, ni luz, ni espacio, ni límites, ni tiempo sin límites, ni ningún tipo de ser, ni ideas, ni falta de ideas, ni este mundo, ni aquel mundo. No hay ni un levantarse ni un fenecer, ni muerte, ni causa, ni efecto, ni cambio, ni detenimiento».

Como no se puede definir el nirvana con palabras, se lo suele delimitar por lo que no es:

No es la existencia común a la que está sujeto el ser humano.

No tiene principio ni fin (no se encuentra dentro del tiempo medible).

No se puede generar o fabricar.

No tiene dualidad, por lo que no puede ser descrito con palabras.

No es un estado subjetivo de conciencia.

No está condicionado a nada o por nada.

No es ningún tipo de desarrollo o conversión.

No tiene partes o etapas que se puedan distinguir unas de otras.

Al igual que en el hinduismo, la realización del nirvana budista implica la liberación definitiva del sufrimiento de la existencia o de los diferentes estados de reencarnación a los que todos los seres están sujetos. Pero en el budismo esta idea será llevada hasta sus últimas consecuencias. La diferencia en el contexto.

Los hinduistas tienen estados de meditación aplicada donde se busca llegar aun estado de Nirvana, o de profundidad espiritual donde solo se siente el estado superior del alma, ellos logran una gran integración entre su ego y su materia superando el Hambre, el frío, el dolor y muchas sensaciones corporales, en este estado ellos logran muchos estados del espíritu, y una reconciliación consigo mismo la paz y la placidez general.

Aun no hay una conceptuación filosófica y científica que pueda ser comprobada, todo análisis se hace en base de "creencias" sin depender de ninguna.

Siempre en cada creencia se aplica un método de pago o castigo mediante cumplir un código de entrega y obediencia a los preceptos, dogmas y cánones establecidos en cada creencia.

Yo en lo personal veo como una manipulación entre el ruego y la brujería en un plano superior por su inclinación a hechos inexplicables como la hace un brujo de circo pero este sabe como lo hace . . . . en la creencia es similar pero solo se ve lo hecho se difunde y se repite aun hoy se repiten actos de brujería de hace 2000 años, y ahora si el milagro no se hace es que dios lo quería así y si se realiza si es un acto promulgado. Se habla que ciertas entidades o deidades son mas confiables que otras, sobre todo en las curas de males psicosomáticos que son un 90 % y que con solo la autopercepción se modifican esto son atribuidos al poder de las deidades, hay muchos sacerdotes curas curanderos y traficantes de milagros que se gana fortunas intercediendo ante las deidades por estos "milagros" o actos de brujería que la gente en relación a su nivel cultural atiende mas, en los países desarrollados solo se cree en el trabajo y la disciplina y en los países de tercer mundo las deidades tienen su medio y son mas exitosas la fe mueve capitales y el ruego es el medio del logro principalmente es por esto de la pobreza rampante cada humilde invierte el 10% de su tiempo, su energía y de su magro dinerito para estar bien con sus deidades implorando salvación y favores y ni lo uno o lo otro se sucederá mientras las arcas de la iglesias no sabe que hacer con tanto dinero . . . .

Cada grupo de creencias manejan diferentes aspectos buscando logros determinados en el orden moral psicológico económico o físico pero siempre están en una lucha constante por usar la brujería y los actos sobrenaturales para el uso practico y los logros personales, Hay muy diversas teorías y en cada aspecto hay diversos logros y todos conducen solo a la doblegacion psíquica por manejar o mas claramente engañar el cerebro para que afecte el sentimiento en general. Cada grupo cultural tiene su propio sistema de acuerdo con las situaciones de cada medio.

Los Yoghis tienen la meditación trascendental que conduce a una liberación espiritual donde el ego se encuentra consigo mismo y se logra dar la paz buscada al alma para combinarla con la del cuerpo creando así una armonía general también buscando el relax y la paz interior equilibrando muchas sensaciones en campos mas profundos mediante la meditación, es un renunciar a todo lo que implique deseo gusto o posesión material humana o física. Un autolimitarse por voluntad propia.

Así mismo cada grupo filosófico busca un estado donde se anula el subconsciente y se une mas claramente con el sentido verdadero del ser en si creando la "transparencia" o sea el estado donde el alma se evidencia como tal y se carece de nuestra propia voluntad y solo se hace lo que se cree debe hacerse sin que medien razones, situaciones o políticas que impongan diferentes prioridades.

Esto produce un estilo de razonar casi-profético se emplea una forma de pensar muy sensible donde solo cabe le percepción de las ideas puras, por que el ser carece de intención y solo fluye el pensamiento natural, es de esta manera que los grandes maestros logran una gran sabiduría que almacenan muchas inquietudes con su respuesta atada.

Las verdades acumuladse solo pueden producir como resultados otras verdades, son condiciones inspiradas y basadas en conocimiento puro no es magia ni hechicería es conocimiento real plasmado en asuntos cotidianos

Un gran maestro no piensa solo deduce . . .
Un gran maestro no tiene intenciones solo ve lo que es lógico Un gran maestro no tiene deseos solo atiende circunstancias.
Un gran maestro poco le importa su trascendencia solo le interesa decir verdades en este campo de gran maestro entran los sacerdotes, los profetas, los predicadores, y muchos seres que se dedican a cultivar el pensamiento como fuente vital. Aun muchos profetas y deidades fueron grandes maestros. En épocas recientes aflora el 'Marxismo leninismo como doctrina filosofía científica"

Es donde se ve más directamente el estado mental ideal según Marx en un nivel teórico científico pues realmente nunca se logro llegar a la práctica, es en el "Materialismo científico Marxista".

77) Sobre Marxismo Leninismo como filosofía

El pensamiento Marxista leninista Es una doctrina que se crea en momentos muy críticos de la situación en Rusia con un marcado despotismo de la corte Zarista y una pobreza exagerada del pueblo hambriento y empobrecido, así que esta cargada de resentimiento y odio contra todo y nace de la envidia hacia los pudientes, por esto se intenciona en generar un marcado odio por todo lo que implique riqueza o opulencia de esto se desprende el odio hacia occidente en especial contra los EE UU, la libre competencia y por la influencia de la banca privada ellos critican las multinacionales, pero en verdad la banca es la mejor posibilidad para que cualquier humano tenga su casa yo su negocio sin dificultad mediante prestamos a bajo costo, y las multinacionales son entes que logran reducir costos por volumen y dedicar billones en investigación para que los países comunistas roben mediante espionaje y reproduzcan burdamente, ellos no emplean inversión en investigación en sintieses "los comunistas hacen que trabajan y el estado hace que les paga pero ni una ni lo otro" y "en occidente vivimos detrás de un sueño se logre o no, creamos riqueza ya sea para el jefe o para nosotros pero se crea"

Ellos describen un estado mental muy especial que era un ideal buscado en el "hombre del futuro". Lo que seria el ser supremo que vendría después dé la primera generación del estado de dominación socialista.

Seria un ser que carecería de envidias, de ambiciones ya que viviría en una sociedad donde no existiría la competencia, ni el enriquecimiento, ni la avaricia ya que cada cual tendría lo necesario, lo vital y se supliría del arte como ingrediente principal de desarrollo intelectual todo esto era lo esperado para luego de que la revolución proletaria diera campo al Marxismo Leninismo por medio del régimen del proletariado universal.

Y este estado de depuración espiritual y mental seria lo que llamaron "Dialéctica" La dialéctica es una practica filosófica perfecta donde la realidad y el sentir están unidos en la misma situación, es la forma mas lógica de realidad mas la idea, donde la intención y los hechos están en la misma línea de acción es la verdad hecha acción. "El ser no debe pensar solo sentir y actuar"

78) Materialismo Dialéctico

(Wikipedia) Es la corriente del materialismo filosófico de acuerdo a los planteamientos originales de Friedrich Engels y Karl Marx que posteriormente fueron enriquecidos por Vladimir I. Lenin y anteriormente sistematizados por miembros de la Academia de las Ciencias de la antigua Unión Soviética.

 Esta corriente filosófica define la materia como el sustrato de toda realidad objetiva (física) y subjetiva (el pensamiento) e interacción de la misma, emancipa la primacía e independencia de la materia ante la conciencia y lo espiritual, declara la cognoscibilidad del mundo en virtud de su naturaleza material, y aplica la dialéctica –basada en las leyes dialécticas propuestas por Hegel para interpretar el mundo.

El materialismo dialéctico es uno de los tres componentes –la base filosófica del comunismo marxista-leninista.

 Denominado "Diamat", el materialismo dialéctico fue también la filosofía oficial de la antigua Unión Soviética.

El materialismo dialéctico, como sistema filosófico, es el concepto (idea abstracta) e interpretación (actuar conforme a lo comprendido) del mundo, opuesto al idealismo filosófico representado (referido) por (a) la concepción (idea abstracta) de la religión y la primacía (superioridad) del espíritu (Dios)relacionado con la materia.

Como tal, el materialismo dialéctico se apoya en los datos, resultados y avances de las ciencias y su espíritu se mantiene en correspondencia y vigencia con la tradicional orientación progresista del pensamiento racional científico.

 Asimismo está opuesto a la corriente filosófica del agnosticismo, al declarar la cognoscibilidad del mundo en virtud de su materialidad y de su existencia objetiva en el tiempo y en el espacio.

Engels lo manifestó de esta manera: "Las formas fundamentales de todo ser son el espacio y el tiempo, y un ser concebido fuera del tiempo es tan absurdo como lo sería un ser concebido fuera del espacio".

Engels y Marx sintetizaron su materialismo dialéctico, a partir de su demoledora crítica del materialismo mecánico de Ludwig Feuerbach y a la dialéctica idealista de Georg Wilhelm Friedrich Hegel.

Al materialismo de Feuerbach lo consideraron como un materialismo influido por corrientes del pensamiento filosófico metafísico e idealista. Famosas son las 11 tesis sobre Feuerbach de Marx y Engels, en particular la undécima que reza así: "Los filósofos no han hecho más que *interpretar* de diversos modos el mundo, pero de lo que se trata es de *transformarlo*".

De la dialéctica hegeliana, Engels dice que ésta se encontraba cabeza abajo con Hegel y que fue Marx quien la colocó sobre sus pies. Posteriormente, Engels describió las leyes de la dialéctica en su Antip[;-Duhring (obra polémica contra las teorías propugnadas por el anarquista alemán Karl Eugen Dühring).

Luego en el siglo XX en Rusia, Lenin contribuyó a las ideas materialistas dialécticas al desarrollar polémicas con sus adversarios, particularmente con filósofos (idealistas) positivistas como el austriaco Ernst Mach y los rusos Alexander M. Bogdanov y V. Bazarov (nombre real: Vladimir A. Rudnev), y, por sobre todo, su Empiro-monismo.

La principal razón de la disputa entre Lenin y estos filósofos era su afirmación de que el positivismo idealista estaba por encima del debate filosófico entre idealismo y materialismo.

A estos, Lenin les afirmó lo siguiente: "Materialismo es reconocer los «objetos a sí mismos» o fuera de la mente; las ideas y las sensaciones son copias o imágenes de éstos objetos. La doctrina opuesta (idealismo) afirma que los objetos no existen «sin la mente»; los objetos son «combinaciones de sensaciones»"

"La Dialéctica" Es un estado mental donde el ser humano crea una vía directa entre la teoría y la practica.

Es la situación donde el hombre tiene un pensamiento y una practica paralelas, realmente no pensaría ya que en su interior tendría ya el conocimiento acumulado y lo pondría en práctica sin mediar el concepto propio. Es manejar la teoría hacia la práctica sin mediar ninguna conceptuación personal, o particular.

Los Marxistas creían que un día podría existir un mundo sin "sueños" y no como sucede en occidente.

Ellos conciben que el ser nacido en el capitalismo solo viven una armonía en la competencia y basan el logro en los bienes materiales y ese es el sentimiento primordial, pero no entienden que el ser humano siempre Será de metas y de lucha no de romanticismo igualitario.

79) El proceder en el capitalismo occidental

"En el capitalismo se lucha por un sueño y se trabaja demasiado y esto crea riqueza para el consumismo"
"En el mundo marxista se hace que se trabaja y el estado hace que cumple por eso es el fracaso".

De las dos filosofías socioeconómicas una ha triunfado siempre en los países que se ha impuesto y la otra ha sido un fracaso en todos los países, salvo dos países que viven en una miseria existencial general Cuba y China no hay derechos ni libertades, y la gente lucha por escapar, y en los países capitalistas la lucha es por no permitir entrar de todas estas personas que escapan al sufrimiento y la escasees
De manera que podría decirse que el sistema donde la filosofía es la envidia deja de ser funcional, en el capitalismo se libera el ser a crecer por su propio deseo y acumula logros de la manera mas lógica, por esto se puede ver que triunfan los estados donde la libre competencia se impone.

Donde el ser se basa en sueños para buscar los logros especiales que todos buscamos en la vida, sobre todo en lo económico, lo social y lo moral.
Los marxistas pregonan en sus libros el sistema teórico perfecto donde carentes de tendencias se lograría
El día que exista el hombre honesto honrado carente de pasiones bajas de una sociedad sin prejuicios sin envidias, y sin complejos.

Seria un ser libre de vicios existenciales y podría solo pensar en el bien común, en el arte, y en muchas secuencias donde el alma es mas diáfana y aplicable, sin la intención del "Interés" que para ellos es otra enfermedad mental llamada envidia, codicia, orgullo, arrogancia y una serie de pasiones innobles propias del capitalismo de occidente.

Donde lo común es la competencia en el desarrollo o en el crecimiento, la avaricia, el deseo de superarse, de lograr, de crecer, compitiendo y sobresaliendo en todo campo.
Todo esto siendo criticable, es la naturaleza humana y siendo así es estúpido pretender cambiarla.

Realmente esto es un ideal demasiado romántico, el ser humano es un ser avasallante, ambicioso, y busca alturas y no el nivelarse.
El hombre típico es animal político desea competir y superar, vencer siempre, y busca su beneficio propio por encima de todo, estas pasiones bajas jamás dejaran de existir y por esto se ha creado el derecho y las leyes por que el hombre no se deja reducir a ser solo un numero en una sociedad polarizada donde manda la burocracia y los seres se miden por su condición servil y se acuña la delación y el doblegarse como opciones para escalar en el buró político.
En esta sociedad izquierdista la sociedad se bifurca en dos estados o dos clases el buró político con todos los beneficios y derechos, y otra sociedad casi esclavizada que carece de toda posibilidad de reacción o de protestar esto hace que el izquierdismo siempre este condenado al fracaso en cualquier país del mundo, aun siendo una alternativa, pueden ganar pero los resultados son los que se alteran, cada país que sufra este flagelo perderá de dolarización política se enfrenta a perder 50 años de desarrollo por que desaparece una generación de intelectuales y de visionarios, y aparece una generación de aventureros que buscan estar en la burocracia.

Lógico que el idealizar el pensamiento humano es solo una teoría sin mucho sentido, el ser humano jamás obrara sin un sentido o un interés orientado, es evitarle pensar.

Todo ser humano busca metas y logros nadie esta por estar todo el mundo busca un Sueño.

Pero si se trata de que el hombre no tenga la aspiración de ese ideal seria como sucede en la actualidad en los dos mundos.

En occidente hay una motivación en trabajar arduamente.

Como ya lo comente lo repetiré.

En el este, estado cumple mediocremente y el obrero de la misma manera solo hace que cumple y hacer un trabajo mediocre al final todo decae.

El sentido de personalidad es algo accidentado y hay que buscar la manera de influenciar en su formación y que no dependa de la medio tan decididamente como sucede ahora mismo con casi todos los humanos. Cada cual es un producto de su propio medio y adquiere las maneras gestos y actitudes de ese mundo que fue su entorno.

La personalidad en si misma es un compendio de valores, de principios y de virtudes que de acuerdo a las formas de educación y creencias puede ser grandiosa magnética y bella, o por el contrario negativa incoherente y sin un sentido especifico. Todo depende de que formación nos demos ya que la que por accidente traemos solo es eso un "accidente" y es por esto que insisto en hacer un cambio radical de proceder al reinsertar valores nuevos y desmontar otros ya arcaicos y que no tienen vigencia hoy en día.

Hay seres humanos muy particulares que carecen de principios, morales sostenidos.

Despersonalizados: los llamaría yo ya que por formación se les ha entregado una educación y han tenido una formación moral, y están circunscritos a una ley de una filosofía moral digna, con padres honestos y un medio claro libre de vicios maculas y tendencias pero sin embargo pierden el sentido la cordura y la dirección, y caen en lo que llamo descontrol generalizado, ya que no aprendieron romper un mito, sino que descubren como carecer de todo mito y así renunciar a todos los valores y degenerar en un ser despersonalizado.

Amorales y carentes de ética, es un estado de anormalidad espiritual que también trae el desajuste emocional y caerá en la enajenación y después irremediablemente en alienación y la locura o la paranoia es un proceso que se sucede poco a poco y uno no se da cuenta que esto esta pasando . . .
La personalidad es algo que se obtiene de acuerdo a una serie de conceptos que tomamos del medio, de nuestra formación y de nuestro entorno.
A un reajuste del inconsciente o del (alma misma) donde se puedan retirar muchos valores que en un momento dado se hacen prejuicios limitantes, que no permiten crecer.

80) Descubriendo "Estereotipos de personalidad"

Por esta razón hay prototipos clásicos o estereotipos que no es fácil descubrir pero en cuanto vemos alguien con las maneras ideales de impactar, y con el estilo de magnetismo y atracción ejemplar, es importante ver donde radica esa gracia que los hacen especiales, son múltiples las facetas positivas pero también hay otras negativas en el mismo prospecto y debe verse lo positivo y evitar las otras maneras incomodas.

Es muy importante conocer el pensamiento de seres que logran mostrar las fases existenciales con más eficacia que principios sin sentido, y es fácil descubrirles y aprovechar para ver que estados mantienen que los hace ver diferentes, y logran estados superiores.

Hay muchas costumbres que se sienten correctas pero en verdad son limitaciones en su personalidad, y presentan discrepancias por su no acoplamiento con el momento actual, y distancian lo práctico de lo versátil. Es por esto que hay que escrutar el por que estos seres con una gracia diferente, se desenvuelven con una *gracia inusual y logran ese grado de simpatía que es calificado como personalidad arrolladora.

De analizar este comportamiento podemos descubrir esas claves que dan ese toque maestro que llamamos carisma o simpatía.

Es importante entrar a discernir sobre la Belleza interior siendo algo muy abstracto merece analizar donde radica ese sentimiento tan valioso que crea seres con un carisma que impacta.

81) Como configurar "La Belleza interior":

Hay formas de esculpir la personalidad mediante ir auto transformándose para poder crear el sentimiento perfecto de equilibrio que procura la satisfacción, el deseo de ser y la seguridad merecida, ya que en todo lugar y momento logramos llenar las expectativas de los que nos rodean.

Es de esta manera que lograremos ese brillo buscado, siendo ecuánimes y mesurados.

Este comportamiento es muy importante. Es el estado ideal que muchos buscamos, y lo descubrimos al encontrar seres que se proyectan con clase estilo y armonía, y nos dedicamos a ver donde pueda radicar esa energía que da el magnetismo que tantos esgrimen y logran los sitios que prefieren sin mucho esfuerzo.

Por esto siento que es importante ver como lo logran, y mediante la observación ir descubriendo que les da fulgor y también ver lo más importante y es ver que causa repulsión o distancia que produce incomodidad o molestias a otras personas, es muy importante evitar afectar a nadie.

Tú puedes ser ese tipo de ser que pueden ascender hasta la transparencia y logran manejar la ecuanimidad, la equidad, y la mesura, las cualidades que hacen del ser sabio y dueño de ese ámbito que lo hace superior.

Llegando a crear el estado de transparencia perfecto que domina la paz, la armonía, y una belleza especial que nace de adentro, son seres que serán asediados por su generación que logran amor, hace que todos esperemos ser parte de su mundo.

Son pocas las personas que atraen por su sola clase y estilo que emana de ellos con el solo expresarse.

La personalidad es realmente el ser, el aspecto físico es temporal momentáneo y se degrada con el tiempo.

Es algo que se esfuma pero la gracia real del ser es algo que se extiende por siempre y es creciente, aumenta y se hace más imponente con el transcurso de la vida ya que es acumulativa.

La perfección es algo diáfano intocable incorruptible y cada día aumenta su esplendor y su nitidez.

"El diamante simboliza en los seres inertes lo que el alma diáfana lo es para los seres vivos pensantes".

La belleza física solo son formas que desaparecen con la luz cuando se escapa o al transcurrir el tiempo o si cierro mis ojos simplemente eso, esta es la razón del por que no se debe querer a nadie por su belleza física, esto es un efecto material, temporal y degradable el tiempo lo limita y lo desaparece en poco menos que nada.

Pero el amor del alma, el amor superior donde se conjuga la gracia y la equidad y solo se presiente en seres superiores.

Se diría sin blasfemar que es el amor de las deidades por no escribir de otra manera por respeto.

En la gracia, la cadencia de las palabras y el sentido de las intenciones bien manejadas solo crean encantos superiores cada día esto es lo que llamo amor superior es el afecto por encima del amor humano, o del gusto formal de las formas amables y seductoras.

La belleza interior es la sabiduría, es el conocimiento, la mesura, es algo que se impone sobre todo y crea lazos que unen y liberan es el dominio de la realidad y el existir en la lógica.

Todo ser que emplea la conversación llana y agradable embruja por su sola manera suave de influenciar sin presiones.

Es lo primordial de la transparencia, cuando el ser solo deduce supera la sabiduría por que no la necesita la ha empleado al meditar y ya la aplica en lo que acumulo en su alma como lógico.

"Así que el ser transparente no necesita sabiduría por que ella existe en el."

Si logramos crear de nuestra personalidad eso que todos esperan lograremos vencer todas las barreras solo con la palabra, con equidad, con gracia, con el sentido.

*El ser con personalidad logra todos los estados y crea la armonía sin controlar, alcanzando impregnar todo de una gracia superior que embriaga y compromete, el atractivo humano mas poderoso es una personalidad equilibrada y verdadera nadie puede resistirse a dejarse seducir por un ser transparente justo y lógico y con el carisma y el ángel que confiere el sentimiento de paz con que mira el sentido del corazón justo y el ser que logro ese estado de paz tan pleno de gracia.

Es por esto que existen seres especiales que aun sin quererlo se imponen con tal fuerza que dominan toda persona o grupo que hay en su entorno mismo.

La personalidad es la parte mas sexy en la mujer ya que crea un embrujo que seduce apasiona y llena de sentido todo nuestro entorno.

"La personalidad crea en el humano un sentimiento que supera todo encanto físico pues con solo hablar nos ilumina el alma y nos llena el corazón."

Si logramos crear de nuestra personalidad eso que todos esperan lograremos vencer todos los obstáculos.

En el hombre da confianza credibilidad y otro sentido mas pleno en el ser, y si logramos buscar como engrandecer nuestro estilo, parecer, y realidad, solo tendremos que revisar nuestra concepción del mundo y revaluar nuestra escala de valores, así lograremos sobrepasar todo lo necesario para encontrar el estado superior que mas nos acercaría hacia la perfección humana.

Son muchas las personas con grandes atributos pero viven en una vida sin destino ni logros y sentido ya que todo su esfuerzo se transforma en trivialidades efímeras en banalidades y en frivolidades sin coherencia ni proyección solo ven lo material como logro y descubren de los seres todo menos el alma.

Estas personas sienten que estamos detrás de las situaciones y de las formas, son seres que no salen de un infierno constante pues siempre están por descubrirán asuntos superiores y verán ínfimo lo que tienen, jamás descubrirán la satisfacción pues no existe. Para ellos nada es positivo.

Solo existe el sentido de saber que hay demasiado y lo que emana es lo poco que vemos en un rostro placido eso llega del alma, la paz personal es algo muy particular por que implica satisfacción y logros materializados en hechos reales solo con suplirse de lo que nos hace falta proporciona esa tranquilidad que se puede traslucir en un rostro placido, Recuerdo un comentario "tiene la sonrisa del que ha hecho un buen negocio" es la satisfacción plena de quien no tiene ni remordimientos ni alteraciones emocionales solo siente esa paz que da la plenitud del alma tranquila, esto no es común ni fácil pero se puede lograr por cualquier ser que desee hacerlo.

82) Evolución y "Transformaciones de la personalidad"

El comenzar a hacer una transformación interior en la personalidad no es nada fácil, es el tratar de influenciar por medio de la persuasión hasta ingresar nuevas maneras de proceder hasta cambiar ciertos hábitos y reinstalar otros y dar otro sentido mas practico para poder interrelacionarse con mas éxito en el medio que nos desenvolvemos en nuestro micromundo.

Lo principal en modificar en una persona es su forma de ser ante la vida y ante el mundo cuando esto suceda el ser tomara riendas de otra forma y se transformara y buscara otra dirección.

Es mi deseo en este libro buscar la mejor forma de enriquecer la personalidad para dar otra proyección mas coherente con la afinidad normal en la persona común y plena sin artificios aromas o adornos.

Sin ser nada fácil es posible, buscando cambiar ciertas facetas de la persona.

Mi gran intención es crear la verdadera belleza en el ser humano inicialmente buscare como transformar el alma, los valores, y todo lo concerniente al proceder.

La visión del mundo y el descubrir de la realidad pura con su belleza como tal, hay belleza en todo hasta lo grotesco, tienen calidad y sentido solo se necesita que carezca de pasiones innobles, y haya un sentido común para poder comprender la grandeza de todo nuestro entorno.

El ser una persona coherente es algo que implica dedicación y un sentimiento de cordura, son muchos los instantes en que el ser no logra ser coherente.

Este trabajo fijara su dirección en la belleza, pero en la belleza del alma inicialmente comprendiendo la ética el sentido la claridad moral.

Después buscare el orden y la armonía por ahora todas las líneas de conducta están en crear una personalidad magnética y diáfana.

La personalidad agrega otro ingrediente al estado físico humano que le da un aura de importancia y crea un tipo de apostura que dista mucho del mediocre y del elemental.

La persona segura de si misma sabe que tiene lo necesario y algo de mas, no busca imponerse, ni demostrar, y disfrazarse, ni adoptar posiciones ni formatos pues ya todo lo trae en si mismo, tiene el sentido de la clase sin tener que demostrarla o adquirirla.

La clase no se adquiere se logra tener de acuerdo a nuestro medio ambiente. Solo debe acceder a no perderla y manteniendo los valores plenos y desechando los sentimientos negativos lograra ese estar que se confunde con lo mejor y lo máximo.

El excéntrico, el que se adorna, el que busca impresionar solo demuestra su propia mediocridad y la inmensa pobreza de su alma y es por esto que se obliga a salir del montón aun solo sea mostrándose diferente muy común en occidente.

Por esto es que es de vital importancia reparar el alma,

Corregir el espíritu para poder iniciar la limpieza del mundo interior para poder proyectar esa visión de ser especial que imponga respeto admiración y cree un estado diferente general, en el ir formando la nueva personalidad más dinámica realista y con más impacto en la sociedad y en el mundo.

De acuerdo a esto buscare intencionar mi libro hacia el estado primordial humano y es el de lograr crear el alma ecuánime, nivelada, transparente, y con la forma exacta de la realidad ética.

Cuando solo hay ingredientes buenos el resultado es exquisito, o si solo se ha almacenado información buena valedera, el pensamiento resultante ha de ser igual verdades y realidades que no merecen discusión ni análisis ya que quien tiene el alma transparente solo sabe decir verdades. Solo sensaciones sensatas y es donde impera la claridad la realidad y solo lo necesario.

Por esta razón busco el transformar el ser humano de adentro hacia afuera y que al transformar su alma también se cambie el entorno y su figura física en si también se afecte por el transmutarse de un ser anquilosado incomodo y estéril que podría ser nuestro propio mundo aun nos veamos, superiores perfectos y grandiosos. Pero siempre es posible mejorar y Hasta perfeccionarse,

Lo más incomodo y contraproducente es que estemos desprendidos de la forma de vida actual, del momento histórico en que vivimos, y es este el problema central de no poder ser funcionales y es necesario descubrir como transformarnos para lograr estar acorde con el mundo contemporáneo, estar fuera de el momento solo nos desubica y nos distancia de la realidad.

El estar fuera de la acción actual nos limita y nos excluye esto en lo físico pero es mas grave en lo intelectual y psicológico
Cada grupo humano que logre una depuración espiritual se ubica en un sitial donde se debe estar.
Pero ayuda el estar en el lugar indicado, por que se logra estar en la realidad del momento.
El desubicado jamás lograra estar en ese punto ideal siempre estará en el lugar equivocado.
La comprensión de la realidad solo se logra cuando somos realistas y entendemos el momento con la sensación real no se puede llegar a ser lógico si inventamos situaciones, todo debe ser como es no como deseamos sea.

Existe otro grupo de humanos que podría clasificarlos entre los despersonalizados, son los desubicados por naturaleza.
Es un prototipo clásico que doblega su personalidad hacia un aspecto muy critico que lo excluye del mundo normal y son quienes juegan con las circunstancias, o se dejan seducir con un valor mínimo pero de una manera muy sutil y es la manipulación esta manera de comunicación es la base general de todo tipo de interacción humana, jamás un ser pensante habla sin mantener una intención previa manipulada la cual pretenderá siempre poner en acción es un mensaje escondido que siempre tendremos que detectar así mismo en la noticia o en los boletines sobre sucesos siempre existirá el verdadero mensaje oculto, precisamente se puede mantener ocultos sucesos de política muy serios cuando un gobierno dispara una noticia muy sensacionalista, de forma que veremos con mas detalle esta manera de comunicación humana, "la manipulación."

83) Proceder Ruin "La Manipulación"

La manipulación es un doblegar a quien se manipula y el acceder del manipulado, siempre implica un precio, pero todo se enmarca en un sutil estilo que no evidencia el hecho, regalos ofrecimientos dinero o simplemente promesas sin calcular, también lo opuesto castigos o venganzas soterradas no evidentes pero si reales. Se busca doblegar y manejar, sin la opción de disentir por que ya la persona ha sido pagada o se le ha cobrado de antemano, no es la mejor forma de reducir las personas y menos dejarnos comprar sin la apariencia del hecho.

No solamente son hechos valoradles hay otras formas de "sobornar" y es la adulación el comentario o simplemente la agradabilidad.

Con un pensamiento plasmado y un sentir mediocre donde siempre estará en función de hacer el coro y de estar en una actitud complaciente, buscando recibir las bendiciones del líder de turno o evitar el desagravio el posible rencor.

O implorar mas predilección con el deseo de complacer o de servir son dos formas de pago sutil escondido.

Estos seres tienen como forma de persuadir encerrar las personas en callejones sin salida, están los favores, por presentes, las adularías, y todo tipo de posibles formas de "convencer" la otra persona hasta que acceda a sus requerimientos, por que carecen de una seguridad personal, y de un sentimiento de compartir, solo pretenden seducir en un soborno continuo y luego en una acción totalmente chantajista hacen su petición sabiendo no será negada, ya conocen el temperamento legal y limpio de la otra persona que ya se haya "comprometida", es muy peculiar estudiar este prototipo humano muy abundante por cierto, están escalando puestos en ámbitos, en los negocios, en la política, y algunos en sus relaciones amorosas comprometen la otra persona hasta comprarle literalmente, se llega a un punto en que no se puede negar aceptar una petición al sentirse comprometida acceden a los requerimientos,

Regularmente hay medios de por medio, que permite y justifica la inversión de tiempo y esfuerzos.

Estoy hablando de la manipulación, que es una enfermedad mental que sin detectarse se mantiene en muchos seres despersonalizados que usualmente escogen otros similares para doblegarles.

"En las creencias se ve el fenómeno similar al castigar la desobediencia o premiar el doblegarse, y todas estas cuentas se liquidan después de la muerte"

En general es muy ruin, el influenciar en busca de logros se trata de "comprar" las personas y doblegar su voluntad.

Es la manipulación que es un acto hipócrita y soterrado más ruin que el chantaje el soborno y la extorsión, se hace deliberada mente y con un descaro que ralla en lo sucio, con una sonrisa o una mirada se compra y se venden como favores . . . .

Estos personajes desconocen lo miserable de la manipulación, por que es una situación donde han vivido usualmente.

Siempre serán satélites flotantes sin sentido ni un lugar especial, y dependerán de las circunstancias.

Solo permanecen como seres esperando que algo suceda y se apoyan mucho en lo material, si hay formas de presión de por medio todo esta en orden.

Estos grupos permanecen en un campo donde la vida esta ligada a un intercambio de sumisión y de entrega incondicional, es una acción de psicodependencia involuntaria, el mediocre carecerá siempre de libertad estará siempre supeditado y dependiente.

El buscara estar en conexión siempre con alguien, que marque la ruta y sea el ejemplo claro de dirección, el mediocre o despersonalizado pierde todo el valor y su sentido al estar son demasiadas las personas en esta condición.

El mundo esta invadido de mediocres, desubicados, o elementales.

Son similares pero diferentes, complacientes en todo sentido. Pero al romperse ese equilibrio todo se hace muy complicado el resolver se nubla y conduce a un descontrol total la psicodependencia los hace obstinados, y dependientes.

"La libertad solo estará en manos de quienes la merecen," los comunes mediocres, superficiales y elementales tendrán que delegarse a las situaciones similares, en conglomerados impersonales donde prima la tendencia de grupo y un sentimiento tribal, lo que hacen algunos lo harán los demás.
Es una manera de permanecer, los seres sin destino ni sentido solo serán parte de.

Son el máximo grupo humano y en ellos descansan las fuerzas de producción los trabajos sencillos, pero lo asombroso es que hay muchos profesionales, en esta situación de mediocres o de regulares, aun tengan academia no logran enfrentar la realidad normal donde todos compiten abiertamente

El principal peso que pueden cargar estos seres en su vida es
Ser parte de, ser seres doblegaos, o personas de tercera línea donde solo figuraran por ser la sombra de otros que brillan . . .
Esa dependencia se puede ver en todos los que son solitarios, seres hechos y solventes pero inadaptados que solo buscan tener una sombra, pocas veces la dan. También los guardaespaldas, vigilantes, escoltas, porteros guardias en fin los que evadiendo riesgos y costos morales o espirituales encuentran las líneas de menos resistencia.

Por esto es muy importante hacer una revisión de valores personales para no caer en estos grupos sin sentido, ni dirección, no es fácil salir de la mediocridad ya que es un estigma heredado.
Es un patrón cultural que se trae en la carga de conocimientos natural adquirida en un medio limitado, pero es posible romper con esta actitud.

Hay una problemática muy seria en muchos de nosotros al mantener la frustración constante de un desatino generalizado.

Porque que nunca logramos enfrentar aun hayan condiciones falta esa chispa en el alma que da ese impulso vital que nos catapulte hacia el infinito.

Y es cuando deseamos con ahínco desarrollar determinada iniciativa con el deseo de cumplirla, es el entusiasmo lo que caracteriza el ser con intención decidido que acomete empresas o busca resultados siempre. Y no el esperar a que se den las situaciones sin el interés directo.

En contraposición hay muchos que enfrentan la realidad con otra manera determinada, y con un propósito ya previsto.

En el mundo hay infinitos ejemplos de seres en condiciones ínfimas, pero con un corazón amplio y un alma llena de ilusiones acomete sin ver dificultades ni impedimentos.

Estos logran descubrir en el entorno el sentido y la dirección. Muchas veces un elemental logra alturas estratosferitas; mientras que un profesional preparado y en el máximo lugar solo es otro mediocre, que le preocupa el brillo que pueda desplegar solo siendo y haciendo presencia en la realidad sin participar.

Es trascendental buscar un criterio propio y no ser solo eso "ser" por una inercia sin condiciones, hacer acto de presencia y actuar como se presenta la situación, por esto yo busco el que cada cual sea dueño de si mismo y mantenga una misión no solo permanecer.

Solo el incitarse con determinación y seriedad dan ese cambia radical entre la inercia y la acción esto es la "actitud"

84) De la Autoestima hacia "La actitud":

Descubro que la actitud tiene un preámbulo y un marco muy alineado con la autoestima y la forma de proyectarse, y en esto cuenta principalmente el como la persona se logra adaptar al medio contemporáneo.

Distanciándose de la mediocridad, mirando el horizonte sin medir el próximo paso, buscando siempre un sendero sin evitar los riesgos ni evadir las situaciones.

Se trata de encontrar la gracia y el estilo, en lo espiritual, lo emocional y de hecho en lo físico.
Y esto solo se logra buscando las condiciones de apariencia que coincidan con el momento real en que estamos viviendo.
Este estado de aceptación de la realidad del instante actual es lo llamado momento histórico.
 No centrarse en lo que podría llamarse lo debido, lo estándar, lo acostumbrado.
Es un estado que iremos olvidando paulatinamente con el pasar del tiempo y en algún instante dejamos nuestra realidad para caer en la fantasía y cuando menos pensamos anclamos en determinada época
 El asunto es que el mundo cambiante actual esta cada día mostrando una faceta diferente y si nos dejamos de actualizar pronto seremos una sombra del pasado, y esto es sin darnos cuenta nos estabilizamos en un momento que pensamos tal vez fue bueno o el mejor, y a partir de ese día comenzamos a ser anticuados.
El ser formal, es condición de aceptación simplemente.
Esta razón algo compleja me obliga a escribir este libro sobre el anquilosamiento humano cuando se aísla la persona y culturalmente se limita a un estado personal suspendido en el tiempo.
Que solo nos permite pasar cada día pensando que es la mejor manera, pero solo se subsiste.
He de llamar a este trasmutar de estados un recambio de personalidad por que de hecho seria una especie de autotransformación.
De no ir de acuerdo con la realidad viviendo el instante real caeremos en un existir viciado que nos hace normales pero nunca brillantes, ni sobresalientes solo vegetamos con algo de normalidad pero sin una visión de lo que es la vida en si.

A partir de hoy hay que tomar la autodeterminación de ser y vernos como seres con el privilegio de la libertad, del deseo de ascender, de buscar y de salirnos de un parámetro viciado que solo nos enreda en un creer que somos victoriosos pero Solo vemos la vida pasar sin logros aun alcancemos muchas cosas nunca conoceremos la felicidad.

"El comprendernos como un producto terminado solo es aceptar que ya comenzamos a existir sin sentido".

Es muy importante tener conciencia que estamos en proceso siempre y que cada día podemos superar cada detalle cada conocimiento, cada accionar, en todo momento debemos tener la actitud de cambiar para mejorar cada actitud y lograr ser mejor cada instante.

El ser normal solo es un continuar, y se piensa que los resultados son logros, pero realmente el fin esta en crecer, no en actos que fueron triunfos.

El hecho real no son los resultados es el como se hace, el como dar los pasos indicados y las metas reales será una actitud constante y cotidiana.

Del caer lo mas importante esta en levantarse otra vez sin vacilar.

El llegar no es suficiente hay que aprender los caminos y saber como hacerlo de lo contrario viviremos condicionados a solo intentar cada vez.

Solo la satisfacción de las metas cortas que desaparecen al tenerlos. Nada es meritorio todo es solo algo mas y nos complace el solo presumir que los demás crean somos felices, pero cada día la felicidad será un algo imposible solo será un auto complacerse, solo llenando lo que vemos ideal y demostrando una serenidad que no existe "Se piensa que la satisfacción solo es un llenar de vacíos constantes."

El bienestar personal es un ideal muy diferente para cada cual y tienen relación directa con nuestra actitud.

Es por esto que la actitud es el don mas grande nacido de la iniciativa, del deseo de superarnos y de el encontrar alturas aun haya riesgos y luchas, el vivir fácil solo nos conduce a un vivir viciado plagado de frustraciones escondidas y de mantener una condición que demuestre solvencia y plenitud pero dentro de nosotros mismos solo somos caminantes tratando de crear una senda fácil.

El hecho es aprender a llegar, no el superar obstáculos, es muy importante que el entusiasmo y la sed de alturas nos hagan seres cambiantes y con capacidad de enfrentarlo todo, no solo de resistir aparentar y esto solo se logra buscando la clave en la actitud.

Todo Ser Humano tiene obligación de ser pleno y de llenar todo lo esperado, cubrir las expectativas y buscar esas alturas que otros nunca lograran ocupar.

Muchos pretenden crear ámbitos de importancia donde no los hay, mantener una corte de aduladores es fácil, comprometer el entorno para que sea nuestro medio no es significativo, hay que estar en una acción constante y prevalecer siempre no solo dar saltos cortos y sorprender a otros que mantenemos reunidos como nuestra propia corte, solo quien esta siempre en el centro logra ese éxito que caracteriza el triunfador, por esto es trascendental mantener una constante actitud positiva que nos permita merecer el mejor lugar siempre. Por esto es importante readaptarnos.

85) Entrar al Campo de la "Readaptación"

Esta palabra implica un deseo personal de verse como persona, no como otro mas y si no buscamos la manera de readaptarnos a lo que realmente es vivir, de lo contrario vegetaremos eternamente.

El readaptarse no es nada fácil vivimos de convicciones tabas y de situaciones que nos condicionan.

Lo vemos en nuestro medio en nuestra familia y en nuestros congéneres y tratamos de imitar siempre imitar, creyendo que en el permanecer alcanzaremos el fin que no existe, todo esta dentro de nosotros mismos, no en la senda que creemos otros recorren.

Nuestra personalidad se vicia de comportamientos que no coinciden con la realidad, esto nos distancia de unas relaciones agradables, normales e interesantes solo frecuentamos grupos circunstanciales, personas que creemos nos dan el prestigio que desearíamos tener, seres que consideramos superiores y otros que por inercia nos rodean, si están en condiciones económicas solventes ya lograron lo que pensamos es triunfar aun sus almas estén marchitas y nos vemos rodeados de compañeros de trabajo, vecinos, relacionados etc. No las relaciones verdaderas que deberíamos tener.

Personas que nos iluminen el alma y nos den ese aliento verdadero de ser.

Es por esto que hay que readaptarse a ser un alguien que exista y no que este ligado a un transcurrir simple plano y básico como la línea de menor resistencia, solo existir pretendiendo vivir.

El problema central es que no descubrimos las fallas en nuestro comportamiento que nos separan de un mundo realmente agradable e interesante, donde la armonía pueda ser nuestro vivir constante, nos dedicamos a una existencia comprometida con nuestras actividades inerciales y nuestro transcurrir por el accidente cotidiano.

Es lo denominado vegetar sin sentido solo acumulando y esperando que el final un día nos visite.

En este proceso es necesario tomar en cuenta los factores principales, son infinitos y no es fácil tomar los más trascendentales donde el ideal humano es lo que prime.

En este caso es importante jugar con las fantasías hasta lograr configurar un ser propio con las condiciones y maneras que encaje con lo actual y lo mas importante es el encuadre de su personalidad y después la configuración de ese formato versátil y practico el estilo.

Inicialmente se proyecta el ser sobre una imagen creada con los ideales propios de alguien que coincida con el estar inmediato del momento.

El ideal es configurar un ser y nosotros tratar de entrar en el, el termino "reencarnar" es un capricho de semántica que nos hace acercarnos a otra situación aun que este debería ser el termino pero fue acuñado por el hinduismo así que no lo empleare se podría prestar a mal interpretaciones.

En esto he de crear el puente entre lo que somos o lo que deberíamos intentar ser.

 En el destino ideal al cual tendríamos que acercarnos para poder "acoplarnos" al, mundo que tengamos al frente en ese momento, no se ve fácil, pero si no tomamos una actitud que nos distancie de la mediocridad jamás nos readaptaremos a una realidad del concepto "ser" y no parecer como usualmente nos acoplamos en la vida tradicional

Es la manera de hacernos coincidir en una realidad verdadera de transición entre lo que estamos y lo que seria importante tratar de ser. Marcar una distancia entre lo cotidiano viciado y el deseo de buscar las verdaderas alturas de el alma pujante con sed de lograrlo todo y algo mas.

No es simple el concepto, Hare un ejemplo de cómo se da la aculturación.

Que se entiende como optamos por tomar y aceptar un ambiente inconscientemente, solo por estar en contacto cotidiano, en ese medio

Ejemplo: Un muchacho adolescente se interrelaciona con un grupo de particular y con una tendencia, que mantienen ciertas particularidades muy acentuadas en su actuar y presentación que difieren un poco con lo tradicional o lo normal cotidiano.

Pronto terminara hablando como ellos actuando como ellos y vistiéndose similar. Sin el mismo notarlo es un acto inconsciente de adaptación que sin proponérselo se hace una condición natural, es algo común que siempre se da y lo mas critico es que también hay una influencia psíquica. Y de esta tendencia se cae en un cambio sutil imperceptible que conduce a otra

Manera adoptando otra postura mental.

Este ejemplo tipifica una aculturación normal habitual.

Se sucede siempre en todo grupo humano y es muy normal el caer en una tendencia por simple coincidencia.

Pero si se habla de una "Aculturación Inducida" es lo contrario es el buscar forma de caer en una actitud por que es importante superar una situación seria emocional, por medio de insensibilización se busca la forma de alterar el proceso para que no sea traumático y pronto termine esa situación incomoda, calificada como un accidente social, es cuando hay que tomar una "Aculturación inducida.

Esto es un ejemplo de "Aculturación Inducida". Se trata de entrar en conocimiento de situaciones que tenemos que aceptar como habituales por que están en nuestra realidad.

No siendo fácil nos encontramos frente a una necesidad de entrar en un ambiente en un momento dado sin antes haberlo conocido, es un asunto que de una u otra manera nos veremos avocados siempre en algún punto de nuestras vidas.

86) Cuando es importante la "Aculturación Inducida"

La aculturación Inducida: Es la predisposición personal a una readaptación en un estado diferente preferible y concreto ya necesario como una meta de proyección donde se idealice un ser configurado con lo mejor y de acuerdo con cierta particularidad, en un ambiente diferente con deseo de ser un humano brillante y de logros sin caer en los vicios normales constantes de solo tratar de ser.

En este caso es un tema complejo y la mejor manera es la que debe prevalecer así que; hay que dar un ejemplo practico.

Ejemplo: Si un muchacho de barrio de repente se recibe de profesional y adquiere una situación ejecutiva o política en el nuevo estatus, es cuando adquiere un compromiso consigo mismo tiene que adoptar una personalidad acorde con el medio y el futuro que hay que llenar.

El cambio repentino puede ser traumático si no se acepta y se aplica, con las próximas fases a complementar

Esto en lo básico elemental sin profundizar, pero lo ideal es proyectarse a una línea de superación que hay que autocomplementarse, estando liberado de molestias profundas, cambiar la vía directa a la próxima forma de ser así lograr alturas ilimitadas que no podemos conceptuar aun.

Este caso es la "Aculturación Inducida" En la cual se busca el ir llenando un formato de comportamiento en base al nuevo medio, y para esto hay que tomar determinación y comenzar a ver hacia donde se ha de proyectar la nueva imagen.
Esto no es de un momento para otro es un proceso de ir encajando actitudes, formalismos y tendencias que nos hagan normales en el nuevo medio a llenar.
No necesaria mente se trata de una situación en un trabajo o de cambiar de medio, se trata de nuestro medio nuestro mundo y relaciones evitar ser menos molesto y buscar las mejores maneras de acuerdo con la nueva realidad en que nos encontremos de repente

Las nuevas situaciones son nuestro entorno y los que nos rodean serán el medio, en este campo, es donde se inicia la autoconfiguración.
Inicialmente el punto de partida seria, "Adquirir hábitos y suprimir maculas", salir de tantos vicios de actuación, y procederes incómodos.
Ir transformando nuestro actuar particular, esto también refleja un cambio psicológico inconsciente, que nos hace revisar nuestro actuar cambiando muchas formalidades que ya son inoperantes llenarlas con otras formalidades necesarias.
El descubrir comentarios tendenciosos sin sentido, y toda clase de amaneramientos incómodos, así como modales y posturas que nos encadenan a un pasado distinto del cual debemos distanciarnos paulatina mente, esto procurando no imitar solo entender y observar ademanes maneras y sentimientos, "el hecho es dar lo esperado usualmente". Es una condición que es preciso incorporar a nuestra forma de proceder.

En esta situación hay que partir de ciertos cambios muy específicos que hay que adoptar en nuestro discernir para poder lograr un dominio de las situaciones que buscamos adoptar.

Hay tres estados emocionales que hay que revisar y tener en cuenta principalmente: Son en su orden la <u>Equidad</u>, la <u>Sensatez</u>, y la <u>Ecuanimidad</u>, son valores que podemos "instalar" en nuestro inconsciente para que sin la voluntad afloren en cada momento que sea importante.

Es un sistema de hábitos a tomar, que inicialmente requiere nuestra atención y nuestro interés haciendo uso de nuestra voluntad, solo la primera vez es algo fuera de nosotros a lo que buscaremos adaptarnos, después la segunda vez no es tan difícil ya entendemos el "como" y después de la tercera vez ya lo adoptamos como algo mecánico por haber ingresado en nuestro inconsciente, con la constancia lograremos adoptarlo lo constituimos como un acto natural, con la repetición será pronto habitual y así logramos ir cambiando nuestro proceder general.

El buscar el estado de equilibrio psíquico, se logra después de incorporarlo como un ideal deseado, es cuando, comienza ese proceso que nos hará cambiar radicalmente hasta poder lograr más que aceptación una satisfacción personal que nos llene de moral inspiradora.

El auto transformarnos es la gran magia que nos dará la posibilidad de descubrir que tenemos otro valor y lo notamos en nuestra trascendencia ente el medio en el que nos tenemos que desenvolver

Así que pretendo ir transformando el estar en el cual andamos buscando una situación acorde con una realidad, adquirida por razón a nuestro crecimiento social normal en la vida que nos corresponde en el instante contemporáneo actual y funcional con el mundo en el cual vivimos ahora mismo.

Muchos se estabilizan en una época determinando en el que se fue mas exitoso, por que las cosas estuvieron a nuestro favor teníamos juventud ánimo y fue nuestra época o cuando mas solventes creímos haber sido. O cuando pensamos es la mejor forma y optamos por tratar de quedarnos en ese campo que pensamos dominamos mejor.

Es cuando optamos por "enterrarnos en una época dada, y creemos vernos bien y erróneamente pensamos que es un estilo o una forma de éxito el vestirnos y ser como otros días plenos de logros, en que creemos inconscientemente que tal vez podamos lograr mantener esos estados que pensamos son méritos hoy en día.
Esto en verdad es anormal hay que hacer cambios radicales, que estén en concordancia con la nueva actitud.

Pero la realidad es que tenemos que vivir con el instante, que es el nuestro, o sea nuestro presente actual. Hay que pertenecer al mundo andante y cambiante. Y solo estaremos si reconocemos el momento histórico en que nos desenvolvemos.

Existen los medios para estar al día en todo estado y con el momento en el cual vivimos y para esto es importante salirnos un poco de nosotros y dejar que nos impregnemos de la vida actual aun no comulguemos con todo lo que vemos como irregular pero que es normal.
En este caso es que tenemos que recurrir a las personas entendidas con el tema.

Lo primordial en todos los casos evitar a estancarse en ningún recodo del camino por agradable y bello que creamos ver, cada época cambia y nosotros tendremos que ir con el tiempo, y estar buscando la actualización y el estar en el marco del momento sin excedernos.
La moda es algo que marcha con los tiempos se puede acoplar sin seguirla, de lleno.

Coincidiendo con la moda, el estilo, y la gracia del momento, es muy importante seguir apegados a los estados de la historia, por que en realidad esta es la vida y si nos alejamos caeremos en la desubicacion o el aislamiento.

Existe un momento que el pensamiento actual natural nos hace criticar de lleno lo nuevo y lo recién impuesto en este momento comenzamos a distanciarnos de la realidad practica, y el salirnos de época solo nos aislamos mas aun.
Hay que comprender la realidad que es el cambio normal constante de las cosas, y no pretender que el mundo marche a nuestro estilo, nosotros también andamos en el mismo carrusel y si no nos movemos con el nos petrificamos.

Este cambio de dirección es algo muy importante cada vez que se entre en otro conglomerado, grupo, compañía o ambiente, cada momento que sea necesario un cambio de actitud debemos aceptarlo y reincorporarnos hasta que en un lapso de tiempo mínimo se logre la integración en otra personalidad. Es el principio de la universalidad solo propia en seres de una cultura amplia y con criterio establecido.

El acoplarnos en todo medio es una virtud que nos hace universales, y es muy importante en esta época donde las distancias se acortaron así el tiempo también.
Cada instante puede ser el mundo diametralmente opuesto en sensaciones y percepciones y tendremos que estar listos a cambiar acorde con las circunstancias y no pretender moldear el medio de acuerdo con nuestro deseo.
Nuestra época ya paso y nos mudamos al mundo actual, con sus cadencias y tendencias atroces e incoherentes.
Ahora el asunto esta en iniciar ese cambio de personalidad esta intención de transformación humana, radica en el estado de pertenencia que podamos tener en cada instante sin distanciarnos de la realidad que es lo que vemos al frente en cada momento y esta ligada a las múltiples situaciones en que nos vemos en la necesidad de adoptar un estado en otro medio ambiental diferente.

El primer paso, es descubrir que manera de vivir tenemos y descubrir las características, que bordean al ser que pretende superar su estado actual existencial.

Regularmente nuestra manera es ideal para nosotros pero ha de haber una profunda discrepancia entre lo lógico y lo realmente propicio, esto nos crea una frustración constante que nos hace ser irascibles incómodos y hasta violentos, queremos doblegar la realidad a nuestra costumbre pensando que somos dueños siempre de la razón y puede ser lo contrario.

Es de gran cuidado hacer esa transición de lo nuestro hacia lo normal universal seria con "reencarnar" en otro ser que uno mismo haya idealizado.

En el fondo hay cierta relación con mi proyecto.

Puesto que en el fondo se dibuja el cambio de un estado a otro Todo tipo de transformación implica un trabajo no muy fácil, en el hinduismo existe una reencarnación algo diferente pero en el fondo similar y se opera la reencarnación

Es una concepción justicialista que toda creencia aplica para equilibrar el fin de la existencia humana sin descontar la inmortalidad de el alma como un romanticismo filosófico del cual nadie desea separarse, es incomodo ser mortal.

Las religiones comunes de los países diversos de Asia (como los ancestros de China o el Shinto en el Japón) estos incorporan la reencarnación en sus filosofías practicas existenciales y crean de el mito una acción que mantiene un reglamento moral y una dignidad religiosa popular, confundiéndose con la cultura vivencial y el folclore de estos lugares tradicionalistas.

Así que en realidad, se hacen una forma del vivir usual, muy ligado a la cotidianidad habitual.

El vivir tradicional ligados a creencias es algo muy positivo

Nos da la seguridad de la realidad verdadera.

Saliéndonos de la historia, los mitos las creencias y las religiones regresemos a nuestra realidad.

En eso es necesario cambios radicales del sentir y del pensar hay que afectar la apariencia para recostarse a la situación contemporánea y dar la forma que el mundo espere de nosotros del momento real, lo otro es la aceptación de la realidad histórica (El instante actual en que se viva) y vincularse a este medio con sus claves y formas, de no ser así estaremos enmarcándonos en parámetros que no coinciden con el momento actual.

En el inconsciente el sentir que hay muchas y diversas señales también cambia el pensamiento y la personalidad de cada cual y se debe tratar de incorporarse a la situación en su nivel ni por encima ni menos de ser posible.

Pretendo crear el sistema de medios y estratagemas para ir transformando la persona en el ser que inconscientemente se proyecta como un ideal humano, es algo que no se maneja inconscientemente pues es importante asimilar y aplicar valores nuevos e ir sacando otros existentes por autoconvencimiento y auto persuasión.

Todo radica en ser nosotros mismos los que nos practiquemos la terapia sin contar con nadie más.

La autopersuacion es el comprender una manera de actuar como la ideal en medio de otras opciones y tenerlo tan en cuenta que nos sea suficiente, para que se nos haga un sentimiento recurrente inconscientemente, así lograremos crear un valor nuevo.

El autoconvencimiento esta dado en la seguridad y estaremos muy involucrados en la idea de un actuar diferente y constante, que nos haga reaccionar siempre, y optar por el accionar cotidiano, es tan simple como tener una actitud por un solo día, ya el segundo es mas fácil y el tercero ya es una costumbre, el nuevo condicionamiento será un acto natural y no visible.

Ejemplo: Un día alguien ve en alguna serie o película como el protagonista se escusa antes de pararse de la mesa y lo vemos bien y elegante y optamos por ponerlo en practica.

Después al otro día se repite este accionar que vimos como simpático o elegante, y veremos que el tercer día lo hacemos sin darnos cuenta. Pues la costumbre crea la disciplina que se hace ley por autopersuacion y se auto convence de que es un mejor actuar y denota delicadeza y educación.

Cada vez que optamos por comprender que un comportamiento es lógico y valedero se inserta en nuestro inconsciente como un valor, así mismo una realidad existente que vemos ilógica y fuera de contexto hay que erradicarla de nuestro inconsciente, creo merece un ejemplo.

Ejemplo: En épocas de preadolescencia nos enseñaron que hablar de asuntos referentes a lo sexual era algo no bien visto y que una buena costumbre era el evitar este tipo de comentarios, eso se queda en nuestro inconsciente y al incidir demasiado se convierte en una ley y aflora en todo momento que algo sobre el tema aparecía, escrito hablado o gráfico y el evadir estos asuntos era dignificante y signo de un buen comportamiento.

Pero dos años mas tarde cambia el panorama y hay que erradicar este valor por que se hace necesario el estudiar y comprender todos las charlas referentes a esta temática.

El sexo es algo que debemos ilustrarnos en la juventud y lo mejor es buscar la manera de hacerlo bien y no en lugares no indicados con personas no apropiadas, con los amigos o en la calle, lo mejor es en la escuela, con nuestros maestros o con las personas más indicadas para el efecto.

Este es una erradicación de un valor que antes era signo de buen comportamiento, ahora no es igual y cambia la situación radicalmente. Antes era un signo de buen carácter pero después se hace un pensamiento que nos retrae y hay que erradicarlo de plano.

Claro que en algunos no se cambia esta tendencia y se convierte en un prejuicio limitante que denotara ignorancia.

87) Reemplazo de una Tendencia ya Adoptada

Siempre que se hace una erradicación de un valor o costumbre es muy importante remplazarlo con otro.

Ahora para la inserción de un valor es importante lograr un autoconvencimiento, podría ser por persuasión o por un impacto traumático o por autoconvencimiento.

Es posible un impacto traumático o el conocer de una situación o simplemente el profundizar en un tema logramos descubrir comportamientos diferentes que no nos conducen a nada positivo en este caso podemos ver una situación similar en que una practica como de discutir y violentarse.

Ejemplo: Citare una situación donde un impacto traumático inserte un valor en nuestro sistema personal. En nuestra infancia solíamos enojarnos hasta violentarnos en contra de otros o preferentemente entre hermanos, era casi normal las peleas de manos.

Pero después en otra época con su pareja llega un momento en que la violencia se convierte en "violencia domestica", y escala a un asunto judicial y se gana una semana de cárcel y afectarse el récord mas una serie de problemas derivados.

En esta situación traumática. Es cuando se inserta un patrón de conducta y es el valor de evitar llegar al extremo en la las disputas, por que no es "Un buen negocio" se perderá siempre por que, en este momento se puede descubrir como un valor de "No violencia" ingresa a nuestro inconsciente y cada vez que aflore esa situación nos bloquearemos involuntariamente y evitaremos llegar a extremos.

Hay una serie de factores que condicionan las limitaciones en el pensamiento afectan la personalidad les llamamos los "mitos'', un mito es una creencia que de momento se asimila como real, el no robar, no mentir, no abusar es una sensación que nos crea el concepto ya sea para bien o para mal pero es una sentencia que guardamos en nuestro subconsciente esta sensación crea un estamento que altera nuestra conducta y este actuar se le considera un "valor" honestidad, tener credibilidad, ser respetuoso, etc., que originan los cambios de procedimientos en la personalidad, cada cual tiene ciertas limitaciones o posibilidades de acuerdo con los valores que tenga en su inconsciente, y estos determinan el principio cada cual se <u>rige</u> por determinados principios que son generalidades de comportamiento honestidad, hidalguía, honor, etc.

Si se ha creado un "<u>mito</u>" el de no reaccionar airadamente y así mismo se crea el "<u>valor</u>" de la no violencia y es cuando se crea el "principio" de "<u>pacifismo</u>"' o del respeto.

88) Iniciando la "Autotransformación física"

El ser humano tiene la posibilidad y la capacidad de hacer determinados cambios en su figura y apariencia en busca de mejor resultado social.

De esto se desprende, que hay que ir transformando muchas maneras y formas de actuar.

Cada día hay una oportunidad de hacer cambios para bien, en nuestro devenir para ir elevando nuestro concepto de nuestra realidad y nuestro entorno.

La persona inicia su transformación emocional al cambiar físicamente y de todas las formas en que se presenta inicialmente nuestra apariencia externa crea un marco donde podemos ir adaptándonos a otro estilo general por que el aspecto es una condición muy trascendente.

Si nos fijamos en el momento en que estamos elegantes hay una sensible transformación en nuestro proceder que cuando estamos de sport o de paisanos.

De esta forma es que iremos, transformándoos físicamente y este cambio altera nuestro comportamiento psíquico también podríamos ver como hacer los cambios prácticos, inmediatos por ejemplo comenzar por algo que jamás hemos tenido en cuenta y es la manera de nuestro cabello cada uno mantiene un estilo y muchos jamás lo variamos tal cual nuestra madre lo hizo así continuamos siempre en el hombre no es muy importante, pero en la mujer se suceden cambios de mucha espectacularidad y como puede ser para bien también puede ser que permanezca por años con un pelo que solo crece y cae sin un estilo, pudiendo sacar mucha ventaja si alguien especializado le explica como podría ser mas sensual y tener mas magnetismo.

Es así que el peinado es un punto muy especial en la presentación física, femenina y en el hombre una proyección de su personalidad.

De forma que veremos varios campos muy elementales y sin mucha importancia pero que al unirlos en un solo bloque cambia una personalidad totalmente seria tres tópicos: La manera de peinarse el estilo del maquillaje, y la fragancia o los perfumes, el estilo y el expresarse, todo el conjunto crea esa sello distintivo en que nos ocuparemos para ir transformando nuestra apariencia hacia algo mejor y, para cambiar hacia un estatus mas depurado y aceptable por encima de nuestro actuar cotidiano.

El cuidado del pelo, el Peinado: Es en este campo donde que hay que recurrir a expertos, es un asunto muy serio el marco facial, existen estilistas profesionales que podrían crear el efecto mas apropiado en nosotros.

 El estilista sabe que esta con cada cual no ir donde alguien que aprendió "mirando" y no es caro, es mejor gastar un dinero y sentirse bien, muchos optamos por un deseo personal pero en verdad debemos estar para los demás y no para nosotros mismos o corremos el peligro de por prejuicios de una nueva apariencia caer en el ridículo, no es extraño escuchar esa persona es genial pero su peinado poco le ayuda.

Nadie es aceptado por su peinado, pero muchos pueden parecer fuera de contexto por su pelo, y ser eliminados antes de iniciar la competencia.

Hay seres que tienen luz propia y se les nota el carisma y la gracia, son personas muy especiales, pero por estar prejuiciados no dan algo de sentido a la luz de su rostro y se oscurecen irremediablemente.

También hay muchos que podrían tener un brillo y una alegría espontánea ya que les envuelve un halo de seguridad que se trasmite sutilmente y que encanta y convence.

Y vemos muchos seres con mucho impulso y poco estilo sin ser agraciados podrían tener logros y mucho más que otros.

Son detalles sin mucha profundidad pero en conjunto logran un efecto trascendental.

Uno se puede ir transformando paulatinamente.

Y todo comienza por los detalles imperceptibles. Desde lo más simple se hace importante cuando se hace parte de lo cotidiano.

La presentación personal en relación a apariencia es muy importante no vestirnos para nuestro gusto, es para el gusto de las demás personas con quien alternaremos.

Es el gran error tratar de creernos bien sin saber si nuestro gusto coincide con las personas que serán nuestro entorno

Después la ropa hacerla mas contemporánea y de uso generalizado en el medio mas propicio en el que nos desenvolveremos en el ambiente que corresponda, Sin apegarse mucho ala tendencia del momento, hay que buscar ropas ya en uso que sin imponer moda o no este retirado o en otra época.

Es muy importante no apegarse o contar en seguir las tendencias del dia actual ya que es fácil perder la personalidad al caer en estilos que podrían ir mas lejos de ser elegante a estar cómicamente vestido, es por esto que es muy riesgoso el estar muy a la tendencia contemporánea en la moda sin saber si el mundo en verdad las acepta o no, el criterio propio nos obliga a mantenernos en un estado de apariencia bien y no exactamente vanguardista esto resta demasiado de nosotros mismos el ser conservador en este sentido nos hace mas sólidos y confiables, las modas de los jóvenes es muy apropiada para ellos los jóvenes.

Pero si optamos por vestirnos bien, no mejor ni con lo último, esta nueva apariencia nos da un aire más fresco y contemporáneos lo que no nos distanciara de grupos de diferentes estilos y edades, entre menos impactemos físicamente mas se fijaran en nuestro mensaje o en nuestra personalidad, lo mejor es optar por dar la impresión de ser universales, sin mucho impacto.

89) Sobre Interrelacionarnos "El comentar y el Hablar"

Ahora lo mas importante, y lo que abre o cierra puertas es el comunicarse de la mejor manera, "El hablar" es muy importante descubrir las fallas de modulación, los vicios de dicción, las maculas, los tics y cuanta manía o maña pueda empeorar una verdadera personalidad dirigida y en el mejor orden.

El sentido de la comunicación no es decir palabras, es ponderar envolver y convencer con hablar concreto y pleno de lógica, no necesariamente siempre ser apegado a lo comentado, también el especular y el deducir puede ser algo placentero y agradable, sin ser innovador.

El interlocutor debe estar placido, y de ser posible es bueno no permitir que piense mucho. Cada vez que demos opción a recapacitar abriremos puertas de confrontación.

Que en todo el instante permanezca interesado en lo dicho, es muy importante ser fluido, mesurado y mantener el mejor ambiente, el ser conciliador no implica entregarse, solo es encontrar interesante lo que el copartícipe este comentando si lo hace. El valorar lo dicho es muy importante y el adornarlo con alguna aseveración: Si es cierto, Lo he leído. Si eso es así, etc. Eso nos acerca mucho más hacia la otra persona. Cada vez que estamos de acuerdo se fomenta la acción de estar identificados lo que produce credibilidad y confianza.

Es importante cambiar el tema hacia terrenos conocidos o evitar participar mucho si no tenemos el conocimiento real de lo tratado, toda persona con quien nos interrelacionemos debe quedar placido, carente de estrés y con la agradabilidad que proporciona una buena charla, es algo formal, que nos proporciona solvencia.

Carecer de formas de distracción, no tener nada en la boca y evitar muestras de cansancio bostezar, estornudar, toser cualquier forma no acorde con la fluencia del comentario o dejar caer el transcurso interesante de la charla.

Es vital tomar la actitud constante dar importancia merecida a las personas que tratemos sin importar rango. Toda persona que sabe le están atendiendo también atenderá nuestros comentarios con similar interés.

Aun sea por teléfono es vital que la otra persona tenga la mejor de las opiniones de nuestro proceder, muchas veces respondemos llamadas o a personas que nos dan un instante incomodo y por el contrario hay otras personas que deseamos no terminar de hablar con ellas, esto es muy importante el percibirlo.

Hay un detalle que no siempre tenemos en cuenta y es el descubrir por la entonación que la otra persona este ocupada o en apuros para comentarle que en otro instante hablaran sin necesaria mente hacerle ver que sentimos esta ocupada.

El hablar de terceras personas es de mal gusto aun se sienta importante quien las dice, en especial cuando hay ya sentimientos creados a favor o en contra.

También el insinuar que el interlocutor no este obrando de la mejor forma, es preferible el cambiar el tema sin el grosero "Cambiemos de tema, esos comentarios me molestan, o esta charla es muy molesta para mi, etc. todo tipo de comentario que pueda crear culpabilidad en la otra persona.

El sentido de no estorbar es algo muy sutil que no todos pueden mantener y quien lo tenga jamás estará de más en ningún lugar, no es lo mejor hablar de nuestro pasado o nuestro estatus economito o social.

Siempre toda relación negocio o trato se inicia con una conversación simple y llana, si optamos por mantener la costumbre de concentrarnos y atender todo ser con quien nos relacionemos pronto se hará un acto inconsciente y todas las veces lo tendremos en practica.

90) La Relación del Observar y Percibir.

Hay diferencias muy profundas entre estos dos conceptos y hay que ver como actúan y como se aplican.

Es la relación del observar y el percibir, una forma estudia y la otra solo acepta.

Hay que aprender a observar como una manera de descubrir que hay en el asunto o que le bordea que causas o por que se dan son aspectos de un estudio inmediato general del asunto. y no solo estar viendo que es una particularidad humana un sentido sin que nuestro pensamiento tenga intervención.

El observar implica fijación, detalle, comprender y analizar el ámbito y el medio buscar que hay detrás de lo visible.

El percibir es solo aceptar el panorama que se nos presente al mover la cabeza, es un acto involuntario y sin mucha diligencia solo es un accidente cotidiano.

Al observar hay tendencias, se sucede una proyección y un cambio de intenciones, es un cambio de ideas y de sentimientos, es un dialogo sin sonido se emiten sensaciones, intenciones y muchos aspectos que no serian tan comprensibles oralmente.

El Observar escruta y deduce así como asevera o denota debilidad o mentira así como traición, es un contacto con sensaciones y comentarios presentidos.

Muchas veces se habla de la mirada como una forma de seducir o de violentar, de aceptar, de duda, se dice una mirada dulce, o casi le mata con la mirada, o le miro muy mal o por el contrario ella quería mirar dentro de mi, nunca olvidare esa mirada es una sensación sutil y proyectada que siempre es diciente, y se carga con una intención o mensaje. Casi se aproxima a un sentimiento premeditado, esta es la forma subliminal de hablar solo empleando las sensaciones, el tema es secundario se dice mas con el sentimiento que con las palabras.

El percibir solo es ser un testigo de lo que se presenta sin participación ni critica y son muchos los instantes en que solo somos testigos mudos de algo intranscendente.

El percibir es aceptar el campo visual que se abre al frente, es la dócil visión que da un ser sin mucha intención y cargado de nada, ven los menores y los débiles, ven los sin intención, ven los cansados por la vida ven los que no pueden hacer mas, ven los animales y los tontos también ven, es algo que se interpone, el ver es un acto presencial solamente.

Que triste la idea de los que solo perciben.

Así el observar implica decisión, empeño intención orden y autoridad, miran, los que tienen sentido y determinación los mayores y los que saben que hay, observan los que saben donde Irán y los que quieren, esos son los que miran así que olvídate de solo ver, hay que mirar con la violencia que requiera la situación pero con la serenidad del que lo sabe lo que hace y lo que busca, evitando intimidar. Se dice regularmente esta persona sabe que quiere y hacia donde va.

Después de estos cambios de percepción

La persona tiene que optar por una actitud, y es cuando esta nueva personalidad comienza a aparecer, el transformarse paulatinamente crea ese ser que buscamos en nosotros mismos y que sabíamos no era posible.

El ser se proyecta con otro sentido, con una intención definida con instinto, sabiendo quien es y como enfrentar la realidad,

La autodeterminación, la situación real de persona direccionada con un sentido en la vida.

Es de vital importancia por que el ser humano se alimente del entorno, de su propio hábitat, su ego si siente plenitud y seguridad de la misma manera se comporta, de esto el asunto tan vital de la observación el eterno aprender lo que define mucho la autoestima, que depende del cocimiento del entorno quien sabe siempre donde esta, conoce su propio camino y su meta. Es primordial mantener una seguridad visible y una determinación, que defina la persona como alguien indispensable y con la intención creada que tiene, el que sabe la dirección que mantiene, el sostener esto como una actitud constante nos abrirá todas las puertas.

91) El mas importante cómplice "La autoestima."

Es primordial más que amigo, o hermano, ser nuestros propios cómplices y mantener un amor propio sano, lógico y moderado.

Tomare algo textual para ser mas explicito:

(Wikipedia) En Psicología, la autoestima (también denominada *cinematografiar*, del latín «simato» que significa amor propio o auto apreciación), es la percepción emocional profunda que las personas tienen de sí mismas. Puede expresarse como el amor hacia uno mismo.

El término suele confundirse con el narcisismo o el coloquial *ego* (egocentrismo), que referencia en realidad una actitud ostensible que demuestra un individuo acerca de sí mismo ante los demás, y no la verdadera actitud u opinión emocional que este tiene de sí. Es un aspecto básico de la inteligencia emocional.

La percepción emocional puede fácilmente llegar a sobrepasar en sus causas a la racionalización y la lógica del individuo. Por ello, tener una buena autoestima implica ser consciente de las virtudes y defectos propios (autoconcepto) así como de lo que los demás realmente dicen de uno (heteroconcepto) y sienten hacia uno (heteroestima), aceptando todo ello en su justa medida, sin amplificarlo ni reducirlo, sabiendo y afirmando que en cualquier caso uno es valioso y digno. Implica, por lo tanto, el respeto hacia uno mismo y consecuentemente hacia los demás. La autoestima es el requisito indispensable para las relaciones interpersonales y humanas sanas. El amarse, así mismo permite que puedas ser admirado así mismo poder respetar a los demás.

Está relacionada con otras variables psicológicas como son el locus de control y la expectativa de autoeficacia, de forma que un *locus de control interno* implica, generalmente, una alta autoestima, y viceversa; así como una alta *expectativa de autoeficacia* para ciertos comportamientos y situaciones suele estar asociada también a una alta autoestima, y viceversa.

La importancia de la autoestima

En la mayoría de las escuelas de psicología, el concepto de autoestima cobra una enorme importancia al considerarse ésta una de las causas del sufrimiento psicológico y a largo plazo uno de los factores que pueden tener influencia en el éxito entendido de forma integral y en la depresión.

Fomentar una autoestima saludable es una práctica de total importancia en cualquier terapia psicológica y en cualquier programa de autoayuda. Desde esa perspectiva, la autoestima es tomar conciencia de que poseemos los instrumentos para enfrentarnos a la lucha por la supervivencia y que al igual que los demás seres humanos, tenemos el derecho al bienestar. La autoestima se conforma así bajo dos pilares básicos.

Por un lado tenemos el respeto a uno mismo y por el otro la creencia en uno mismo. Este último pilar se refiere al hecho de creer que podemos alcanzar el éxito en la vida, es una confianza en las propias capacidades, en la eficacia personal a la hora de plantearse objetivos (a corto, mediano y largo plazo) y perseguirlos hasta conseguirlos como meta. Estos conceptos son vitales para estar en función de auto complementarnos en lo posible sin caer en estados incómodos de frustración en la duda de nuestra propia capacidad.

La autoestima integral

Se considera que la autoestima es una función del organismo y un recurso integral y complejo de autoprotección y desarrollo personal. Es un constructor que trasciende la idea básica de autovaloración, y aunque va más allá e incorpora aspectos biopsicosociales, pues las debilidades de autoestima afectan la salud, las relaciones y la productividad, mientras que su robustecimiento potencia en la persona global, es decir, su salud, su adaptabilidad social y sus capacidades productivas.

La consecución o mantenimiento de una buena autoestima es una tarea fundamental de cualquier psicoterapia, pues la presencia de actitudes hipercríticas e irracionales hacia sí mismo suele ser un síntoma recurrente de los variados problemas conductuales humanos, siento la causa principal de la depresión y la angustia personal.

La definición del término autoestima es materia de debate en las diferentes escuelas psicológicas y psiquiátricas, así en áreas fuera del enfoque científico para el bienestar mental humano. Particularmente en la Nueva Era, las definiciones suelen ir en el sentido de halagar al creyente.

Otros psicólogos de la autoestima, como Nathaniel Branden, insisten en la necesidad de reformar las convicciones filosóficas dañinas programadas en el paciente para así poder lograr la curación.

Implica la supresión de ciertos valores que deprecian el ser humano y nos reducen, suele suceder en muchas creencias, cultos religiones y políticas donde se hacen virtudes de mandados personales, u de obligaciones ya preacondicionadas.

La autoestima es el sentimiento valorativo de nuestro ser, de nuestra manera de ser

La autoestima: Es una manera auto reciprocarse de calificarse y evaluarse, y de este acto depende la sensación de valor personal y de fuerza interior en todos los campos.

Ya estando en esta línea de cambios en todas las áreas el presentarse de nueva apariencia. Y con otra determinación en todo momento, el ser humano siempre debe estar listo a cumplir la acción en que se empeña, siempre tenemos un acto d acción determinada y lo acometemos sin mediar comentarios.

Es de vital importancia ser realistas y vivir en la época que sea conociéndola y adaptándose, salirse de los parámetros normales nos hace caer en frustraciones al no lograr superarlas.

92) El enfatizar Como Acto intencionado:

En este devenir social actual donde prima el concepto lógico es importante mantener una visión critica y justa sobre todo comentario que en el momento sea nuestra visión inmediata.

Hay que entrenar el aparato de expresión, para poder ser exacto, como vocalizar entonación etc.

De este manejo de la dicción poco nos enteramos, aprendimos por costumbre inercial, lo que escuchamos y es imposible definir nuestra voz o nuestra entonación y siempre pensamos que estamos haciéndolo bien pero puede ser que no, y es lo mas seguro.

Pensamos que los demás están cómodos y es posible no sea así, siempre nuestros interlocutores nos escuchan pero están educados para no intervenir si estamos errados.

Lo siguiente seria el énfasis la gesticulación los ademanes

Y por ultimo la representación del nuevo ser con una tendencia mejorada y dirigida con un sentido propio de seguridad personal.

Se supone que esto es un trabajo personal y dedicado hasta lograr tener una actitud diferente con más empeño y determinación que antes, el cambiar constante mente es algo obligatorio.

En todo instante tenemos que revaluar nuestra visión del entorno, inmediato acorde con la realidad.

Ahora será el entrenamiento para este nuevo cuerpo vigile su cuidado y sus ademanes ya que hay que identificarse con esta recién adquirida entidad, que es la intención de ir buscando paso a paso, nuestra autotransformación.

De hecho el asunto radica en una readaptación en nuestro proceder manejando una diferente posición ante todas las situaciones que sean observables por los seres con. los que nos interrelacionemos.

Es un proceso experimental donde se procura reiniciar un estado nuevo de ser, de mostrarse, y de sentir, luego que estos cambios se den también hay un cambio directo en la personalidad en si.

Hay disciplinas que crean cambios radicales en la personalidad es bueno ver algo practico hoy día.

Entre los fenómenos visibles de autotransformación, podríamos hacer una cita practica observable.

Seria interesante ver el estado de un muchacho que entra a una institución militar y un año después veremos un hombre diferente, con cambios físicos emocionales y mentales.

Realmente descubrimos que es otra persona quien regresa de estas instituciones de férrea disciplina.

Cuando una persona en su vida normal descubre frustraciones y siente que hay una vida sin mucho sentido y que las cosas se suceden sin el orden normal sin logros y sin una dirección dada que proporcione satisfacción o por lo menos un sentido normal de vivir, mas que simplemente existir sin orden lógico, es importante descubrir la forma de salir de esta situación o de este mutismo.

Son muchos los seres que viven en la aflicción de un vivir sin gusto ni estilo alguno sólo se subsisten por hacerlo, pero no hay logros y una desesperanza continuada hace de nuestro vivir un vicio existencial sin ningún destino, valedero.

De hecho la vida en si necesita con vital importancia un sentido declarado, no exactamente una importancia aparente es imprescindible un "sentido" lógico que nos demarque un acción entusiasta con una dirección apropiada que nos impulse hacia una meta lógica y con una verdeara dirección, que nos llene de gusto personal.

El ser humano que carece de sentido no vive solo vegeta y envejece sin mas opción que ver la vida pasar.

Ahora hay que caer en otra fase del proceso humano es la de enfrentar la realidad y entrar con el interés ya dado, aplicado y psicológico, esto nos enfrenta hacia una lógica muy clara y es la dirección directa de una manera definida de una

Temática que concierne la autotransformación personal, en la que se dibuje un gusto de hacerlo para tener un destino definido, y un ideal ya marcado como un fin.

93) Mirando los Modales como "Comportamiento General:"

Hay un estado de la vida en que hay que interactuar con todos los seres que en un momento dado, conforman nuestro entorno, es el momento en que tenemos que desplazar nuestra personalidad en la mejor manera, procurando dejar una impresión grata y con credibilidad en todo comentario y es el reflejo de nuestra manera de ser y no es fácil configurar un ser ideal si no se tiene un conocimiento real del medio social en que nos desenvolveremos, aun que lo ideal es tener una personalidad universal, o sea que pueda uno adaptarse a toda situación sin mucho esfuerzo, en esta sociedad variable y cambiante hay que tratar de adaptarse a muy distintos ambientes con una flexibilidad muy amplia.

Es por esto importante integrarnos así solo sea por momentos, a la vida que es una sucesión de momentos que son donde exactamente estamos.

La aculturación es la forma en que nos integramos al medio ambiente que se presente, Usualmente los grupos son dispares y el nivel de cada cual es muy distinto sobre todo en lo cultural y no se le debe obligar a nadie a que sea de nuestro nivel cada uno desea sostener su ambiente y vivir en el, algunos por su trabajo simple y elemental no sabe de historia, de política, de filosofía o de literatura, salvo excepciones, que por cierta coincidencia sea una persona muy leída y conocedor de temas específicos al través de los tiempos, pero regularmente estas personas están en cargos de demasiada presión y carentes de tiempo. Es por esto que importa mucho buscar el nivel ideal en cada conversación para no intimidar ni frustrar nuestro interlocutor.

De todas formas el integrarnos implica conocer de generalidades de temas del momento y cuestiones del día, "La vida es un buscar de conocimiento en todo sentido".

La mejor forma de actuar es aprendiendo del medio ambiente los tratados de ética, protocolo y urbanidad, son temáticas normativas y de aplicación muy particular, y solo en muy determinados medios, es preferible el trato normal medido y con el mejor gusto en el léxico usual y así estaremos en relación similar con las demás personas que en el momento son nuestro auditorio.

De manera que la mejor escuela de comportamiento es el observar de los demás, en cada ambiente, para tratar de acoplarnos de una manera simple. En esto es importante el tener una personalidad acoplable a todo evento.

94) Sobre la "Psique mental."

Este tema tiene, una amplia definición y cada cual a su manera de presentarlo de acuerdo a su criterio especial, y puede ser muy variable de acuerdo a su cultura, su formación y sus valores, así que veré que dice Wikipedia al respecto.

(Wikipedia) Psique

La **psique**, del griego ψυχή, *psyché*, «alma», es un concepto procedente de la cosmovisión de la antigua Grecia, que designaba la fuerza vital de un individuo, unida a su cuerpo en vida y desligada de éste tras su muerte. El término se mantiene en varias escuelas de psicología, perdiendo en general su valor metafísico: se convierte así en la designación de todos los procesos y fenómenos que hacen la mente humana como una unidad, cada escuela direcciona este termino de acuerdo a su propio estilo y su forma como analiza estudia el proceso humano y su estudio.

Etimología de la palabra *psyché*

El verbo griego ψύχω, *psycho*, significa «aire frío». A partir de este verbo se forma el sustantivo ψυχή, que alude en un primer momento al soplo, hálito o aliento que exhala al morir el ser humano. Dado que ese aliento permanece en el individuo hasta su muerte, ψυχή pasa a significar la vida. Cuando la psique escapa del cadáver, lleva una existencia autónoma: los griegos la imaginaban como una figura antropomorfa y alada, un doble o eidolon del difunto, que generalmente iba a parar al Hades, donde pervivía de modo sombrío y fantasmal.

Psique es la esposa de Eros, el dios del amor hijo de Afrodita. Se casa con él sin saber quien es pero una noche le descubre. Afrodita celosa quiere deshacerse de psique pero finalmente Eros la salva y con el fruto de los dioses la convierte en diosa.

Eros y Psique - Bouguereau (detalle)

La psiquis no es sólo la conciencia del individuo, como tampoco es una suma de su conciencia y su inconciencia, o siquiera un trinomio entre estos y el superego. Esta diferenciación entre "sectores" que parecen llevar a cabo tareas relativamente definidas fue adoptada y estudiada por Freud, aunque él mismo reconoce que no se trata en verdad de entidades claramente delimitadas, sino parte de un todo, la psiquis

El psiquismo: Hay un lugar en el cual se regulan todas las opciones las intenciones y todo nuestros sistemas de discernir y es nuestro mando central, general. Donde todo nace como idea y nosotros buscamos su realización en la vida practica y reposa en nuestro inconsciente.

Nuestra vida en si esta conformada y delimitada por nuestro cerebro, por que es la parte mas importante de nuestra realidad es donde se mueven los asuntos fisiológicos nuestros actos psicomotores, pero por encima de todas las cosas esta nuestro sistema emocional y espiritual que esta íntimamente correlacionado con la psique que es el mas complejo órgano y sentido.

Realmente lo primordial de este sentido es su proyección en la interrelación con los demás seres nuestra realidad y nuestro mundo. El cerebro es nuestro órgano más misterioso: de él parten todas las órdenes y las regulaciones del organismo, de las más simples a las más complejas de las funciones fisiológicas psicológicas, y emocionales.

El cerebro procesa la información sensorial, controla y coordina el movimiento, el comportamiento y las funciones corporales homeostáticas, o fisiológicas donde nuestra voluntad no tiene influencia como los latidos del corazón, la presión sanguínea, el balance de fluidos y la temperatura corporal.

Lo mas critico es que nosotros mismos estamos por encima de nuestro cerebro en el sentido de mantener una vigilancia sobre ciertos limites y como debemos actuar para que el conjunto sea armónico y tener una existencia normal y estable.

El cerebro es responsable de la cognición, las emociones, la creatividad, la memoria y el aprendizaje.

La capacidad de procesamiento y almacenamiento de un cerebro humano estándar supera aun a los mejores ordenadores hoy en día.

El funcionamiento de la estructura física y de los neurotransmisores del cerebro todavía no es bien comprendido. Se tiene una percepción muy básica y elemental sobre su estructura física.

El encéfalo humano es un órgano de control biológico y la psiquis una estructura mental, que se construye por las estructuras biológicas existentes en el encéfalo: hemisferio cerebral derecho, hemisferio cerebral izquierdo, lóbulo frontal, lóbulo occipital, lóbulo parietal, lóbulo temporal, cerebelo, las neuronas de la corteza cerebral y se modula por la química cerebral (endorfinas, neurotransmisores, hormonas) bajo la influencia de la actividad, la comunicación social, el medio ambiente y la sexualidad, entre otras. Respondiendo a situaciones de estrés, miedo, odio, alegría, dominio, egoísmo, solidaridad, etc.

El cerebro es una vía de asimilación e ideación de diferentes patrones de conducta.

Con lo que se logra la adaptación del individuo al medio físico y social.

La psiquis constituye, por tanto, un medio de entender e interactuar con la realidad.

En muchas creencias se ha denominado el inconsciente que es la misma psique, como el alma, el espíritu, etc. y le confieren poderes de inmortalidad y se califica como un ente delimitado y es responsable de sus actos en una vida y según las creencias también es castigable o se premia en una dimensión solo comprendida en los niveles de pensamiento de cada creencia por lo tanto no tratare nada en el sentido de religión, creencias, filosofías o teológicamente solo veré la situación desde el ángulo científico.

La psique, al igual que el cerebro, está estructurada en distintos grados de complejidad que se han construido por etapas, a través del desarrollo ontogénico del hombre, (Este termino cubre el desarrollo de un ser vivo desde el ovulo hasta a adultez en su proceso evolutivo).

Cubriendo un amplio espectro, desde los centros analizadores de las señales, (lóbulos temporales) provenientes de los órganos sensoriales, hasta llegar a crearse las estructuras que posibilitan la existencia de pensamientos, sentimientos, voliciones, (Es un acto de voluntad en filosofías) etc., en los lóbulos frontales.

Algunas estructuras son muy afines a las estructuras biológicas y otras poseen una relación mucho más alejada de ellas.

El cerebro puede responder a demandas que se originan a cualquier nivel de las estructuras psíquicas, pero en la misma medida que se asciende a través de esos niveles, se manifiesta una mayor independencia con respecto a las estructuras biológicas iniciales, lo que presupone la existencia de estructuras psíquicas menores, subordinadas a otras de nivel superior, como eslabones mediadores entre éstas y el todo.

En esta secuencia se logra descubrir el sentido del inconsciente como forma intima de accionar y el subconsciente como una forma aprendida de proceder y es cambiante, mientras el inconsciente es estable.

 Y es variable dependiendo de que valores sean o se precisen para un actuar mas acorde con la realidad inmediata.

Se ha dicho que nuestros cerebros se han especializado de este modo, porque el lenguaje y la lógica necesitan procesos de pensamiento más ordenados y sofisticados que los que necesita, por ejemplo, la orientación espacial. Se trata simplemente de que las dos mitades del cerebro sean complementarias.

Las diferencias psíquicas entre los individuos son manifiestas, provienen de la casualidad, de la conjunción de factores tan diversos como la herencia, la educación recibida, debida ala aculturación y el haber aprendido del entorno, también de una serie de traumas de infancia que nos marcan inconscientemente y después todos nuestros comportamientos se ven afectados,

Por ejemplo, en la mayoría de los adultos, los centros del habla están situados en el lado izquierdo. No obstante, alrededor de un 15% de los zurdos y un 2% de los que usan preferentemente la mano derecha, tienen centros del habla en ambas partes del cerebro.

De todos modos, algunos zurdos desarrollan el habla en el hemisferio izquierdo únicamente.

Aun cuando el lado derecho del cerebro controla principalmente el lado izquierdo del cuerpo, y el lado izquierdo del cerebro controla, en gran parte, el lado derecho del cuerpo. El hecho de ser ambidextro indica que las dos mitades del cerebro no han llegado a estar tan completamente especializadas como lo están en los individuos diestros.

La psiquis de la mujer se dice que se preocupa por todo, en todo momento, necesitando muchos más datos que aporten información de refuerzo, antes de adoptar una decisión, en contraste a los varones que se supone actúan sin reflexionar en las consecuencias.

De esto se deduce el que las mujeres sean mas emocionales que el hombre, que se caracteriza por ser mas cerebral, pero la realidad radica en que la mujer tiene mas limitaciones debido a su formación con valores mas severos y casi preejuiciadamente que el hombre, que es mas metódico también por su criterio funcional ante los fenómenos existenciales.

Esto se puede atribuir a la fuerte estimulación hormonal del varón, que presenta un 70% más de concentración hormonal en la sangre, que la mujer.

En los niños de corta edad, cada lado del cerebro posee, en potencia, la facultad del habla y del lenguaje.

Una lesión en el lado izquierdo en los primeros años de vida, da como resultado el desarrollo de la facultad del lenguaje en el lado derecho del cerebro.

El dominio del habla y probablemente también de otras facultades, se establece firmemente hacia los diez años de edad y no puede modificarse posteriormente.

Por esto el menor solo se estructura con impactos emocionales ya que su lenguaje es mínimo y solo atiende a estados críticos de emociones traumáticas, la mujer se alimenta de creencias mas que de comportamiento por su entorno formativo.

Estar dominado, reprimido, frustrado, flexibiliza la psiquis, la hace más dócil.

Aceptando situaciones mientras que los de cierta libertad solo encajan aspectos prácticos sin la severidad que los primeros, de esto depende el estado de frustración personal en muchos grupos humanos.

En cambio de otros con normas más estandarizadas,
La falta de tal ejercicio, ya sea durante la niñez o en la etapa de adulto, es lo que hace rígidas a las personas.

La educación inflexible de disciplinas fuertes crean estados de enajenación y conducen a las alienaciones que condicionan nuestro pensamiento a las normas inflexibles de el ego superdesarrollado, que mas que la ira nos hace reprimidos y condicionados a una vida severa de acciones muy criticas, es muy importante buscar un equilibrio entre lo lógico realista y la norma severa que no merece reflexión. Es por esto que hay sociedades o razas con una dirección más condicionada y unas creencias más inflexibles con un peso de tradición que les hace muy particulares. Son demasiados los pueblos que puedan carecer de alienaciones heredadas en el paquete cultural del medio en que se fueron formando.

De todo se desprende que es de vital importancia conocernos íntimamente y descubrir que clase de prejuicios o limitaciones nos condicionan a ser aceptados o rechazados socialmente.

El hombre de éxito mantiene una formación clara transparente y sobre todo lógica en sus conceptos y en sus actuaciones. Todo este comentario nos traslada a una formación sólida y configurando una personalidad, formada. El carecer de tendencias nos hace mas universales, se de muchos que evocan a sus deidades, o intencionan políticamente todo comentario en sus charlas repetitivamente sin saber si la otra persona esta de acuerdo en esa misma línea de pensamiento.

95) La Responsabilidad de Mantener una "Personalidad".

Hay algo que nos representa siempre y es la forma en que nos presentamos ante la vida, nuestra esencia, nuestro formato y todo esto redunda en una palabra ya muy gastada.
La personalidad es el resultado final de una serie de aspectos que involucran todas nuestras facultades, nuestro estilo, nuestra

formación y sobre todo nuestra educación, y nuestra calidad humana en general.

Es la manera en que nos presentamos ante la vida y la realidad, nuestra proyección y nuestro proceder con gracias y defectos, con el estilo y los comportamientos aprendidos que nos dan la capacidad de ser brillantes o por el contrario de ser abyectos y rechazados.

La personalidad es nuestro actuar cotidiano y podemos cambiarla. Si es posible alterar comportamientos al través de nuestra vida solo con el deseo de hacerlo.

La personalidad: Al tratarse de un concepto básico dentro de la psicología, a lo largo de la historia ha recibido numerosas definiciones, además de las conceptualizaciones más o menos intuitivas, que le han asignado, seria interesante ver como ha sido clasificada esta característica tan especial

Algunos autores han clasificado estas definiciones en grupos. La personalidad diferente, puede sintetizarse como el conjunto de características o patrón de sentimientos y pensamientos ligados al comportamiento, es decir, que toda forma de proceder esta íntimamente ligado a lo que por accidente hemos aprendido.

De manera que, actitudes, hábitos y la conducta de cada individuo, que persiste a lo largo del tiempo frente a distintas situaciones distinguiendo a una persona de cualquier otro haciéndolo diferente a los demás, por su proceder y el manejo que de a la realidad misma.

Esto esta íntimamente ligado a la formación, al entorno a la cultura y hasta el medio en el cual se desenvuelve.

El medio que le ha acompañado, lo que ha sido su propio mundo y del cual ha sido aculturado, o se ha impregnado en su proceso cognitivo.

La personalidad persiste en el comportamiento de los seres congruentes a través del tiempo, aun en distintas situaciones o momentos, otorgando algo único a cada individuo que lo caracteriza como independiente y diferente, y conformando cada estereotipo conocido.

Ambos aspectos de la personalidad, distinción y persistencia, tienen una fuerte vinculación con la construcción de la identidad propia, a la cual modela con características denominada en rasgos o conjuntos de particularidades que, junto con otros aspectos del comportamiento, se integran en una unidad coherente que finalmente describe a la persona.

Hay muchas características muy positivas en esto así mismo las hay negativas y todo esto se mezcla para dar lo que podríamos llamar éxito social o lo contrario un fallar persistentemente por nuestra actitud y el como nos proyectamos ante los demás, es el conjunto de facultades o virtudes, pero sin descontar fallas y defectos que cada cual cargamos en nuestro desenvolvimiento.

Ese comportamiento tiene una tendencia a repetirse a través del tiempo de una forma determinada, recurrente y con patrones similares, sin que quiera decir que esa persona se comporte de modo igual en todos los casos, es una manera de responder continuamente y esto nos caracteriza.

Es posible "moldear" nuestra forma de interrelacionarnos en todo momento de la vida con solo querer hacerlo, podemos adquirir valores y transformar o anular otros, hay momentos traumáticos donde el ser comprende que no actúa acorde con la realidad lógica y logra cambiar un proceder, este acto tiene como misión ese variar del comportamiento personal para lograr un estado de mas acople con la realidad inmediata y lograr ser universal, agradable, y aceptable en todos los estados de interrelación personal en que nos enfrentemos en cada situación.

Es decir, la personalidad es la forma en que pensamos, sentimos, nos comportamos e interpretamos la realidad, mostrando una tendencia de ese comportamiento a través del tiempo, manteniendo un estatus determinado.

El cual tenemos que ir cambiando siempre hacia lo mejor.

Este grupo de actitudes, modales y comentarios son nuestras verdaderas armas para las múltiples situaciones que cargamos

Con el que nos permite afrontar la vida y mostrarnos el modo en que nos vemos a nosotros mismos y al mundo que nos rodea.

Pero en nuestro proceder tenemos actuaciones molestas, las cuales hay que detectar y buscar la manera de irlas cambiando para mejorarlas, los instantes traumáticos nos hacen dar cambios radicales, los que tenemos que calcular para no caer en exabruptos o comportamientos fuera de lo normal o lo lógico.

Podemos descubrir esas fallas al estudiarnos constantemente y evaluar las maneras de los demás, para configurar una personalidad universal o acoplable a todas las situaciones.

De Wikipedia

Según Gordon Allpot la personalidad es "la organización dinámica de los sistemas psicofísicos que determina una forma de pensar y de actuar, única en cada sujeto en su proceso de adaptación al medio", por esto es indispensable ir acomodando reacciones que podamos ver necesarias para lograr ese cambio que de lograrlo mejoraremos cada día en nuestra relación con la vida y con el tiempo.

Desmembrando esa afirmación encontramos que:

La organización: representa el orden en que se halla estructurada las partes de la personalidad de cada sujeto. Sin descontar las múltiples tendencias manejadas y limitadas sin contra con la carencia de emocionalidad, pero el ser se autodenomina limitando en parte sus intenciones, por formación y por sus valores ya adquiridos

Lo dinámico: se refiere a que cada persona se encuentra en un constante intercambio con el medio que sólo se interrumpe con la muerte. Cada día hay que aprender y hay que reeducarse limando asperezas y discrepancias con lo real y lo lógico, estamos en un aprendizaje continuo siempre, nunca podemos detener ese proceso que nos conduce a la madurez.

Los sistemas psicofísicos: hacen referencia a las actividades que provienen del principio inmaterial (fenómeno psíquico) Es cuando emociones o golpes traumáticos nos hacen cambiar de pensar. O aspectos sociales o simplemente asuntos de cierto impacto, que nos dejan una huella inolvidable, usualmente hay transformaciones debidas al ambiente político social o económico.

Fenómeno físico: siempre hay circunstancias donde comprendemos que algunas practicas habituales no conducen y por el contrario nos excluyen de un vivir saludable de interrelación con los demás.

El principio material físico. La forma de pensar hace referencia a la vertiente interna de la personalidad. En muchos casos hay motivaciones propias que nos obligan a tener ciertas tendencias muy particulares. En especial lo normativo que se hace como un movimiento inconsciente involuntario constante.

La forma de actuar hace referencia a la vertiente externa de la personalidad que se manifiesta en la conducta de la persona. Son estados que dependen de nuestro entorno y nos impregnamos de aspectos de acuerdo a nuestra interacción con el medio, esto sucede como fenómeno resultante de la aculturación constante que es el sentir la influencia del medio que nos rodea, del cual nutrimos nuestro conocimientote esto se configura nuestra forma de actuar.

Que es única en cada sujeto por la naturaleza y actitudes diferentes caóticas, o por el contrario positiva plena de vivencias que alimentan el inconsciente o el alma para una proyección practica que nos catapulte hacia logros superior o por lo menos a un nivel con mas brillo y holgura todo esto radica en el que el cerebro organiza las tendencias y comportamientos.

Todo ser pensante tiene más que el derecho, la obligación de ir esculpiendo su personalidad, no en base a sus propios principios y menos a sus deseos, lo vital es que reconozca el entorno y se comporte como la sociedad y la vida lo requieran, cada ambiente merece respeto y la mejor manera de ser de acuerdo a lo que es el estilo habitual de cada grupo, haré una cita personal:

"Siempre en toda situación hay que hacer lo que debe hacerse y no lo que se desea hacer personalmente".

96) Las posibilidades de la "Retro-complementación:"

En nuestra vida hay estados de frustración por cambios radicales inevitables que tenemos que afrontar.

Es algo complicado el transformar nuestra actitud constantemente sin tener en cuenta la edad la época o el momento, siempre cargamos con pesos en el recuerdo que nos modifican el sentir, esto nos permite reaccionar ante ese mundo de acuerdo al modo de percepción, cada cual tiene una escala de valores que ha ido configurando al paso por la existencia, tenemos múltiples asuntos que nos impactan y nos transforman en la forma como conceptuamos cada suceso, por traumas que se quedaron olvidados pero permanecen latentes y funcionan limitándonos.

El retro-complementarse es descubrir esos puntos débiles estudiarlos, y descubrir la forma de cambiarlos o evitarlos, esto se hace analizando y exagerando ciertos recuerdos que un dia nos marcaron es cuando tenemos que enfrentarlos con un marco de auto desafío hacia nosotros mismos, es lo que coloquialmente se dice ponerse en los zapatos de otro hasta superarlos es un reaccionar de acuerdo a ciertas situaciones.

Ejemplo: Es posible sintamos una profunda aversión de hablar en publico, algo nos sucedió hace demasiado tiempo posiblemente en nuestra primera infancia un estado de ridiculez y frustración que se borro ya del recuerdo, pero el impacto traumático permanece y aflora en todo evento similar de hablar ante un grupo y nos impide limitándonos, el trauma que quedo sepultado aflorara siempre y nos afectara.

Es importante tratar esta situación en una manera progresiva

Para esto seria bueno tratar de hablar en grupos mínimos aumentando poco a poco hasta vencer esta actitud negativa hacia el dominar el auditorio.

Es vital mediante la retrocomplementacion salvar este obstáculo que nos hace sentir bajo mucha presión.

En especial al revisar ciertas limitaciones en base a traumas permanentes por situaciones ya olvidados pero, el golpe emocional no logro borrase con el tiempo Y hoy nos atormentan sin descanso. Son recuerdos que nos restringen algunos y otros nos animan. Modificando nuestra forma de proceder así modificaremos cualquier conducta en nuestra propia personalidad, puliendo comportamientos, reacciones y maneras de responder en cada momento.

Cada persona al nacer ya esta comprometido con algunas tendencias en su personalidad con ciertas características propias, aun no siendo un punto determinante hay alguna influencia por el medio que tengamos.

Usualmente hay una carga emotiva que se hereda de acuerdo al comportamiento que se respire en los días de nuestra formación inicial, nuestra primera infancia.

Con el paso del tiempo más el modo de vida ambiental se conforma una manera mas delineada de ser y las circunstancias del entorno su estado familiar sus creencias y sobre todo la formación disciplinaria como se definirá esa persona, de acuerdo a su práctica habitual, podemos ser dóciles o formales como también contrariamente ásperos e incoherentes ante lo cotidiano.

La personalidad se puede afectar insertando valores mediante la retroalimentación que es el buscar terapias para sacar temores e insertar valores nuevos.

Cada vez que sentimos incomodidad de determinado actuar es que ha quedado en nuestro recuerdo una emoción traumática la cual hay que erradicar

Mediante la autopersuacion será fundamental para el desarrollo de las demás habilidades del individuo y para la integración con grupos sociales, para el logro de sus triunfos, es de vital importancia la autotransformación que es la realidad inmediata de esta obra.

El ser de hoy guarda muchas situaciones que le limitan y si tomamos la decisión podemos cambiarlas, en especial se detectan cuando uno comenta es que yo me siento incomodo de determinada acción, podría ser reclamar, pedir, rogar, molestar, etc. determinadas actitudes que sabemos no están con nuestro deseo, no es que seamos así, eso lo podemos superar si lo detectamos, la vergüenza, ciertas incomodidades, el afectar las personas de determinada manera, muchos comentan es que no me puedo reprimir y tengo que reaccionar, es que no puedo aceptar y uno escusa crear molestias en otras personas que en verdad lo que hacen es descalificarnos socialmente.

97) Como cultivarse para tener una "Personalidad universal":

La flexibilidad personal y la capacidad de adaptación es una cualidad muy difícil de manejar, pero con educación y tacto lograremos un día adquirir esta condición básica para interrelacionarnos en todo circunstancia, sin estar de más o alterar la situación del grupo.

"La clave del ser de éxito, es que encuentra acomodo en todo lugar y suele sentirse como en su propia casa" Seria como hablar de la seguridad personal.

En medio del paso de los días hay un enfrentamiento constante con el mundo y nuestra realidad actual, muchas situaciones no están en nuestro parecer correctas y sin medir delicadeza emitimos comentarios álgidos o fuertes que alteran estados emocionales con demasiada severidad.

Estos estados de incoherencia nos distancian de un actuar placido y ordenado en muchos ambientes, hay formas de hacer comentarios que se salen de lo normal y excusándose en un feo defecto de no omitir que muchos han dignificado a virtud alegando que soy muy franco, soy frontal y discúlpame pero . . . se emiten comentarios que afectan terceros y destruyen relaciones sin encontrar el logro o intención propia de ganar puntos.

Esta actitud desmedida y traumática que denominamos "franqueza" deja de ser cualidad o virtud y se convierte en una forma grosera de emitir comentarios fuera de lugar. Pretendiendo algo digno se cae en bajezas que nos sacan de contexto y nos hacen parecer necios o maleducados, el ser humano tiene que calcular efectos y no comentar lo primero que desea pensar, el descontrolarse solo es propios de seres carentes de educación, son demasiados los que no logran ese nivel de autocensura, que no pueden limitar el criticar con severidad hasta destruir cualquier persona en su amor propio solo por no resistirse a emitir un concepto negativo, esto merece ser un tema a tratar.

98) El permitirnos ser groseros "Franqueza como defecto"

"En todo momento hay que buscar la respuesta práctica y versátil en cambio de esconderse en el halo de la franqueza", que se nota como una imposibilidad de refrenarse buscando emitir nuestra posición personal sin cuidarse de evitar herir a alguien o en otras palabras en ser frontal que muchos dignifican a virtud.
La hipocresía en momentos es demasiado importante
En verdad creo nadie debe tener derecho a derrumbar seres en nombre de la "Franqueza" Hay muchas personas que no miden las intenciones y los efectos.
Coloquialmente hay un aforismo popular que enaltece esta actitud negativa "Es que yo no tengo pelos en la lengua"
Es muy importante procurar no afectar susceptibilidades aun haya la posibilidad, y sea lo justo esto solo entorpece las relaciones interpersonales.
El fin primordial en toda interrelación no es ganar ni salir airoso el fin realmente es quedar bien y caer en estados de conciliación para lograr nuestro fin que en realidad es convencer, lograr el grado de credibilad optimo, no el destruir a nadie moralmente.
Ejemplo: no hace falta decirle a alguien que esta ridícula o que esta mas gorda, o que por que se ve tan mal, o que me molesta como actúa, en fin son muchas las cosas que no hace falta exteriorizar por mas que las sensaciones estén en nosotros, no vale nada el evitar hacer que alguien se sienta mal, ni incomodo solo por sentir cierto desahogo aun experimentemos cierto "morbo" al hacerlo.
(morbo no es referente a nada sexual como esta estigmatizada la palabra, se trata de un gusto personal muy propio)

Pero en realidad es carecer de tacto y no manejar las situaciones con el mayor sentido de la comprensión.

Cada persona con quien nos relacionemos merece respeto consideración y un poco de solidaridad humana sin distanciarnos del afecto incondicional.

El resaltar defectos o actos incómodos o situaciones negativas en el orden de sacudirnos de responsabilidades morales hiriendo o destruyendo no coincide con la lógica practica.

Daré un ejemplo real:

Ejemplo: Si manejo mi auto y hay personas al frente arremeto y las golpeo por que mi realidad era ir de frente

Es igual a decirle a alguien usted carece de importancia para mi yo busco otro rumbo y lo que haga o diga me es completamente indiferente.

Se pueden emitir comentarios que afecten negativamente solo por decirlo, no es lo propio defraudar a nadie solo por un placer personal.

Se podría decir en este momento emocional no tengo capacidad de comprender la realidad y prefiero dar un margen de espera para optar por decisiones.

Sin herir se toma el mismo resultado hay que dejar el afán necio de afectar negativamente.

Es por esto que muchos seres dignifican actitudes groseras en miras de carecer del trabajo de la sensibilidad por terceras personas la ética, la ecuanimidad y la mesura, hace de los seres gente excepcional. Que siempre logran efectos trascendentales en toda situación, y son quienes en realidad logran lo que se proponen.

Es por esto que recomiendo el cambio paulatino en nuestras maneras buscando el ser menos áspero y más amable con todos los seres que conforman nuestro entorno.

La delicadeza en el proceder, el tacto en los comentarios el estilo alegre y jovial de comunicarse evitando el traumatizar crea lazos irrompibles fomentan el afecto que se transforma en amor crea la psicodependencia que son afectos eternos fomentan estados de dependencia moral.

Hay múltiples situaciones donde el afecto por alguien genera situaciones bellas o lo contrario también crean situaciones dolorosas incomodas de venganza.

El dolor fomentan una relación toxica que no permite rendirse y se hace continua con el paso del tiempo, es común que un sinsabor en un comentario aun sea sutil conduce aun silencio o responder de la misma manera y es cuando una charla se transforma en pesada con comentarios subliminales que sin evidenciarse se sienten y así mismo se responde.

99) El pensamiento y expresión corporal.

Siempre el dialogo esta correlacionado con una actitud física, con movimientos, reacciones, sonidos, sonrisas, y muchas maneras que no son propiamente dichas, solo se expresan con sonidos o con movimientos propios de cada cual.

Se cree que el 70 % de la charla es física por señas maculas y gestos esto puede ser una gran herramienta o un terrible defecto de acuerdo como se emplee

En todo tipo de interrelación, se tejen diferentes aspectos creando un ambiente donde se conjugan comentarios expresiones y ademanes que proyectan nuestro estilo y nuestra forma de ser y así como es parte integral de la agradabilidad también esta el lado opuesto, lo molesto, hay una serie de desatinos al relacionarnos son los defectos, errores o maculas son maneras groseras de proceder, de lo cual no estamos enterados por acciones inconscientes donde nuestra voluntad no tiene función, son parte de nuestro proceder lo cual hay que detectarlo en su debido momento y no tarde después de haber cometido la falta.

Todos los seres tenemos maculas gestos vicios de comportamiento, lo grave del asunto es que no las podemos descubrir fácilmente.

La maculas son algo muy especial, son manifestaciones que deslustran o empañan el comportamiento personal.

Son gesticulaciones movimientos y sonidos algo incómodos para terceros, es muy normal que muchas actitudes comentarios puedan ser muy incómodas, pero lo mas critico del asunto es que somos ajenos a este proceder.

Hace parte de nuestro comportamiento usual y estamos habituados y jamás lo captamos por estar acostumbrados.

Entre estas formas grotescas hay algunas que son muy importantes y tratare de ver algunas.

Inicialmente los sonidos guturales, todo ruido humano es incomodo si lo hacemos inconscientemente, cierta tos como para aclarar la voz, o sonidos de aire al aspirarlo o expelerlo crean incomodidad que es molesto para los seres que nos rodean y no nos damos cuenta nunca.

Si estas manifestaciones no son cambiadas para bien caeremos en ser incómodos, todo tipo de sonido que podamos emitir es otra forma de pésima educación.

En nuestra cotidianeidad se suceden estas manifestaciones de nervios o actos inconscientes, usualmente en momentos de nerviosismo o estrés.

Son muchas las formas incomodas que pueden afectar los que nos rodean. También el pretender ridiculizar a otros en diferentes maneras, el hacer anotaciones que se salen de lugar, no es bueno insinuar algo que pueda ser molesto en la otra persona, citare algunas; usted habla demasiado, o eso que dice es mentira, o usted es así y que podemos hacer, o me parece muy cómico su comentario, todo esto son maculas verbales, orales que no calculamos.

El simple sonreír con matices de burla, También muchas formas de burlonas o acentuadas que afectan las personas del entorno, el ridiculizar por gusto son estados críticos de una ignorancia personal y falta de tacto.

También tenemos como maculas aun siendo en nuestra manera de hablar que son muy notorios, ciertos "formulismos" o frases sueltas con que podemos llenar instantes que usualmente lo hacemos por ocupar espacios donde aprovechamos para pensar pero es muy molesto tratare de asociar algunos ejemplos que usamos repetitivamente. Son los vicios de dicción.

Ejemplo: "tu sabes", "me entiendes lo que digo", "Dime que piensas", "Este", "Como se dice", "si no" "pues" "bueno" "Ya Que" "Oíste" "Mira" son muchos lo vocablos que se traen constantemente para llenar espacios que no existen realmente, no nos enteramos pero el interlocutor si lo hace.

Son palabras que tomamos como vicios constantes y repetitivos los insertamos entre comentarios como medios de pausar mientras descubrimos las palabras necesarias, todo esto son muestras de una personalidad y educación pobre y crea incomodidad y distrae una charla amena si lo hacemos, evitamos la concentración y caemos en vacíos que hacen de la conversación fracturada estados mas molestos que positivos. Cada vez que dejamos un espacio la otra persona puede intervenir y perdemos el control de la charla continuada.

Otra manera de caer en vicios es el uso constante de frases similares o de palabras o slogans de moda, que tipifican estar al día cuestión que también crea inconsistencias en la charla continuada la tan usual palabra nueva de moda. Son actos fallidos que deslucen.

Hay otra situación muy molesta y es el pretender mostrarse con palabras no acordes con el grupo social en el cual uno puede estar desenvolviendo, siempre es importante estar nivelado con las situaciones en su estándar optimo para no quedar excluido sin tener en cuenta el formato que se este aplicando a la conversación.

Otra forma muy grosera es el tocar la otra persona buscando atención aun uno sepa que ya le están atendiendo. Muy común entre tragos o en charlas familiares

Hay muchas formas que disuaden, cuando se nota que hay carencia de atención, si el interlocutor se esta limpiando las uñas o en cualquier actitud que demuestre falta de concentración, es muy normal en muchas personas y no coincide con el sentido normal de un dialogo practico.

Es de gran importancia que el interlocutor se sienta atendido siempre, que se sienta con importancia aun la situación sea pasajero o simple.

El estar comiéndose las uñas o un con algo en la boca o simplemente comiendo, el bostezar o estornudar, es muy importante el evitarlo y de ser imposible por lo menos hacer la salvedad del hecho, y mirar en otra dirección, sl logramos evitar muchas situaciones que desvíen o hagan perder el interés en un dialogo es posible que logremos crear el nivel de influencia buscado, recordando que lo principal esta en convencer, en lograr el estado de credibilidad optimo.

El tomar charlas afines con el deseo directo sin apartarnos del tema inicial y del resultado ya esperado.

Toda intercomunicación tiene un fin ya preconcebido inconscientemente ya sea hostil o por el contrario de seducción o convencimiento.

Tenemos como tema un aspecto muy delicado en las relaciones interpersonales y es el empleo de un termino de uso muy particular y es la asociación de maneras y desempeños en cada medio donde tengamos que intervenir, este conjunto de modales actitudes y procederes hay que mantenerlos o aprenderlos en su momento justo para asistir a cada situación que amerite un desenvolvernos fluido y acorde esto se le ha denominado Protocolo social y sobre este tema seria interesante profundizar para tener en cuenta, en cada situación que sea importante

100) Y los Comentarios sobre el "Protocolo social".

Es el conjunto de conductas, reglas y normas sociales que se aplican a determinadas situaciones y es más que necesario tener en cuenta y tratar de conocer, respetar y cumplir.

No solo en campos específicos, también lo es en general no sólo en el medio oficial ya establecido, sino también en el medio social, laboral, académico, político, cultural etc.

Cuando dentro de una organización se aprecia como pertinente aplicar protocolos, o sistemas de comportamientos obligados por la ley accidental de la constancia, ha creado la costumbre por la rutina, es una ley que se hace recurrente, se crea una formalidad interna basada en la potencialidad de las autoridades que forman parte del grupo en cuestión; esto le permite llevar a cabo sus actividades en el orden normal habitual.

Se habla de normas aplicadas al uso cotidiano dependiendo de las circunstancias.

En el ámbito protocolario oficial se emplean ciertas costumbres que deben ser aplicadas constante mente dentro de cierto orden.

Dentro de sus habilidades a desarrollar se encuentra: hacer y recibir invitaciones, mantener relaciones cordiales con todos, crear contactos y mantener un orden de plena normalidad, y aceptar invitaciones, así como retribuirlas.

Cada grupo humano definido con fines determinados mantiene una manera normal constante que es bueno sostener y no fracturarlas. Constantemente nos vemos enfrentando situaciones diferentes en las que tenemos que buscar acomodo.

Se presenta en todo ámbito de socialización y aun en los mínimos estratos como en las altas esferas.

También abarca las presidencias en una mesa principal, el tratamiento que se debe tener con ciertas autoridades ya sean políticas o eclesiásticas, o de cualquier rango o institución, que se salga de lo regular cada cual tiene sus amaneramientos.

Es como al llegar a una casa, extraña y salirnos de la formalidad habitual, tenemos que optar por actuar como "ellos "esperan, y no es como nosotros creamos sea correcto.

La historia del protocolo está lleno de exageraciones que podríamos llamar "vanidades humanas",

Son amaneramientos y ordenes cargadas de disciplinas y costumbres muy marcadas, que han tenido su origen por diferentes razones como el despotismo, el poderío militar en algunos pueblos, o el progreso material de otros, lo cual daba a esta materia una verdadera complejidad al introducir estados de desavenencias o disputas entre los pueblos, que en ocasiones terminaron en guerras en especial en ciertos países del siglo pasado, por el despotismo de las cortes y por su etiqueta igualmente despótica.

Originalmente el protocolo se traduce como una manera o código de comportamiento constante, que es debido observar en nuestro intercambio con otras personas en determinado medio, y no es nada nuevo es de vieja data.

El protocolo ha existido desde los tiempos más remotos.
Confucio vivió 500 años antes de Cristo y plasmó el pensamiento y las costumbres de la nación china.
Uno de sus principales biógrafos, Max Eastman, dice que Confucio desde niño mostró gran inclinación por toda clase de ritos y ceremonias.
Y ya en la edad madura, deseoso de hacerse experto en todo lo relativo al ceremonial, dejó la pequeña provincia de Lu para trasladarse a la capital con el fin de estudiar las reglas de la etiqueta.
Estableció un paralelo entre la moral y los buenos modales, la etiqueta y ceremonial.
El se muestra como visionario en un orden espiritual muy profundo basado en la sabiduría a razón y la vida de dedicación.
Por otra parte, el evangelio de San Lucas que se lee el XVI domingo después de Pentecostés dice: "Cuando seas convidado a bodas no te coloques en el primer puesto porque puede llegar otro invitado de mayor distinción que tú y entonces el dueño de casa te insinuará que pases al último lugar".
Esta parábola la relataba Cristo para decir que el que se ensalza será humillado y el que se humilla será ensalzado; pero, para el caso que nos interesa, deja establecido que ya existían las normas sobre la colocación de la mesa de acuerdo con el rango y la jerarquía de las personas, el sentido común es la que determina el nivel de cada cual en este sentidotes fácil saber de cada cual con solo observar sus maneras y ademanes, es algo que emana de cada cual, y podemos percibir que estatus esta con cada uno.

101) La Apatía Como Falla Inconsciente que nos Incapacita.

Somos muchos que unilateralmente sin razones optamos por rechazar de plano cierto tipo de socialización, y asumimos que es parte de nuestra personalidad sin hacer un análisis real de esta actitud, y en verdad puede ser un trauma que en otra época sufrimos y deja marcas para siempre no debemos hacerlo como una parte integral de nuestro proceder,

Todo comportamiento que nos distancie de lo común y normal es un factor de entorpecer lo que podemos mejorar solo con ver cual es la razón de nuestra apatía en este sentido, muchas veces un poco de acercamiento con los seres que nos rodean pueden cambiar muchas actitudes para bien y crear lazos mas calidos y menos distantes.

El hacer un recuento sobre los asuntos que bordean el comportamiento social respecto a las costumbres que podemos llamar normales con el medio o socialmente aceptables requieren vistazo a muchos pensamientos que nos hacen gratos, en relación con nuestro entorno.

Es importante mantener un buen vínculo con todos los seres que conforman nuestro micromundo, en especial esas personas que nos hacen la vida más amable, nuestras relaciones que no sean lo que accidentalmente son.

De una simple relación se puede dar comienzo a una amistad solo con un poco mas de interés o de trato con tacto.

Haré un compendio general al respecto.

Comportamiento social o conducta social, son maneras de proyectarnos hacia nuestro entorno con algo mas que una simple relación de negocios o trabajo, creo que esto merece un mirar mas determinado y amplio por que es la base de nuestra presentación en general y de este factor depende el éxito o lo contrario el decaimiento social personal así en nuestra cotidianidad, así en distintos campos como en la sociología y esto merece mas investigación.

(Wikipedia) En la sociología:

Durante todo el siglo XX los psicólogos se preocuparon por extender las concepciones ya existentes, especialmente en medicina, sobre los tipos de contextura física y sus relaciones con disposiciones comporta mentales.

El comportamiento se define como el conjunto de respuestas motoras frente a estímulos tanto internos como externos.

La función del comportamiento en primera instancia, es la supervivencia del individuo que conlleva a la supervivencia de la especie. Dentro del comportamiento, está la conducta observable de los animales.

El comportamiento de las especies es estudiado por la biología de la psicología experimental.

En psicología el término sólo se aplica respecto de animales con un sistema cognitivo suficientemente complejo, en los humanos se nota con claridad en la personalidad individual.

En ciencias sociales el comportamiento incluye además de aspectos psicológicos, aspectos genéticos, culturales, sociológicos y económicos.

En el habla común, no en el discurso científico, el término "comportamiento" tiene una connotación definitoria.

A una persona, incluso a un grupo social, como suma de personas, se les define y clasifica por sus comportamientos, quizás más que por sus ideas, y esto ya sirve para fijar las expectativas al respecto, el estatus es una odiosa medida que se mantiene en toda conceptuación respecto de alguien en especial.

A partir de este conocimiento se diseñaron varios modelos de factores de la personalidad y pruebas para determinar el conjunto de rasgos que caracterizaban a una persona.

De esto se forman los estereotipos que encajan seres de ciertos parámetros y estilos que coinciden con el patrón de comportamiento, esto es un asunto meramente conceptual cada cual determina de acuerdo a sus propios valores y medidas el comportamiento de las demás personas, en su propia escala de valores.

Hoy en día, la personalidad se entiende como un conjunto organizado de rasgos, es decir procederes relativamente permanentes y estables en el tiempo, que caracterizan a un individuo.

En todo esto es posible darles cambios siempre en espera de superar los estados habituales, pero en muchos casos por buscar integración o solo por no ser rechazados.

El estudio de la personalidad sigue siendo vigente y se configura alrededor de tres modelos vigentes: el clínico, el correlaciónal y el experimental.

El modelo clínico: da prioridad al estudio a profundidad de los individuos.

El modelo correlaciónal: busca explorar diferencias individuales mediante estudios de tipo encuesta en grandes muestras de población.

El modelo experimental: busca establecer relaciones causadas por el efecto a partir de la manipulación de variables.

Si bien existen diferentes posiciones respecto al nivel de claridad científica de cada modelo, en la actualidad cada uno de ellos agrupa un conjunto de teorías de gran utilidad para el trabajo aplicado del psicólogo.

Es el comportamiento o conducta dirigida hacia la sociedad o que tiene lugar entre miembros de la misma especie "Relaciones Infra específicas".

Los comportamientos o conductas que se establecen como relaciones Inter específicas (como la depredación, el parasitismo o la simbiosis) involucran a miembros de diferentes especies y por tanto no se consideran sociales.

Mientras muchos comportamientos sociales Infra específicos son parte de una comunicación (comunicación animal) pues provocan una respuesta, o cambio de comportamiento del receptor, sin actuar directamente sobre él; la comunicación entre miembros de diferentes especies no se considera comportamiento social.

La forma más original del comportamiento social humano es el lenguaje humano.

En sociología, "comportamiento" ("behavior") significa actividad similar a la animal, desprovista de significado social o contexto social; en contraste con "comportamiento social, que tiene ambos. En una jerarquía sociológica, el comportamiento social es seguido por la acción social, que se dirige a otras personas y se diseña para inducir una respuesta.

Es una proyección predeterminada, que tenemos y podemos mejorar cada día solo con optar por hacerlo, es muy personal nuestro actuar pero podemos extenderlo hasta crear un nivel sostenido con el comportamiento que podríamos ver como ideal, que no discrepe con lo usual.

Es la forma en que nos intercomunicamos de no ser definida y lógica nunca lograremos nada concreto.

El comportamiento humano es el conjunto de maneras o ademanes, ya sea en lo físico como en lo oral, exhibidos por el ser humano e influenciados por la cultura, las actitudes, las emociones, los sentimientos de la persona y los valores culturales, la ética, así como el ejercicio de la autoridad, la relación, y otros métodos persuasivos como la hipnosis, la dirección manejada, la coerción y la genética.

El comportamiento de la persona, es el resultado de la mezcla de valores sentimientos de cada época y es por esto que, cae dentro del rango de lo que es visto como lo común, lo usual, lo aceptable y se mantiene como una constante de comportamiento, en una intima correlación con el momento histórico o el ambiente que se respire en cada época.

En sociología el comportamiento es considerado como vacío de significado, no dirigido a otro sujeto y por lo tanto una acción esencialmente humana.

El comportamiento humano no puede confundirse con el comportamiento social que es una acción más desarrollada y que está dirigido a otro sujeto.

La aceptación del comportamiento es relativamente evaluada por la norma social y regulada por diferentes medios de control social. Se podrían definir como estratos culturales y cada nivel es un rango diferente hasta llegar a la erudición relativa, cada cual tiene campos diferentes

El comportamiento de la gente es estudiado por las disciplinas académicas de la psicología, la sociología, la economía, la antropología, la filosofía, la criminología y sus diferentes ramas.

Relación con su entorno: el hábitat del hombre no es exacta mente accidental siempre existirá una adaptación sino que hay que lograr es una adaptación o una transformación.

El animal está vinculado a su entorno.

Entorno en el que encuentra satisfacción a sus estímulos y eso le basta.

Es verdad que el hombre también busca la satisfacción de sus instintos pero, al mismo tiempo, se hace cargo de mucho más, conoce otras muchas realidades y se interesa por ellas aunque no le sean útiles ni le proporcionen una satisfacción. Sin tener miramientos morales cada cual se limita por sus propios valores, que trae de su propia formación en su proceso de aculturamiento, de cualquier medio que fue su campo de formación.

Para la ardilla no existe la hormiga que sube por el mismo árbol. Para el hombre no solo existen ambas sino también las lejanas montañas y las estrellas, cosa que desde el punto de vista biológico es totalmente superfluo.

"Todo es relativo al momento y la realidad, y al instante en que se viva."

El animal capta y conoce una parte del mundo lo que necesita en su existencia, y eso es para él "Todo el mundo". El hombre está abierto a todo el mundo, o mejor, a todo el ser.

Es muy normal ver que hay seres que carecen de un tacto aceptable y esto se basa en su propia educación pero mas profundamente en la manera en que fueron adiestrados en su infancia, responsabilidad muy ligada a la educación de los padres o tutores, a su lugar de crianza y sobre todo a la escuela o primeros lugares de instrucción.

Como conclusión, puede decirse que el comportamiento social es un proceso de <u>comunicación</u>, o de aculturación muy relacionada con el medio donde dieron sus primeros pasos en la vida de conocimiento, o donde el ser se desenvuelve.

102) Comentarios sobre Aspectos Psico-sociales:

(Tomado de Wikipedia)
La aceptación social de un comportamiento es evaluada por las normas sociales y regulada por varios medios de control social.
El sistema de tacto y de proyección ante sus semejantes.
El comportamiento de la gente es estudiado por varias disciplinas, incluyendo la psicología, la sociología y la antropología en el caso del comportamiento humano, y la Etología ampliando su estudio a todo el Reino Animal.
Comportamiento de los sistemas sociales:
La estructura social es el patrón de relaciones, posiciones y número de personas que conforman la organización social de una población, ya sea un grupo pequeño o toda una sociedad.
Las relaciones se dan siempre que las personas se implican en patrones de interacción continuada relativamente estable. Las posiciones, o estatus, consisten en lugares reconocidos en la red de relaciones sociales que llevan aparejadas expectativas de comportamiento, llamadas roles, o normas.
Normas y reglas son impuestas para garantizar que se viva a la altura de las expectativas del rol social, y se imponen sanciones positivas y negativas para asegurar que se cumplan, con la regularidad esperada.
Las normas y reglas son la expresión observable de los valores de un sistema social particular, estas en relación a su cumplimiento crean los estratos sociales de cada grupo humano, las clases si existen y tienen su visión de acuerdo a como se proyecte cada cual en su medio.
Los roles, normas y valores deben integrarse en un sistema acorde con las costumbres impuestas por la tradición o cultura heredada en cada grupo o sociedad para que éste sea completamente funcional, sin dispersarse de una realidad lógica.

103) Lo Usual lo Lógico lo Formal,"Conducta formal:"

Una conducta humana se considera formal cuando en el comportamiento se cumplen una serie de reglas reconocidas y valiosas en una comunidad o sociedad.

Sobre todo el estilo la clase y las mejores maneras, esto se trae de la formación en común con los de cada grupo o sociedad delimitada por una cultura ya establecida.

En las sociedades occidentales, por ejemplo, se considera formal ser explícito, determinado, preciso, serio, puntual, todo esto sin salirse de lo moderado.

Este estilo de comunicación tiene en la palabra su base en la aplicación principalmente en la conducta que tienen las personas con respecto a sus valores, y principios ya formado al través del tiempo.

Cada sociedad establece ciertos parámetros y ademanes que si se mantienen habituales se crean los principios que rigen cada grupo cultural.

Es propio de los seres con éxito la ecuanimidad la mesura y la equidad, la carencia de intención muy acentuada, pero sin carecer de interés, siempre habrá un interés especial que hay que manejar con sutileza debe ser tenue pero siempre con una dirección definida y la mayor forma de ser amable y adaptable a las circunstancias de cada medio en que nos desenvolvemos.

Nunca un humano actúa carente de interés siempre existirá una política personal pero es muy importante que no se evidencie demasiado en esto la sutileza es primordial y el deseo de ser casi inadvertido. No es bueno que nos cataloguen directamente por algunos comentarios, es mejor ser formal y evitar que descubran nuestro trasfondo, en muchas situaciones se escucha tal persona es algo egoísta, personalista, muy político, o tiene una determinada religión, o su filosofía es muy tendiente hacia, en fin no es bueno que nos descubran la dirección que nos mueve, eso es falta de criterio y no es bueno que nos pongan un membrete de antemano, lo mejor es pretender ser universales y muy generales en nuestra conceptuación.

104) La costumbre como fuente del derecho:

Hay un punto crítico entre nuestras costumbres, el derecho y la obligatoriedad, en toda sociedad son comportamientos muy marcados.

Hay maneras que se mantienen por tradición y estas con el tiempo son lineamientos a seguir, y en cada grupo humano mantiene una vigencia constante.

Coloquialmente se podría decir que la continuidad de hechos en nuestra practica crea leyes que persisten.

La persistencia se transforma en ley por la costumbre esto ingresa al inconsciente y un día son simple formalidades que se aplican sin la necesidad de emplear la voluntad, ya se hacen habituales y una parte de la cotidianeidad que mantenemos se hacen actos inconscientes, mecánicos.

Quien se salga de la norma puede entrar en discrepancias con lo usual y es una secuencia que se considera como indecente y caemos en las fallas que nos descalifican como seres de bien, la mayoría de países en cierto grado de desarrollo crea leyes que mantienen el nivel moral y estado de respeto mutuo. Incluso hay tendencias no muy normales o amorales que se permiten y casi se hacen costumbre y no las vemos como aberrantes, citare algunas, el machismo, la violencia, el alcoholismo, el hablar fuerte, la prostitucion, o ciertas cadencias en las relaciones como amistades sin miramientos, o el simple actuar sin cordura.

Es cuando nace el derecho en base de las mejores costumbres y el mejor sentido de una sociedad normal socialmente.

En todos los grupos se suscitan actitudes que delimitan la libertad y conducen hacia lo normal, todas las conductas cargadas en nuestro bagaje cultural.

Son demasiadas las diferencias sociales en los grupos de hecho cada sociedad establece sus líneas de conducta, y pueden diferir una de otra sensiblemente, aun en el fondo los principios se mantienen en un nivel de ética natural, los valores y los principios de cada colectividad crean ese ámbito que llamamos la buena educación y el mejor sentido de ser de esto depende la aceptación buena o mala en cada sociedad en que nos desenvolvemos son cosas para tener en cuenta siempre desearemos ser aceptados.

Cuando cambiamos de grupo social hay que buscar como acoplarnos lo mas rápido posible al nuevo proceder, hay un aforismo popular que reza," A donde fueres haz lo que vieres' es el sentido no se si esta bien escrito.

105) Maneras cotidianas de actuar en nuestro medio:

Usualmente las leyes son codificadas de manera que concuerden con las costumbres y las sociedades que nos rigen, y en defecto de ley, la costumbre puede constituir una fuente del derecho.

 Sin embargo en algunos lugares, como Navarra, o en los países de aplicación del Derecho anglosajón la costumbre es fuente de derecho primaria y es heredado como medio de actuar de la mejor manera. Como una función cultural propia de cada sociedad.

Aun se sea muy exacto, no siempre hay una relación con la realidad. Siempre existirán las discrepancias entre lo esperado y lo sucedido, la fuerza y la intencionalidad de las palabras varían de acuerdo al instante histórico, cada época se limita por valores generales que se hacen costumbre.

Cada generación maneja y sostiene determinadas tendencias que se hacen normas habituales y crean el estilo de vida que se sostenga por cada cual. En esto s importante definir el momento histórica como la época en que se vive que es en verdad muy cambiante.

Así que podría decirse que dependemos del medio, del tiempo y de la época por que nuestras limitaciones son demarcadas por las costumbres regulares.

 En las sociedades mas cerradas culturalmente hay leyes muy particulares que rodean cada grupo o familia determinándola por un estilo en especial, pero esto es cambiable hacia mejorar y superar los niveles tradicionales.

Es de mantener presente que las mejores costumbres son una obligación social y que el resultado de un comportamiento ético ejemplar nos proporciona un nivel importante en la jerarquía de cada grupo familia o sociedad, esto depende lo que podría llamarse una buena educación pero mas que todo aprendida en casa y en nuestro entorno y de quienes nos rodean.

106) Estratificados por los "Vicios de dicción:"

Hay cadencias en nuestro hablar que nos condicionan a un estrato determinado o nos retienen en cierto estilo que puede no ser el mejor o por el contrario nos dan clase y categoría.

Son demasiados los vicios que mantenemos en nuestra conversación, y como siempre fueron habituales los empleamos sin caer en cuenta que algunos suelen parecer ofensivos, cursis cómicos o hasta ridículos esto no es fácil estudiarlo por que nuestra visión no puede percibir que es o no es valedero para bien en las demás personas con quienes nos intercomunicamos.

Son otra falla total en la intercomunicación ya que nos nivela contrariamente de lo ideal, que seria dar y dejar la mejor impresión cada vez que sostenemos algún tipo de interrelación con otras personas, o seres de nuestro entorno.

En este campo tenemos una amplia forma de descubrir sustituciones o frases que afloran y se hacen costumbre y se dicen inconscientemente esto fractura la idea que en el interlocutor tratamos de imprimir y nos distraen del sentido verdadero en una comunicación lógica, en la secuencia continuada de un tema donde cada comentario encaja con el siguiente.

Podemos incluir frases que no tienen un sentido creíble solo el presentir que cubrimos espacios, en busca de pensar el próximo comentario o palabra que no encontramos a mano creando "lapsus "no congruentes que hacen que el sentido de la exposición se vea interrumpido.

Muchas veces el deseo de experimentar sentirse "chic" o contemporáneo se emplean palabras acuñadas por la moda que en verdad antes de mostrar estar actualizada se nota despersonalización y deseo de brillo sin mucho sentido, las palabras de moda no dan brillo por el contrario crean estrés por su disparidad con una charla seria y formal, en lo posible es bueno no ligarse demasiado con las tendencias de momento que desfiguran demasiado la personalidad.

Siempre el fin es "convencimiento" lo que nos implica ser verídicos, y mantener un flujo de comentarios en la misma dirección predeterminada.

Siempre son figuras inconscientes de comentarios repetitivos que al ser empleados con cierta frecuencia nos distraen y al interlocutor creando lagunas que solo invalidan el comentario serio y directo.

Estas "formulismos viciados" crean incoherencia y distorsión en las charlas, es mas acertado el hacer comentarios afines con palabras diversas sin emplear repeticiones constantes de o vicios de dicción, esto en el lenguaje popular

El político de raza, con una vocación de orador innata mantiene un embrujo constante en las masas o en su interlocutor, sin dejar de lado la intensidad de su comentario ameno, el maneja el sentido de las palabras les imprime adornos figuras y una dinámica sonora que crea ese encanto que permite que un mensaje difícil de aceptar sea comprendido y mas aun crear ese hechizo hipnótico que mueve las masas.

Hay exabruptos o comentarios fallidos que podrían desfigurar nuestra intención y es importante poder maquillarlos a tiempo,

El decir algo incongruente en un momento dado puede ser aclarado o subrayado por la frase siguiente dándonos opción de "revestir" o de llenar posibles discordancias en una conversación. En este caso hacer una salvedad nos libra de una mal concepto.

Pero si en un instante hacemos un paréntesis en la continuidad lógica, podemos dar opción a que nuestro interlocutor reaccione y descubra fallas ya sucedidas y tapadas con el mismo sistema de comentarios hilados y seguidos de notas superiores en complejidad y en lógica.

Es importante mantener un flujo constante y definido así el interlocutor no tiene campo a reaccionar, y destruir la secuencia mantenida.

Los grupos humanos que carecen de una charla estandarizada se ocupan mucho en tratar de mantener este fluido verbal al unir ciertos vacíos con frases vanas, o sin una cabida normal en la narración, muchos emplean palabras alegóricas o que creen sean funcionales, expresiones simplemente . . .

Hay personas que culminan todo comentario con un "comentario viciado o "verbo y gracia" o "como decía . . ." son paréntesis que solo crean discordancia y malestar emocional inconsciente.

Este tipo de personas crean un ambiente donde solo el eco de estos comentarios viciados y repetitivos se mantiene en el recuerdo y perdiendo el verdadero sentido de la charla, como factor de convencimiento.

Suele suceder en seres de una educación no muy buena o cargada de discrepancias o de errores en su estructura, esto es notorio en muchas personas con un lenguaje limitado.

Un político de carrera, un orador logran una maestría en el manejo del lenguaje que lo tipifica como "comerciante de ideas y colector de almas y así mismo de votos."

Es muy importante descubrirnos en nuestra intercomunicación donde están verdaderamente estas fallas para lograr proyectarse de una manera lógica y real, para lograr el fin constante de la intercomunicación que es el convencimiento y mantener una credibilidad siempre, en esto radica el éxito de todos los seres.

107) Fallas Continúas en la Intercomunicación:

Las fallas de comunicación tiene su base en a una selección de tendencias que usualmente nos encierran en un prototipo humano estandardizado con determinados colores emocionales y permite aflorar muchas problemáticas que guardamos en nosotros mismos.

Suelen ser amaneramientos inculcados en nuestra primera infancia y suelen cargar emociones pasionales con referencia a ciertos patrones. Lo que en esa época era usual que no podemos describir por que son formas innatas que al emplearlas a fondo continuamente no nos percatamos que se sucedan son actos inconscientes, las costumbres de que nos contaminamos son cosas de cada medio.

Se habla que esta persona con una manera de ser no acorde con lo esperado se ve algo ordinario aun no o sea sus maneras de comentar y de proceder le hacen dar este tipo de imagen, no concordante con lo ideal.

Hay seres que están en un grado de enajenación y de alienación que no logra salirse de las normas y códigos de su propio grupo, es como que un militar ya retirado y sin uniforme continuara su retórica férrea casi violenta de formación dirección o procedimiento, levanta su familia igual que en el ejercito con disciplina férrea.

Si una persona esta muy imbuido de cierta religión o credo usualmente esta haciendo citas o referencias a su propia creencia citando sus libros sagrados.

O el político de izquierda se mantiene en condición de actuar y entregar su mensaje, en su misma secuencia de proselitismo en cada instante de su comentario, es como si siempre estuviese tratando de crear un marco político para poder actuar en dirección a sus principios adquiridos.

Estos amaneramientos mentales hacen que la persona se enmarque en ciertos parámetros y pueda ser ubicado en ciertos estereotipos ya preestablecidos por su interlocutor, no hay nada más interesante que alguien distante del dogma o de su acción de adoctrinamiento constante.

Si tratamos de ser amplios y libres lograremos ser universales y acoplarnos a cada persona con quien nos intercomunicamos, sin entrar en discrepancias o en actos de convencimiento, sin el campo necesario para esta situación.

108) Como acentuar los comentarios "Entonación y exaltar"

La entonación es la parte mas critica de hablar, crea el énfasis y mantiene la emoción constante esto es algo realmente inconsciente, pero estamos en obligación de modularlo y tenerlo como una herramienta de gran valor.

La verdadera fuerza de las palabras se esconden en la manera de la entonación cuidándose de no ser molesto intimidante o altanero, el énfasis no es gritar y menos sostener un volumen de voz inaudible, es dar la importancia que requieren ciertos comentarios que vemos plenos de valor o de interés.

En cada momento la entonación nos confiere autoridad seguridad y sobre todo una optima impresión, en la entonación no solo el metal de voz empleado es funcional, es acertado escoger de términos palabras y calificativos así también la mirada, crean esa magia que tanto buscamos para embelesar nuestro interlocutor o las personas que están en el entorno.

El mantener una conversación fluida sin altibajos crea esa armonía que hace que las personas se sometan por la atención sostenida.

Los periodistas cuando se hacen escritores luego de haber sido cronistas, redactores o los que hacen columnas logran esa consistencia en que la atención permanece siempre detenida en el ambiente y la narrativa se hace amena y llena de calor y es cuando aparece nuestro deseo de comprensión, de atención por no dejar de ver que sucede en la próxima línea.

Al estar en una charla sostenida en un buen nivel hay que tomar nuestras ideas e ir sacando la más apropiada y es mejor ganar tiempo modulando bien, calificando y situando el énfasis con casi impacto pero sin salirse de la norma habitual.

Muchos se desesperan si perciben alguna razón de peso y estallan tratando de avasallar y no es funcional, hay que mantener una cadencia sincronizada ni pausas ni aceleramientos y comentarios con seguridad calculada, "El dialogo formal siempre trae un mensaje subliminal impreso", "La intención real esta escondida detrás de las palabras bien manejadas.

109) Manejo, Cuidado y Respeto por "La Moda"

La moda es un aspecto muy relevante en todo tipo de relaciones interpersonales, y con especial cuidado hay que ver este tópico, el estar a la moda no es exactamente lo mejor es peligroso seguir las tendencias populares en boga ni estar con lo del momento, en esto hay que tener un especial cuidado de ir a caer en estados críticos de despersonalización o de ridiculez pues no siempre la moda es fácil adoptarle, se puede ir con el estilo del momento sin salirse mucho de la normalidad pues usualmente una manera de vestir o de lucir puede ser de gran impacto entre la juventud pero no siempre es algo que nos ubique en una situación mejor que la persona sobria conservador y estable, creando seguridad para el empresario o la persona con quien en el momento nos estemos interrelacionando.

La moda solo es un reflejo social de tendencias impuestas con animo comercial de muchas empresas que logran su asunto económico del ambiente humano pero solo tienen su acomodo con méritos económicos.
El seguirle es cuestión de uno mismo y tiene relación con la mentalidad de cada cual en general, pero mas que ventaja imprime un sentido de inseguridad y de duda hacia uno mismo.
El presentarse decorosamente esta lejos de tener que usar lo del movimiento comercial del instante.
"La personalidad es inversamente proporcional a la moda del momento" así que es mejor seguir someramente esta tendencia tal vez es posible que el evitarla o no acercarse demasiado sea mas beneficioso que el seguirle muy directamente.

La personalidad es ser uno mismo y aun más estar acorde con la realidad inmediata que en cada momento de la vida nos corresponda, tendré que citar mi poesía más corta "Se Tu", se autentico si quieres tener concordancia con la realidad directamente.

El estar muy apegado a la moda del momento pude ser más negativo que interesante, seamos lo que somos y así tendremos más peso que buscar estar acorde con las tendencias del momento que nos despersonalizan.

"El buscar aparentar demuestra carencias en ese mismo sentido."

110) Dominando la realidad por "El estilo"

En este tema hay una cita que denota el estilo en el siglo antepasado y una de las primeras acotación al respecto por Ortega y Gasset. "De la misma manera unimos las propiedades y cualidades en nuevos conceptos como clase lógica de orden superior".

Podemos entonces considerar intelectualmente un mismo objeto o "suceso" del mundo de "muchas formas", desde diversos puntos de vista, así como también considerar cómo está constituido o formado, destacando como fundamental o la más importante una determinada forma que le hace ser lo que esencialmente es.

Por ello el concepto de forma es realmente complejo y muy importante a lo largo de toda la historia del pensamiento.

En las cosas que mas representan una persona es el estilo y la manera de presentarse siempre en el orden general,

"El estilo es conjugar la gracia la elegancia y la simpleza" así logramos crear una armonía directa en nuestra presentación podremos lograr el estilo indicado sobriedad, elegancia y clase, con estos elementos es posible entrar al mundo con formalidad y de una manera mas acentuada.

Configurar un estilo es tener la fuerza para crear la magia y el sentido de seguir una forma de presentación de actuar y de ser que imprima una clase que buscamos acoplar a nuestra personalidad, para seres con el carácter que la vida actual nos pida, no es fácil hacerlo pero si configuramos el compendio que pueda marcar la mejor forma de ser lograremos llamar la atención que se busca imponer para poder influenciar en un medio no fácil de impactar.

Hay un momento critico en el campo de las interrelaciones y se trata del primer impacto visual, es la imagen central sobre las cuales se derivan todas las demás maneras propias de cada cual.

Pero en todo momento hay que recalcar en algo siempre trascendental y es la "Primera Impresión".

En todo momento la primera impresión marca ya las tendencias y la favorabilidad inmediata.

También por el contrario se pueden cerrar puertas por detalles mínimos.

En este momento hay que preorganizar un atuendo acorde ni muy ni menos.

En todo momento el sentido común nos indica que es lo más aceptable con la situación. El pretender no sobrepasar las expectativas es algo que nos incluye, pero si estamos fuera de contexto por pretender impresionar solo seremos excluidos por nuestro aspecto.

El estilo es algo que domina la condición humana en muchos seres de cierto logro en el mundo social.

Se divide en varios campos que seria importante tratar de verlos mas en profundidad.

"La gracia" que depende del equilibrio perfecto, "Ni mas, ni menos" tratar de estar acorde con las circunstancias midiendo mas el no opacar, ni tratar de impresionar se resta mucha personalidad en cada detalle que llame la atención por inusual en el ambiente que se este sorteando.

El entrar en relación de repente con alguien no es bueno que nada llame la atención, solo nuestro dialogo continuado llano sin mucho colorido pero siempre pleno de sentido, la "charla amena "es un sello que nos deja muy bien aun los comentarios sean mínimos "se puede permanecer en el recuerdo de alguien si se es lógico".

Es conveniente saber en que medio estaremos para configurar una presentación equilibrada. Mas con las personas que conforman el grupo sin ir por encima nunca, siempre siendo afable y en una condición similar en lo físico así como en lo intelectual, el configurarse en la primera situación es esencial después no es fácil cambiar la impresión ya creada.

Ahora lo importante y más representativo es la presentación en si, el momento critico en que se inicia el intercambio de comentarios del tema a tratar, y manejar la situación con mucho cuidado y aplicando la ecuanimidad la sensatez y la mesura.

No son términos distantes.

"La Ecuanimidad"

Hace encajar en el mejor parámetro las intenciones.

Es la justicia de lo imparcial, lo lógico y lo mas apropiado, en cada decisión, quien logre la integridad suficiente para toda clase de asuntos de gran responsabilidad es un ser "ecuánime" y son personas con un criterio definido. Que por su propia imparcialidad y lógica merecen y obtienen posiciones de un nivel superior, en este caso es muy importante mantener el sentido de la seguridad en cada instante.

"La Sensatez"

En el pensamiento humano existe un mecanismo de selección en nuestros razonamientos que nos brinda la capacidad de medir el grado de impacto en cada acción y de esa medida depende la aceptación de cada frase con la medida exacta de énfasis para cada comentario. Esta sensación que nos hace percibir que somos "sensatos" cuando actuamos con lógica y con justicia.

"La Mesura"

En cada situación debemos tener la posibilidad de ver los limites de tolerancia de cada cual y descubrir hasta donde llegan nuestros derechos sin lacerar a nadie, para mantener un nivel de comprensión sin presiones ni diferencias.

Actuando con un estilo ya esculpido por nuestro análisis es importante encerrar todo este contenido en un minuto de nuestra vida que puede ser trascendente ya sea para bien o ya sea para mal. O sea que en un minuto en que somos presentados podemos definir el futuro o caer en un fracaso, el medirnos es algo que determina nuestra visión de la realidad.

Todo depende como logremos integrar ciertos valores, pero es un trabajo no muy fácil pues implica mucha voluntad, hasta lograr "Impactar" con la facilidad que se necesita.

Es muy importante cuidar muchos detalles que explicare en otro capitulo que será la <u>pasarela</u>.

El estilo crea y mantiene un estatus que se determina por el sentido cómodo y clásico de actuar, solo se logra esculpiendo un poco nuestra personalidad haciendo un auto análisis continuo trasponiéndonos en cada situación, sentirse siempre un instante en la otra persona, así logramos percibir un poco el grado de apreciabilidad o molestia del interlocutor esto seria como un continuo estado de auto revisión a ver si estamos bien o mal y como ser mejor en ese sentido hay que estar "limando asperezas" Este proceso debe ser continuo y por siempre hasta convertir en movimientos inconscientes muchas maneras amables y que demuestran una buena educación en el mejor sentido de la palabra, y del comportamiento.

Si tratamos podríamos adoptar actitudes y formas que vemos agradables y desechar tantas maculas movimientos, sonidos y actos que ofendan indirectamente.

El proceso debe convertirse en un acto permanente inconsciente así que debemos adoptarlo como un valor ya establecido el ir midiendo nuestro actuar hasta lograr el equilibrio perfecto que ya comente el "Ni más ni menos".''

111) Ahora definir la vida en minutos "La entrevista"

Es interesante entender que la vida se puede definir en una entrevista ya sea para bien o por el contrario perder demasiado por un comentario o una respuesta que no era del todo lógica o real, no es de mucha personalidad y menos de poca, se trata de ser ideal en el estilo que se necesite.

Es muy fácil impactar con una personalidad fuerte y para esto hay que enfocarnos en el vestir adecuado, mi mejor ni peor. Y no

pretender sobresalir por encima de la misma fuerza personal que nos impulsa, el buscar brillo o protagonismo, el pretender ser el centro, por voluntad no es lo mejor, es un riesgo muy costoso que preferiblemente es mejor no tomarlo. Es preferible no sobre salir para no correr riesgos de caer en serias discrepancias, el no ser rechazado es estar aceptado

No es bien ver o asombrarse del ambiente la decoración elementos o personas, la intimidación indirecta es una amenaza subliminal y en la decoración se imprime cierta intención de afectar psicológicamente.

Es muy importante obrar en todo lugar sintiéndose como en su propio medio, esto implica mezclarse con el ambiente y sentirse pertenecer aun no sea el momento.

La naturalidad ante todo crea ese ambiente placentero de comodidad mutua. Hay que observar con detenimiento el medio ambiente, pero con una leve discreción para poder integrándonos lo mas rápido posible.

Al momento de saludar hay que mirar la otra persona con una carga de determinación que no "intimide" es muy peligroso descalificar la otra persona aun haya la posibilidad de hacerlos sentir inferiores y es algo que afecta gravemente la situación de interrelación.

Una dama hay que mirarle a los ojos en todo momento sin recargar la tensión solo que ella no descubra miradas criticas a puntos específicos en ella. Ni un mirar expectante y cargado, ese punto es muy especial.

Eso lo observan todas las mujeres y comprenden el mensaje de la mirada lasciva o sea coloquialmente llamada malicia o morbo.

El cambio de saludos y el dar la mano no apretar demasiado fuerte ni por el contrario ser muy suave en cada momento de dar un saludo es muy importante este detalle, cada movimiento cada acción hay datos que configuran la Impresión, física que ha de dejar en la entrevista. Todo esto es inconsciente quien entrevista siente que algo no encaja pero no detalla donde hubo la falla conscientemente no esta enterado.

Tampoco se debe besar la mejilla de otra persona si no hay la relación normal de saludo, es una costumbre que solo aplica a determinados grupos, en especial entre amigos y familiares con cierta confianza. El abrazo intencionado es incomodo también de no ser de gusto mutuo ya es diferente.

La entonación de la voz también esta demarcada por el lugar en donde se encuentre, Midiendo siempre el nivel de entonación y el sonido moderado, lo mejor es tratar de seguir la pauta ya marcada por las personas del entorno.

La seguridad es una clave muy central de la personalidad y de éxito en la vida actual, y en las relaciones interpersonales en todos los ambientes.

Es por esto que es indispensable cuidar de configurar un estilo Limando las asperezas que hoy pueden estar opacando nuestra personalidad y el brillo normal que tenemos que representar en cada situación, el estilo casi es un don innato pero es posible moldearlo en todo momento hasta lograr ser una persona ideal.

Cada día debemos tratar de corregir en nosotros mismos ciertas actitudes que pueden afectar negativamente, en comentarios respuestas pensamientos y acciones en todo aspecto podemos" suavizar o acentuar determinados amaneramientos o modales que nos deslucen.

112) Los Estratos, las Diferencias y "La clase"

(Wikipedia) El pertenecer a determinada clase de un individuo se determina básicamente por criterios económicos, pero hay muchas particularidades que nos dan esa posibilidad de ocupar estatus por diferentes medios sociales políticos militares deportes y sobre todo por circunstancias intelectuales.

En esta sociedad actual lo económico tiene una gran influencia.

Claro que existen otros tipos de ver estas escalas a diferencia de lo que sucede en otros tipos de estratificación social, basados en castas y estamentos, donde el criterio básico de adscripción en principio no es económico aunque la inserción a un determinado grupo pueda conllevar secundariamente condicionantes económicos.

Generalmente, para el conjunto de individuos que configura una clase existen unos intereses comunes, o una estrategia social maximizadora de su poder político y bienestar social. En ciertos casos, un cierto número de individuos se desentiende de los intereses de su clase social. Es muy común el ver personas que renuncian a tratos y amaneramientos, por su simple visión cultural del despotismo que causa esta relación humana entre seres en los que se evidencia el estrato, en cada clase o castas sociales.

Las condiciones económicas que conllevan la adscripción a una u otra clase generalmente están determinadas por el nacimiento y herencia familiar.

Así en la mayoría de las sociedades los hijos de las clases desfavorecidas a lo largo de su vida seguirán formando parte de las clases desfavorecidas, y los hijos de las clases más acomodadas tienen mayor probabilidad de ser parte durante el resto de su vida de la clase acomodada.

El ser humano siempre ha estado estigmatizado por su herencia su capacidad y su abolengo todo esto supeditado a caracteres económicos.

El conjunto de estratos sociales y sus relaciones, forman un sistema de clases que es típico de las sociedades industriales modernas.

En este tipo de sociedad se reconoce una mayor movilidad social que en otros sistemas de estratificación social. Es decir, todos los individuos tienen la posibilidad de escalar o ascender en su posición social por su mérito u otro factor.

La consecuencia es la ruptura con las organizaciones testamentarias donde cada persona está ubicada según la tradición en un estrato específico, normalmente para toda la vida.

Sin embargo, pese a estas posibilidades de ascenso, el sistema de clases no cuestiona la desigualdad en sí misma, sobre todo en países del tercer mundo donde existen combinaciones de clases y estamentos, develando un ethos colonial.

La clase social a la que pertenece un individuo determina sus oportunidades, y se define por aspectos que no se limitan a la situación económica.

También incluyen las maneras de comportarse, los gustos, el lenguaje, las opiniones . . . Incluso las creencias éticas y religiosas suelen corresponderse con las de un estatus social o (posición social).

Sobre esta parte es que tomare el tema de como lograr mantener un estatus que por su mismo peso nos ubique en un campo mas propicio para desenvolvernos.

Un sistema de clases es por tanto, una jerarquización colectiva, donde el criterio de pertenencia lo determina la relación del individuo con la actividad económica, y principalmente, su lugar respecto de los medios de producción y dicha condición puede estar estrechamente correlacionada con la herencia familiar.

La clase o estatus lo da el estilo la personalidad y el poder encajar en un estatus solo lo da nuestro criterio nuestra razón y manteniendo los tres aspectos que nos delimitan la ecuanimidad la mesura, y la equidad, el mantener una intención medida por las posibilidades, es muy normal ver que una persona no logra ocupar el sitio buscado por que sus maneras no coinciden con el grupo.

Se requiere lograr ser más universal y poder acoplarse al medio que se presente con igual formalidad que si estuviéramos en nuestra propia casa.

Siempre es importante mantener un estado sobrio con la seriedad y armonía necesaria para poder identificarse con cualquier ambiente sin caer en actos fallidos o ridículos.

La clase la determina el conjunto en si, el carácter, la personalidad y el estilo.

Ya lo económico es relativo hay personas de un gran nivel social y carecen de dinero realmente viviendo normalmente bien, es un estado de pertenencia y aceptación.

La clase social realmente es una manera de vivir y de ser y en gran parte la condición económica tiene la mayor influencia, pero por otro lado hay formas en que cada cual puede acomodarse en un estatus por encima de la forma regular de vivir, el ser humano siempre tendrá en su intención el sobrepasar su propio estrato y alcanzar la fase superior inmediata en su nivel social y apenas lo logra desea superarlo también, es un deseo general similar a la riqueza, siempre se desea estar en un nivel superior, aun el que se tenga sea suficiente. Coloquialmente la condición humana normal es el arribismo, pero todo el mundo se ufana de su sencillez que en verdad es el temor que su condición progresista sea mal vista, pero no existe ningún ser que no desee estar en una mejor situación.

113) Fin primordial "Readaptación como meta:"

Siempre todo individuo pretende superarse por encima de la manera de vivir de acuerdo al medio familiar y a los parámetros sociales que le obligue su educación, y su cultura.
Siempre con una tendencia normal a la posibilidad de estar en un grupo de un nivel superior o por lo menos mejor.
Es de vital importancia el ir cambiando paulatinamente la visión de la vida y del entorno, las maneras y los ademanes, así mismo como el manejo del idioma siempre en busca de un cultivar de la personalidad y el estilo, esto solo es posible cuando nos dedicamos a descubrir donde estamos fallando pero es muy difícil percibirlo en esta intención tendríamos que recurrir a algunas tretas.
Solo los seres que conforman nuestro entorno podrían decirnos de que adolecemos y en que nos excedemos, pero mantenemos una arrogancia y carácter que nos hace estar distantes de muchas personas que podrían dejarnos ver en donde estamos fallando solo los seres con quien tenemos una interacción mas cercana y que nos conocen regularmente en directo saben de nuestras fallas defectos y errores continuos.
El primer paso es tratar de convencer las personas que nos conocen para que nos critiquen constructivamente y nos digan

que deberíamos modificar para lograr adaptarnos a cualquier medio sin crear distancias ni acercarnos demasiado.

Todos estamos en una readaptación permanente y en un crecimiento general sobre todo en el sentido de auto transformación, si cada día logramos cambiar algo pronto lograremos formarnos un estilo y un manera de tratar las personas que nos haga ser brillantes y poder sobresalir por nuestros propios medios. Todo ser tiene obligación moral de estar superándose cada día un poco más.

La readaptación consiste en entender que hay una manera de reconfigurarnos para hacernos aptos y acoplarnos al lugar que estemos y la tendencia del grupo humano que nos rodee en ese instante, siempre con la intención de estar adelante o de buscar superar el estado que es nuestro estatus actual si logramos ir transformando nuestras maneras en general podremos superar muchos defectos que nos retienen y no nos permiten buscar otra altura y relacionarnos mejor.

En toda sociedad se presentan niveles que al sobrepasarlos salimos hacia otro estatus mejor, es cuando la persona se distingue por sus actitudes y se hace merecedor a otro trato mas digno.

114) Dinámica de comportamiento "Actitudes y Movimientos"

Los movimientos son algo básico en la presentación del ser, es de primordial importancia que cada acción este marcada por una intención determinada, no el andar deambulante. vacilante sin un sentido de seguridad.

Cualquiera de nosotros podemos descubrir el caminar de un militar de una modelo o una persona de carrera diplomática, de alguien con mucha personalidad y estilo, así mismo lo contrario.

El caminar demuestra una condición humana y espiritual así mismo el carácter y la dignidad de todo ser que esta en un nivel por encima de lo normal su camiar y su postura son credenciales que nos estratifican.

El caminar deambulante inercial compás de sus pasos sin una misión en si, es algo que caracteriza a la persona que no sabe que hace ni hacia donde se dirige, es como sin deseos de lograr un fin.

Otros solo se mueven por que hay que hacerlo con un peso tremendo encima y sin un deseo especial esto también es visto y se analiza inconscientemente, todo esto queda en el listado que se hace cuando se conoce a alguien y se trata de determina su carácter su estilo y su intención.

El militar lo primero que aprende en su entrenamiento es la marcha y como debe pararse, es por esto que se puede detectar alguien que es o ha sido militar, mantiene una estampa plena de decisión de estilo y de disciplina, así mismo el deportista o el aristócrata son estados de auto dominio, de convicción y de proyección.

Incluso la manera de hablar también esta íntimamente ligada al movimiento, a la postura y la presencia general del individuo.

Una cosa muy determinante es andar y caminar, la persona que se mueve con ademanes vacilantes, y pasos cansados demuestra una condición inoperante y sin mucha determinación.

La persona que se mueve con deseos de llegar, que pisa con solvencia y no vacila en su caminar demuestra seguridad, arrogancia y una condición de decisión que lo conduce hacia donde desea ir, es quien realmente puede verse con el aire de determinación necesaria para cualquier misión especial.

Es vital estudiar nuestros movimientos en todo detalle, desde dar la mano recibir algo o entregar algo que se note la intención del hecho, la voluntad férrea de conseguirlo.

No, conduce a ningún lugar el movimiento dudoso sin una determinación sólida de lograr lo que se haya propuesto aun no sea muy trascendente.

La mirada. Es la determinante básica en las relaciones normales interpersonales siendo el centro de contacto.

Hay una gran importancia en la mirada, esta intenciona el gesto y enfatiza o demuestra el sentimiento que en el momento se inflinge, también acentúa, todas las posibilidades, de doblegar o de realzar y lanzar un mensaje impreso en cada gesto, la mirada siempre es el marco central de cada gesticulación, nunca mires por ver, es importante crear una situación, un compromiso, mandar un mensaje sin importar la índole, pero nunca veas sin interés, sin carácter, y menos decaer en una mirada vacía lastimera como implorante, esto no es mirar es simplemente ver y no es de ninguna manera positiva.

En los movimientos hay una carga especial de la mirada y de la palabra toda actuación esta correlacionada en conjunto, y de esto depende la influencia que podemos demostrar.

Toda persona calcula y define el caminar de otra persona y es una marca indeleble de su carácter, es plenamente modificable y tiene una intima relación con la personalidad logrando indicar si hay determinación pleno deseo de actuar o si solo se esta presente sin un criterio de acción.

Es importante el analizar nuestro movimiento en toda situación, no dejar entrever el cansancio, la fatiga o el desaliento esto puede cambiar en mucho la aceptación que logremos o el triunfo que podamos esperar.

El simple acto de ir de un lugar a otro denota diligencia o afán o lo contrario una fatiga emocional.

Son muchas las personas que tienen que corregir su postura su caminar y sus ademanes, de acuerdo al estatus que estén ocupando.

Así que hay seres personalidades, políticos, ejecutivos mandatarios estrellas de cine o cantantes y se adiestran para esto mejor dicho se entrenan para diversas situaciones.

Los artistas de cine tienen una coordinación especial muy estudiada de movimientos, de mirar, de estilo y de gracia, es muy importante ver como se desempeñan, podemos tomar muchos ademanes y entonaciones que nos pueden ser de mucha utilidad, ellos han estado meses enteros aprendiendo sus movimientos con directores, maestros técnicos, y especialistas en estas practicas de actuación y manejo de la personalidad.

De esta manera cada gesto, cada acción es estudiado por docenas de expertos, y después de haber sido criticados y modificados al fin se pule cada ademán para poder ser filmado.

Es por esto que el resultado son movimientos exactos y muy pulidos, nada vacilante ni sin la intención ya preimpuesta.

El resultado es una postura arrogante mezclada de bondad con un criterio directo y una mirada dulce sin intimidar, son aspectos muy estudiados y solo quien los hace con maestría puede ganar millones de dólares, no es que el primer aparecido logra esta situación, son meses de duros entrenamientos y muchas frustraciones las que hacen de un ser común en un fenómeno extraordinario.

Cuando vemos una película pensamos mucho en la naturalidad de los movimientos pero nadie se detiene a analizar todo el estudio visual que envuelve cualquier toma que e se ha repetido hasta veinte veces antes de ser filmada, y son expertos de carrera quienes coordinan estas actitudes hasta lograr el nivel perfecto buscado.

El hombre de éxito esta siempre listo desafiante y predispuesto a entrar en acción sin importar circunstancias medios o situaciones, siempre hay que estar en vanguardia y decidido a ganar, no exactamente a luchar.

Es muy normal ver quien intimida con su sola apariencia, se nota quien es quien con solo verle, y esto es muy diferente cuando la persona esta despersonalizada es muy común y se confunde con el grupo denominado "Los del montón", así que es vital comprender lo que es la apariencia personal

En las academias de glamour, donde se entrenan las modelos para dominar la pasarela, tienen principal interés en que la persona logre un aire de arrogancia, de estilo y de clase.

Es cuando se logra ese aire de dignidad y recato que tanto impresiona también le dice "clase o estilo".

También en las escuelas marciales enseñan la determinación el orgullo, siendo estas condiciones indispensables para el éxito en todos los campos, la persona que no se pare con estilo y que sus movimientos no le carguen de impulso vacilara ante todo y no lograra más que permanecer, y la determinación implica dominio y desafío.

En este campo marcial si es muy vital el intimidar y mostrar una actitud más violenta que conciliadora.

Existen hoy varias carreras sobre apariencia, donde se maneja la presentación en general, el moverse, como se camina se trata de "Director de imagen" de "técnico de presentación "y otras mas que están íntimamente ligadas a aparecer en publico estos asesoran políticos, artistas oradores reinas de belleza y demás personas que su éxito depende de su apariencia y su influencia delante de los demás.

De esto se desprende el hecho trascendental que vemos en las personas que no miran con determinación al hablar y se desvían en movimientos erráticos, es común ver que cada cual ocupa su lugar en este sentido, lo mas criticable quien se desvía del curso de la charla, es normal ver en técnicas de indagación que al hacer preguntas elementales, su nombre, y condiciones obvias uno se percata como actúa al responder verdades, Ya con esto, todo comportamiento que no coincida es evidente que no es verdad, es por esto que todo acto de distracción o amaneramiento no regular puede cambiar el rumbo de todo en segundos.

El mover las manos en una charla, el estar acariciando algo no determinado el hacer cualquier acción que demuestre poner atención en algo diferente a lo que realmente se trata, vemos en la televisión que la cámara enfoca ciertas formas que distraen, el hacer acciones y movimientos nerviosamente.

Es de vital importancia el mirar con seguridad y dar siempre importancia especial, Se falta al respeto el cambiar el enfoque, el no el estar buscando como evadir, o formas diferentes a la simple atención de lo primordial mantener una charla donde la atención sea dedicada y siempre mantener el estado de seriedad sin perder la fluidez ni el desatender el estado que se esta Sosteniendo.]

115) El Efecto de la Focalización y el Hablar Emocional.

La entonación es la posibilidad de indicar pasión o emoción a los comentarios para configurar un dialogo que tenga vida y sentido, la atención se ve afectada cuando el énfasis y el movimiento, en esta especialidad se encuentran los locutores narradores políticos conferencistas etc., toda acción que implique referencia debe estar matizada con un ordenamiento animado y vibrante para no perder la atención del interlocutor.

Si una narración contiene la fuerza, emotividad, y alegría se convierte en una charla amena y convincente.

De otra forma podría estar apagada.

Es necesario tener la entonación y la cadencia que lo hace agradable, y entretenida

Sin estas formas de dar color a un comentario todo se pierde en un tiempo desperdiciado. La conversación no se logra retener, solo pasa como otro comentario.

Y el sentido de toda charla es mandar un mensaje oculto.

Que se evidencie pero no sea demasiado obvio es mejor cierta sutileza y disimulo.

La entonación rescata las palabras muertas en un sentido vivo y alegre, todo comentario cargado de emotividad alegra gusta y convence, pero si se habla sin el deseo de crear el sentimiento de gravedad o de importancia solo transcribiremos palabras que se esfuman sin mucho impacto.

Es de notar que cuando se habla en forma de "Regaño o de recriminación" siempre el énfasis esta cargado de una fuerza ya sea en el tono o el empleo de términos irónicos, pero siempre con la intención traumática de afectar, también la forma contraria "Hay veces es posible acariciar con palabras el alma de un ser especial."

El sentido de la palabra dicha es crear un estado de sentimiento y solo se logra cuando el comentario esta impulsado con cierta emotividad que aumente esa sensación que se desea impregnar, y puede quedar grabado en la otra persona con la vivida sensación del estado emocional y esto se logra al poner en función la mirada el gesto y la intención directa, y sucede cuando todo esta en armonía, el mirar, el accionar, y la entonación, las palabras dichas en este estado llegan al alma, mas exactamente al inconsciente y permanecerán latentes y no desaparecerán en el olvido, es muy fácil perder la intención si se duda o se falla todo tiene que ser dicho con una seguridad total.

Se trata de mantener la transparencia siempre, la sinceridad confiere una fuerza muy extraña. Crea el fenómeno del eco inverso que hace que resuene en nuestro pensamiento un determinado sentido una y otra vez pareciendo que cada instante es mas fuerte este resonar.

116) La persuasión y el convencer

El sentido general de toda interrelación es el persuadir y como meta convencer.

Hay personas que crean esa magia cuando logran llenar lo que el interlocutor espera.

Esto es posible conociendo la personalidad del personaje y así poder calcular de qué manera hay que hablarle sea la más propicia.

Sea por edad posición estado social etc, esto es el sentido común.

Solo se hace al estar en una charla ascendente, progresiva y que llene de emotividad al encajar alegría tristeza y emoción.

El orador de profesión, el predicador, el político, el maestro logra ingresar los comentarios solo cuando hay una armonía entre el tema y lo que espera la otra persona es interesante el dialogo funcional, donde se prepara el auditorio para lanzar el comentario, con lo que el esta esperando para lograr identificación mutua, el adjetivo apropiado, la palabra justa y el sentimiento cargado e intencionado crea esa manera de convencimiento.

Cuando se da la identificación mutua hay un sentimiento de credulidad hay un equilibrio de confianza, es cuando nuestras palabras logran el mayor efecto.

El efecto es el convencimiento y crear credibilidad, hay una técnica de persuasión o convencimiento es el de sentar una premisa o una sentencia. después se busca mover el dialogo a un estado donde podemos mandar una inquietud similar, pero independiente, y con el mismo sentimiento con otra afirmación y por último se impacta con lo mismo pero con mas impacto desde otro ángulo siempre sin dejar que haya espacio o tiempo que el interlocutor logre configurar una respuesta.

Esto no esta claro creo que merece un ejemplo mas practico.

Ejemplo: En este caso seria más fácil con un acto de la vida real en la práctica cotidiana.

Llega tarde el esposo a casa, y su esposa esta incomoda por el hecho, por no decir iracunda.

. . . El comenta tuve una reunión con mis amigos luego del trabajo y yo no podía faltar ya que estuvimos todos, los empleados y los ejecutivos y directores . . .

(Esta es el primer comentario antes que la esposa responda hay que enviar la segunda),

Fueron los principales los grandes y el tema central seria algo que me importa mucho sobre salarios y el visitar sucursales, que me corresponde por antigüedad . . . .

(Esta es el segundo comentario y ella no ha tenido tiempo de pensar para responder el primero y compone para el segundo también),

(Pero acto seguido se remata el comentario antes que tenga tiempo para responder)

. . . Y lo más importante con la posibilidad de viajar y un ascenso. Y en este viaje podría ir contigo y será pronto en una semana.

(Con este ultimo comentario ella ya tiene que descartar la intención primaria y la complicación secundaria y con la tercera opción deja de lado todo tipo de reacción, y se ha "Convencido" por persuasión muy sutil y delicada en medio de una charla formal.

Este mecanismo es muy usual entre políticos y oradores y personas que dependen del manejo de la persuasión. En las ventas se esgrime una cualidad después se reafirma con algo mejor pero se tiene listo el disparo junto con la orden de compra.

Esta funcionalidad del dialogo preorganizado funciona, Es necesario ser muy sincero y no dejar campos vacíos, cuando la otra persona no descubre y comenta "ya se para donde vas" es un comentario que nos han sorprendido.

La verdad es que uno toma el estilo constante de emplear una charla fluida donde pueda sin detenerse implicar mas opciones y siempre culminar con una que llene de impacto y así se puede tomar el interlocutor distraído y convencerlo.

"El sentido coloquial o popular seria estar envolviéndolo de esto se trata el dialogo en si aun suene algo pesado"

Hay también secuencias donde se aplican Tricks psicológicos que impriman un trasfondo de severidad y sea así mas convincente

Cuando se habla informalmente y la persona se acerca y hace el ademán de hablar en tono socarrón, suave, y revisando el entorno para que no este nadie presente. Se dice en voz suave y acercándose al oído y . . . . Bla, Bla.

Y se hace el comentario clave esta acción crea un ambiente de confidencialidad, no es notorio pero en general es visible, o cuando se comenta de antemano cierto marco de atención aplicada por la severidad del asunto.

Un dialogo con enfoque subliminal:

Es algo complicado cuando se comenta teóricamente, pero si se manejan varias situaciones uno puede desorientar el interlocutor y conducirlo hasta donde uno espera tenerlo para convencerlo por persuasión antes que el interlocutor pueda responder, se hace una aseveración y el interlocutor piensa que ha de responder . . . antes de que pueda emitir una respuesta llega la otra pregunta algo mas interesante y complicada sin haber respuesta la primera . . . y después la tercera que seria la mas interesante y desorganiza todo lo que se trae en el pensamiento . . . así se logra el desconcierto logrando la atención por el ultimo comentario y se logra crear convicción antes que renazca la duda.

Es una práctica muy sutil y directa, el orador de profesión solo impide que la otra persona o el auditorio logren responder.

Primero se crea la duda, un comentario que esta en la mesa y muchos piensan en el, se comenta algo que reasalte el tema después se lanza un comentario mas trascendente se habla que ya se ha discutido al respecto con las máximas autoridades . . . . y por ultimo se concluye con algo que robe atención y se dice con contundencia que pueden estar tranquilos ya se soluciono todo . . . . así se desvirtuara lo inicial y el interlocutor es seducido por la razón y se convence la idea que se pretende trasmitir. Usualmente la metáfora, el lenguaje lucido y las figuras literarias dan colorido pero desubican el interlocutor o el auditorio, lo que es aprovechado para culminar enviando la descarga real. El hablar bonito trae el estado que el interlocutor se embeleza y es cuando se le manda la descarga y no se cuenta ni aun después . . . .

El convencimiento se logra cuando la persona no logra responder lo que realmente puede discutir la primera opción puesto que la segunda confunde por tener mas peso lógico así estará entre dos situaciones sin definir y la tercera es contundente lógica esperada y convence, es muy importante mantener un flujo inteligente seguido y con certeza, esto es posible con la gracia del accionar el mirar y el enfrentar con estilo y con una terminología apropiada esto demuestra solvencia.

Es muy importante la fluidez y la veracidad,

"Divide y mandaras" creo es un aforismo popular, y el arte de convencer es el mas sutil y productivo de los recursos que tenemos

Lo primordial es el encanto que se logra mantener con una entonación y una cadencia sostenida como si existiera un repertorio infinito, jamás llamar la atención tocando el brazo de la otra persona o decir "formulismos" como "pero escúchame" o "imagínate", o "me estas entendiendo", "mira esto" o "calcule que", son frases vanas que repetimos para llenar espacios, y esto solo denuncia el que hay inconsistencias y se corta el dialogo fluido, esto da como resultado que el interlocutor puede cuadrar su defensa y contra ataca. Todo dialogo pausado sostenido debe ser contundente y directo al mismo tiempo que suave y delicado Y siempre será una contienda donde el vencedor convence y el convencido seria el perdedor.

En las situaciones donde se cae en discusión quien se ofusca se exalta y solo conduce a perder la naturalidad y por ende la discusión.

En este momento la charla diferente a ser de convencimiento se transforma en una discusión, sin sentido y se trata de imponer criterios que si no hay razón se emplea el vociferar con violencia dando como resultado el caer en lo peor un desorden molesto y sin fines reales, solo tal vez una fractura de relaciones, no se recuerda la charla como una charla si no mas bien como una pelea.

Las técnicas de persuasión tienen influencia cuando hay convencimiento y solo se logra cuando el increpado no logra configurar una defensa apropiada.

Hasta en la charla mas elemental siempre hay que considerar que es una lucha por imponer nuestra verdad, por que es importante demostrar que estamos sobre una verdad no discutible, con el asunto que sea y si no estamos solventes hay que otorgar la razón y disculparse esto acrecienta la veracidad.

En todos los casos hay que intentar el no escuchar las respuestas opuestas y esto se logra cuando hay una continuidad y la segunda opción y la tercera que marca el punto final. Siempre manteniendo una charla fluida clara sin campo a interrupciones.

En este momento hay que tener lista otra secuencia sin dejar que haya reacción en el interlocutor, inicialmente no es fácil pero si se procura un flujo sin pausas es posible llenar la imposibilidad de respuesta, dejando las cosas se queden como se dejaron, esto es posible al encajar otro tema diferente, el primer asunto se queda así, el segundo tema debe interesar la otra persona directamente.

El orador de clase es quien siempre tiene una línea de presión y no da campo de discernir al contrario.

Es por esto que existe el discurso y se maneja una terminología apropiada y se crea un ambiente de presión constante sutil y convincente donde quien escucha no logra acomodar las ideas cuando llega otra mas genial dando por aceptado lo que ya ha escuchado.

Siempre todo discurso trae una carga de mensajes subliminales y hay veces hasta la violencia se puede inducir con comentarios elementales y sencillos.

Usualmente el discurso se carga de adornos literarios palabras sonoras y frases con doble profundidad, esto conduce a crear deleite armónico y crea un gusto que roba la atención y sin darnos cuenta nos impregnamos del mensaje. Casi de una manera subliminal uno se concentra en la figura gramatical y el inconsciente toma el mensaje, realmente dicho.

Es por esto que una charla debe ser similar a un discurso con una carga emocional y un mensaje interesante lleno de matices donde la magia de la fantasía la severidad el peligro o la gravedad se enuncien con solo el gesto la presión y el tono cambiante.

El comediante que con solo movimientos crea toda una magia y sustrae los presentes. Así mismo en el dialogo formal hay que mantener una armonía entre la emocionalidad y lo real sin salirnos de lo practico, "Quien convence gana y el que se enoja se descalifica"

El saber continuar una charla donde nuestro criterio y credibilidad sea sostenido formaremos una imagen de seres coherentes y dueños de una personalidad que influye en todo aspecto de manera que es la parte central de nuestro éxito en todo campo. El factor determinante es tener un conocimiento profundo de el asunto y saber que se domina el campo en el cual nos desenvolvemos, es importante hablar pusado y hacer los espacios naturales para poder tener meditado todo los puntos a tocar en su debido momento. En esto radica el carisma del orador, de la charla o del negocio, en evitar que el interlocutor o los asistentes que en el momento forman nuestro auditorios puedan altercar es bueno comentar alguna pregunta o esta todo claro o de alguna forma puntualizar y saltar al próximo segmento.

117) El Dominio personal "Limitaciones autoimpuestas".

Hay una serie de formalidades que debemos tener en cuenta para lograr configurar el estado de aceptación general y aun mas que aceptación crearnos un aura de seres especiales que no tengamos que ser excluidos de ningún medio grupo ambiente y es el no tener actuaciones que sean incomodas para terceros.

En las relaciones generales hay un estado de personalidad ideal y es cuando no se tienen discrepancias con lo real y lo esperado, el conocer el medio en que nos desenvolvemos es vital y el manejar ciertas limitaciones que debemos adoptar para no crear estados de confrontación y en la mayoría de los casos no se trata de imponer criterios, si no por el contrario buscar la identificación con la contraparte para ser casi similares en conceptos causas y demás intereses mutuos, después si, mediante el sostener esta situación conducir el interlocutor nuestro campo con mucha sutileza y sin hacer cambios bruscos, el punto inicial es lograr la identificación con el grupo después es el buscar la mejor vía para ir acomodando nuestro criterio a nuestra política personal.

El crear la impresión de hacer creer que somos brillantes no es funcional, la base de la credibilidad esta en nivelarse con el interlocutor y mantener una igualdad de criterios.

El primer punto esta basado en buscar la igualdad con el participante y lograr una identificación total en esta parte ya tenemos la mitad del terreno ganado, ya estaremos en el mismo equipo, y esto implica limitarnos en nuestro deseo inicial de pensar, no se puede esgrimir nuestro criterio de entrada, lo principal es lograr la identificación mutua, el entendimiento formal.

Después de habernos "igualado" limitando nuestra política al punto de otorgar todos los conceptos sacrificando parcialmente nuestros principios y nuestras ideas personales es que comienza el proceso, se tiene en el mismo plano al interlocutor y en las mismas condiciones prevalece lo mas razonable y lo lógico, el igualarnos es lograr que la confianza nos permita influenciar inconscientemente, y poder así instalar ciertos valores y destruir otras creencias que no le permiten entender la situación y así poder evitar que estén altercando con otras posiciones y se pueda suscitar la discusión o el alegato.

Es muy importante tratar en todo sentido de crear para bien de convencer por algo mejor y de enseñar como superar asuntos negativos por virtudes que no existen en el momento.
La cultura es impregnarse de un modus vivendi general y adoptarlo como legado.
Y la aculturación es el contaminarse de un medio ambiente cultural que sin darnos cuenta nos envuelve y nos seduce, es algo inconsciente y terminamos después de estar en cierto medio pensando hablando similar a los del grupo en que nos aculturamos. Es importante mantener un criterio serio y estar en un acercamiento libre de presiones y con una charla formal amena y llena de colorido, no se deben dejar instantes libres o permitir que el interlocutor pueda establecer alguna estrategia de resistencia o de posible argumento contrario, siempre estará buscando la manera de desvirtuar nuestra charla tratando de imponer criterios propios.

118) Hacia Practica de Auto transformarnos "La Pasarela":

En la vida de relaciones es de gran utilidad estar entrenado y listo.
La pasarela es una forma practica de vernos por que es algo difícil el saber que impresión damos y la mejor manera es observándonos, para este fin he tratado de crear una manera practica de entrar a revisar como procedemos y como actuamos en situaciones diferentes.
 En este campo la situación es mas directa por que se llega a acciones de hecho ahora se inicia la practica formal el actuar de una manera determinada de acuerdo al medio en que se encuentre.
Es algo que no podemos manejar pues se hacen cambios sin querer, cada lapso de vida que podemos razonar hay cosas distintas todo ser cambia día a día las actuaciones son diversas

cada vez hay que transformarnos la pasarela será una practica para vernos en nuestra realidad.

En los hechos concretos podemos dilucidar como es nuestro actuar y así conformaremos nuestro teatro.

Este tema abarca muchos campos e iniciaremos con lo más elemental seria el rodearnos de un medio propicio y lo más formal es nuestro mundo privado.

Primero nuestro lugar intimo será nuestro cuarto dispondremos de una grabadora, para efectos de chequear modulación, vocalización, entonación y todo lo referente a la dicción.

También disponer de un espejo grande creo todos disponemos de uno en nuestro cuarto.

Es muy vital revisar nuestros movimientos en todo detalle.

Es importante tener un campo suficiente para dar unos pasos y así poder ver asuntos referentes al caminar, movimientos y ademanes y sobre todo como mirar y la corrección de gestos y la postura en general todo esto crea el marco de actuación y las maneras como podremos lograr el impacto necesario para ser personas con, nítida proyección de ser cuando somos observados por alguien o estamos en un medio donde estamos siendo escrutados, y analizados.

Hay una forma de auto vigilarnos y es manejando nuestros ademanes voluntariamente, para esto he compuesto una practica y es el tener la sensación de que somos vigilados o escrutados para este efecto se crea la sensación que estamos siendo gravados para una filmación.

Se puede mantener la actitud de ser escudriñados en cada instante y esta sensación nos hace vigilar cada movimiento. Como tal vez nos estamos viendo.

Así le comente a una persona que tenia tratando y le explique que la única manera era que tuviera la sensación que una cámara filmaría un comercial con cada movimiento, así estaría bajo observación de ella misma y funciono perfectamente pronto adquirió postura y estilo al convertirse en un acto inconsciente.

El generar un auto convencimiento puede equipararse con una sensación de auto comportarnos si se logra concentrar en la sensación y el sentirse bajo observación nos hace variar el comportamiento hacia una postura parcial mas que natural pero con la constancia de la repetición se hará un acto involuntario por lo tanto inconsciente.

En este ensayo trataremos de auto criticarnos buscando la manera de estar lo mas acorde posible con un accionar ideal.

Ahora planearemos una presentación con un estilo premeditado y con la intención de un logro determinado.

Tendremos que imaginar un escenario muy particular podría ser algo muy usual como una entrevista de trabajo, en un ámbito que seria por lógica una oficina con un funcionario o manager.

Bien listos para comenzar el primer punto será el ingreso y la presentación, para esto crearemos una atmósfera y podría ser el mas practico el ingreso a una oficina donde estaremos ante una entrevista con la persona que desea nuestro servicio como la contratación para un trabajo, o cualquier tipo de compromiso del que se esperan resultados ya previstos de antemano.

También es la secuencia para cualquier tipo de encuentro no solo por un trabajo pero de todas maneras para el ejemplo es algo muy común.

La primera impresión es la presentación personal, es muy importante un equilibrio perfecto entre "Ni mucho ni Poco", tratando de insinuar una determinada idea pero sin que se evidencie tratando de ser sutil practico y muy lógico en esto intervienen diferentes aspectos, la determinación, el desenvolverse de la mejor forma. Y lo principal seria el atuendo después nuestra imagen y sus pormenores fragancia seguridad y el sentido de clase sin caer en exageraciones.

Debe ser simple carente de detalles que puedan llamar la atención estar lo mas normal de acuerdo al estilo del interlocutor y del conjunto en general, optando por ser lo menos notorio, dando esa sensación de alguien especial.

Esta persona tiene un ademán propio y no la hace diferente de otras, pero su estilo o personalidad que sea convincente, y muy acentuada en lo normal, en lo clásico.

Hay que ser lo mas discreto posible, esto crea un mejor ambiente Todo seria armónico hasta ahora pero hay algo que puede trascender para bien o para mal y es algo que muy particular se nos puede escapar y es la fragancia.

"Fragancia": Seria como el marco inicial pareciendo frívolo es muy importante. Es de notar que no es bueno usar ningún tipo de perfumes que se sienta en el ambiente solo el mínimo posible.

El contaminar un lugar puede ser incomodo, y es común el que una fragancia no sea del gusto o simplemente el entrevistador sea alérgico que es algo muy normal.

Esto podría echar a perder algo de mucho interés para nosotros.

Claro que una fragancia delicada suave que no se sienta pero en un momento dado pueda ser agradable.

Si hay un acercamiento más directo este bien cierto aroma personal que no invada.

Lo importante es no contaminar, no se puede exteriorizar en el ámbito es posible que sea indiscreto las fragancias pueden traer situaciones incomodas, o recuerdos molestos, es preferible evitar todo tipo de perfume o loción que se manifieste una fragancia suave y sutil casi imperceptible, o de ser posible carecer de aromas.

La ropa debe ser poco insinuante y entre mas llana o elemental menos roba la atención, una vestimenta sobria algo elegante pero sin mucho brillo, los adornos sobran nada debe tomar la atención del entrevistador, es mejor no tener joyas o algo muy tenue como aderezo, no piercing y tratar de ocultar tatuajes si se tienen, hay muchos detalles que pueden estigmatizar. La visión clara de un ser apto y correcto se convierte en un buen elemento de antemano sin aun haber entrado en comentarios o entrevistas.

Todo se trasluce de la primera visión o el impacto de una personalidad sostenida y coherente.

El demostrar ser una persona sin complicaciones y de tendencias que logren estar en el campo al cual nos inclinaremos.

Hay algo que usualmente no calculamos y es el estar con un atuendo de última aparición y no es bueno ese tipo de estereotipo, ni mucha sensualidad ni tanta sobriedad mejor algo de carisma y casi siempre lo mínimo puede ser lo máximo.

La moda no la sigue alguien de estatus predeterminado, solo se trata de no ser anticuado ni muy contemporáneo, los colores no pueden ser notorios ni extravagantes. La clave radica en buscar la regla inicial "Ni mucho ni Poco" es un punto básico en la presentación el estar pulcro y no demostrar nada solo estar dispuesto a mostrar nuestra carga intelectual, nuestra cultura y una capacidad meramente de utilidad, entre menos seamos recordados por nuestra presentación, mas atención se aplica a lo comentado o a la reunión en si.

En el dialogo lo primordial es responder certero ecuánime y muy mesurado no hablar mas de lo necesario y tener una situación de seguridad y de solvencia, el ser excéntrico no conduce, mas bien limita, siempre lo normal es cualidad.

Los términos a usar están delimitados por el estilo que imponga el interlocutor en este momento el entrevistador, que usualmente pone mucha atención en el comentario hecho y el tratar de impresionar puede crear un estado que moleste o afecte lo mas indicado es no sobrepasar nunca el nivel impuesto en el dialogo, considerando el que las respuestas sean solo lo necesario sin caer en estados de avasallar o impresionar deliberadamente. En lo general hay una serie de detalles elementales que pueden ser demasiado primordiales, aun no lo veamos así a primera instancia.

119) Algo que Define "El aliento":

Un asunto básico en todo intercomunicación es el manejo de la distancia, todos tenemos un humor o aliento o simplemente podemos oler, y es muy importante tener un cuidado especial, no en tener un aroma artificial ni un buen aliento si no en no permitir que el ángulo de ubicación no proyecte nuestro aliento hacia nuestro interlocutor, es algo muy sutil y elemental pero al final es de gran consecuencia, es muy fácil ofender sin darnos cuenta. tenemos que buscar persistentemente, "siempre" un ángulo en el que nuestro aliento no se evidencie de ninguna manera, por que puede crear distancias que no percibimos y conducir a fracasos sin darnos cuenta así que lo mejor no es vigilar si estamos con buen aliento aun esto ayuda lo mejor es nunca dar la posibilidad de que nuestro humor personal no este siendo percibido por la persona con que hablamos en todo momento, si tenemos en cuenta este simple detalle será muy útil en todo tipo de interrelación con otras personas no solo en una entrevista, en coda charla hay que mantener el ángulo apropiado, la halitosis o el simple humor personal siempre será molesto y lo mejor es tener conciencia de esto por que es muy normal que no sepamos si creamos un estado molesto sin saber el por que. Lo mejor es dar por hecho que afectamos mal con nuestro aliento y buscar la manera en que no sea detectable por los demás.

120) Nuestra Apariencia Física

El peinado debe ser muy simple para no llamar la atención solo como un marco para el rostro sin más que simplemente este ordenado. El pretender dar una impresión solo logra crear discordancia, y confundir el interés con la observación y romper la coordinación y la concentración, esto más que todo en las mujeres que tienden más en este sentido a cambiar radicalmente su aspecto físico.

Es muy esencial visitar un estilista profesional que nos haga un corte de acuerdo a nuestra personalidad y estilo, comentar que desea un corte sobrio y elegante para una entrevista muy especial, nuestra intención primaria puede no coincidir con lo mas indicado, así un especialista en el tema podrá darnos la mejor idea de lo mas indicado, no debemos subestimar ninguna entrevista cita o encuentro, todo contacto con seres es muy importante y en todo momento importa mas trascender que ser notorio, cada encuentro es un reto y siempre hay que salir bien, cuando esto se hace costumbre, seremos respetados y bien recibidos, es algo que hay que mantener como norma habitual.

Continuando nuestro ejercicio de "pasarela" pasaremos a nuestro laboratorio de prácticas.

En casa debemos cuadrar el simulacro de una entrevista donde nosotros seremos jurados estando a solas y revisar ese primer minuto en que entramos y somos presentados.

Seria de una gran ayuda el tener alguien que nos critique, comente y haga las acotaciones lógicas que logre descubrir.

El puede ser alguna persona de nuestro entorno esposa, familiar o amigo, alguien con quien no haya distancias y si haya la confianza suficiente. De no ser así nuestro sentido común puede ayudarnos mucho más de lo que pensamos realmente.

121) La Influencia de Nuestro "Aspecto."

En las relaciones interpersonales es de vital importancia el presentarse de la mejor manera, son segundos que crean una conceptuación casi inmediata inconsciente.

Existe un impacto que da origen un estado ya sea para bien o para mal y es la llamada primera impresión.

Es el conjunto de factores visuales auditivos y generales que imprimen la primera sensación es lo que mas importancia proporciona, no es necesariamente que coincida con patrones actuales de uso general.

Realmente la presentación esta acorde para el ambiente en que se pretende ingresar, en este caso el sentido común es de vital importancia, no es lo bien que nos podamos sentir, ni lo cómodos que pensamos nos podamos ver.

Es como debemos estar en cada situación que se nos presente para no ser discordantes.

La verdad esta en que nos vestimos para los demás, nuestro gusto personal puede estar distante del mejor gusto, se puede caer en excentricidades, o tendencias muy particulares, el gusto puede no estar en relación directa con lo normal.

Literalmente es ir de la misma manera que pensamos se presentaran ellos es poder estar de acuerdo con la situación ambiental del lugar en que se pretende ser parte.

Siempre en toda presentación hay un vinculo que debemos sobrepasar y ser aceptados aun no sea inminente un negocio ni una estadía amplia solo es que es una obligación natural ser trascendente en el medio que sea, mantener la credibilidad y dejar la mejor impresión.

En la presentación física están muy en primer lugar sobre los modales y el desempeño normal, de la seguridad, el interés, y la intención de estar en el nivel indicado, sin salirnos de lo lógico y lo necesario de cada situación, no es bueno exagerar o por el contrario estar en menos de lo espectado.

En este campo es interesante descubrir que valores hay en juego que clase de estilo se respira y las posibles trascendencia de nuestras características de acuerdo a los seres con que nos interrelacionaremos.

El fin primordial es el de integrarnos casi de inmediato en cualquier ambiente en que nos veamos abocados, en esto esta el sentido de la universalidad, en lograr el grado de pertenencia casi de inmediato.

Una personalidad estable no tiene por que acumular adornos o amaneramientos ni posturas, entre mas simple sea la presentación mas impactante será el la impresión, esta carece de adornos o de accesorios acentuados, y algo distante de la moda del momento sin alejarnos hasta parecer desubicados o distantes de la realidad contemporánea.

La postura sobria sencilla derecho y mirando con determinación no solo viendo el panorama, es importante nunca intimidar con un mirar penetrante o escrutador solo que demuestre un interés en lo dicho por el interlocutor o su aceptación en lo que se trate el tema. La postura es el gesto maestro en todo momento es nuestro cuerpo vital vigilante y alerta.

Nadie debe recostarse ni adoptar posiciones estudiadas solo el simple permanecer sin tratar de trascender solo permanecer de la mejor manera.

En todo momento es mejor carecer de adornos, Todo tipo de adorno o accesorio innecesario hace de punto de distracción y crea sentimientos que desdicen de la persona en si, un arete o piercing o tatuaje o collar pulseras o cualquier tipo de excentricidad solo desvía de la verdadera intención de la persona en cuestión.

Es de notar que cuando nos enfrentamos ante un funcionario serio en la institución que sea, usualmente no encontramos más que cierta severidad en el conjunto en general esto da seguridad personalidad estilo y la carencia de sobresalir por medios diferentes a una educación y conocimiento los temas a tratar, esto es constante en todos los medios.

La presentación física es el marco en que nos entregamos ante la realidad, "Si logramos no ser rechazados es estar aceptado" "no es importante ganar lo que realmente trasciende es no ser perdedor." No busquemos impactar solo tratemos de no decepcionar.

En toda situación tenemos que estar obligada mente dando una impresión buena sin impactar demasiado, solo evitar caer mal.

En todo momento debemos estar acordes al ambiente en que tendremos que desenvolvernos y es algo de cultura general el tratar de no estar en un lugar pretendiendo tomar una actitud que no esta emparejada con el ambiente que se respire en el momento y con as personas en que nos encontremos reunidos

Es importante retirarse a tiempo, es necesario saber que uno es esperado, y poder reconocer donde no debemos estar.

El mejor comentario puede ser el que no se haga, nuestra importancia esta en no ser descalificados, el pretender impactar no da el mejor resultado, se toman muchos riesgos.

122) Algo demasiado básico "El atuendo".

Pondremos cuidado en nuestro vestido lo de evitar y lo de acentuar, siempre el sentido de lo eventual debe ser normal, nada que supere el parámetro fijado de antemano debido al medio que podemos conceptuar en el ambiente y el momento, ya sea sobrio de alegría o jolgorio esto lo predeterminamos con nuestro sentido común, siempre hay que estar listo para el medio ambiente que tengamos que afrontar.

En el estilo del atuendo esta el porte, o la manera en que irrumpimos en cada situación, esta postura implica estilo clase y arrogancia solo con nuestra presencia, tratando de no intimidar solo estar atento y listo y con una actitud positiva que no demuestre ni pereza ni cansancio, y el mantener una mirada de atención siempre sin importar la clase de situación que estemos viviendo en ese momento.

El mantener este porte elegante decidido y constante hay que manejar diferentes estados de formalidades comunes y simples pero de hacerlas constantes tendremos que habituarnos a cierta practicas constantes, inicialmente pondremos nuestra voluntad y esfuerzo, después no será difícil y por ultimo será algo habitual en inconsciente.

Para este ritual de práctica es importante el conceptuar ciertas modalidades movimientos y posturas.

Es lo primordial el practicar frente al espejo el revisar como nos paramos, como miramos y como nos desenvolvemos.

El estar relajados nos deja caer un "abdomen" que no es buena ayuda es posible mantener los músculos en tensión para evitar esa situación, una postura cambia muchos conceptos.

Hay una gran diferencia entre como actuamos con ropa deportiva y con ropa sobria de presentación, hay que tener un aire de mucha dignidad sin caer en arrogancia evidente, pero sin evitar avasallar sin que se perciba hasta parecer petulante.

No es bueno intimidar nunca, es mejor impresionar, por eso es de vital importancia el mantener un estado de estilo, de gracia y de maneras que nos representen como personas especiales. La postura y la apostura están intímamele ligadas, así que hablaremos sobre esto.

El estilo y la gracia no son regularmente innatas hay que adoptarlas y mantenerlas.

Es de bueno el caminar en una posición erguida derecho y con un aire de solvencia caracterizando un ser sin problemas y con la agilidad pausada de quien esta en paz con todo, con la mejor disposición y sentido de ser admitido en el lugar hacia donde tengamos que dirigirnos.

El saber caminar es otro arte adquirido no es innato solo el moverse da mucho que decir así que al modificar este marchar con dignidad y no el simple andar.

No se debe escrutar el medio, nunca puede uno afectarse al admirar los elementos del conjunto, no mostrar admiración por nada del ámbito es mejor mostrar que uno esta acostumbrado a ese medio. Sin que se note la admiración o el estar sorprendido, se puede comentar sobre el buen gusto pero sin asombrarse cuando se suscita el encuentro con una persona en especial, y esta se caracteriza por su belleza y delicadeza es algo positivo como el comentar algo sobre su estilo sin afectar negativamente, su vestuario o su actitud positiva y agradable, menos buscar ruborizar la persona.

También no es bueno ver la decoración y menos mirar mas que los ojos del entrevistador sin intimidarle, la arrogancia ha de ser muy medida, solo para mantener el sentido de una charla sin molestias ni presiones, sin subestimar a nadie nunca esto es vital para mantener una calidez de charla que siempre se direccione hacia el mejor logro mutuo, no solo pensar en quedar bien, lo radical es que la otra persona quede mejor que nosotros mismos.

Al momento de hacer comentarios hay que ser muy medido para no tocar susceptibilidades ni problemáticas de la persona que en el momento este frente a nosotros, en especial al tratar con damas.

Ahora lo más importante comienza cuando nuestra voz llena el medio y tenemos la atención de la otra persona sobre nuestros comentarios o respuestas.

El hablar muy pausado sin ser lento, la vocalización es trascendental para lograr lo esperado, y tal vez es el momento de entrenarnos para este hecho.

En este caso es muy útil el empleo de la grabadora, para practicar bastante, muchas palabras que podemos emplear con la mejor pronunciación siempre mantendremos un acento una cadencia y una entonación que aprendimos casi accidentalmente y es posible que carguemos con errores heredados inconscientemente.

Es muy normal que nunca sabremos como hablamos si no nos escuchamos, en casa nunca nos vigilaron el metal de voz ni la forma de hablar, ni la entonación, solo si decíamos barbaridades venia la recriminación así que hablamos sin haber cultivado nunca el como articulamos, esto es sumamente importante en nosotros, la mayoría de nosotros sufrimos una decepción al escucharnos y pensamos que teníamos otra cadencia mucho mejor pero esto es fácil arreglarlo con algo de practica o de entrenamiento personal en nuestro teatro personal que pronto será nuestro laboratorio donde puliremos nuestro estilo.

123) Un instante que todo lo define "Primer encuentro":

Siempre hay un instante primordial en toda entrevista y es esa primera situación con nuestro entrevistador.

El primer encuentro hay algo muy importante y es la forma de dar la mano y enunciar las palabras del saludo mirando a los ojos y midiendo el dar la mano, que nunca debe ser un apretón solo una correspondencia a la manera que el interlocutor emplee.

Muchas partes tendré que enunciarlas mas de una vez es muy importante recalcar en ciertos detalles los cuales repetiré varias veces para que se memoricen mejor.

Hay que saludar de acuerdo al rango de la persona con quien nos encontramos, y tener la secuencia de comentarios listo para mas de tres opciones sin tener que pensar esto lo podemos practicar y después escucharnos, muchos pierden todo si se habla muy sonoramente o en un nivel muy bajo, al momento de saludar no se puede dejar de mirar al interlocutor y en muchas situaciones se da o no la mano y hay que medir muy bien que manera de hacerlo en ese apretón que podría transformar nuestra vida para bien o por el contrario para mal.

Al ingresar a un ámbito seremos mas que vistos, estaremos bajo una lupa mirados todo detalle ha de contar.

Y cada accionar son puntos de mas o de resta esto a un nivel inconsciente, el entrevistador no mide nada solo siente un "algo" positivo o negativo una sensación muy personal que no logra definir, solo me gusto o me molesto, incluso sin contar con una entrevista brillante hay algo que queda en el aire que califica o por el contrario que obstruye toda posibilidad de éxito, y en esto no tenemos control ni el tampoco es una sensación inconsciente.

Es normal escuchar "Desde que le vi. Sentí que no era la persona que buscamos" o por el contrario inmediatamente le salude sabia que seria quien necesitamos" o "Sentí que era la persona que esperamos para llenar esa posición" son comentarios muy comunes que usualmente se escuchan luego de alguna presentación o una entrevista, aun no se escuchen son sensaciones que quedan de antemano al iniciar la entrevista.

124) El efecto trascendente de "El primer impacto"

En cada momento que nos veamos frente a alguien con quien cambiaremos comentarios hay un instante de gran trascendencia y es ese encuentro inicial.

Ese primer minuto es trascendental en todo instante de nuestras vidas, y si nos entrenamos podremos cambiar muchas maneras e ir puliendo nuestros ademanes, nuestros movimientos, nuestra cadencia y naturalidad.

En todo ser hay algo que es de especial importancia es el aspecto general que se nota demasiado en el comportamiento, ademanes y en especial el andar, siempre todo ser aprendió a moverse para trasladarse pero ese trasladarse puede ser calificado y analizado por que nadie nos dio la pauta de cómo caminar solo el simple andar con una serie de movimientos tal vez erráticos o sin un sentido normal, medido, sin ser una marcha militar se puede tener un balance y un equilibrio que denote seguridad diligencia y un sentido estético de humano de éxito.

Hay muchas especulaciones sobre un comentario que jamás quedara esclarecido "Si existe el amor a primera vista". Esto podemos calificarlo y modificarlo en el ejercicio de la pasarela al vernos caminar.

El espejo nos dirá si tenemos ese carisma que hay que mostrar el primer instante de cada situación donde seremos evaluados, es mas factible que si nos gustemos, el ensayar esta situación es vital, todos pensamos que actuamos bien y que como lo hacemos es la mejor forma, pero podemos estar equivocados y estar cometiendo errores garrafales sin darnos cuenta. Muchas veces vemos caminar a alguna persona y sin darnos cuenta ese movimiento califica o por el contrario desilusiona.

125) El Verdadero Sentido de "El Caminar"

El caminar debe ser pausado y el ruido de nuestros pasos tienen que ser normales y sin un marcado marchar militar ni un caminar vacilante, y menos arrastrando los pies, el caminar denota demasiado en la personalidad de cada cual, sobre todo en la "actitud" que es el factor determinante inicial.

El cuerpo debe estar en una manera dócil pero apta, ni erguida ni sin forma. Ni mas ni Menos solo lo normal eso hay que detallarlo en la pasarela que haremos frente al espejo.

Cada actitud visible o prefabricada resta puntos, nada debe ser evidente y hay que acoplarlo con naturalidad a nuestro estilo, jamás estamos exactamente bien ni lo estaremos.

El mejorar para bien es una obligación humana a la cual jamás deberíamos renunciar sin importar ni la edad ni el momento.

Se camina se mira hacia delante sin descuidar donde pisaremos pero sin mirar el suelo en todo momento, sin distraerse es algo clave haber revisado el lugar donde se caminara no es bueno un tropezón. Por que es vital estar mirando la persona a quien saludaremos, y del entorno no es bueno ver nada solo el leve observar y sin descuidar que somos vistos en cada movimiento. Cada detalle esta contando ya sumando o restando puntos.

"La practica de caminar sintiendo que somos filmados" es una manera de lograr una postura apuesta y derrochar cierto estilo sin caer en actitudes fatuas o viciadas "De lo elegante a lo grotesco el paso es mínimo".

Al responder el saludo es normal se susciten comentarios vanos para iniciar el dialogo, es el momento que tenemos para complementar el comentario o emitir el nuestro calculado y muy medida anotación para evitar ser inoportuno, o caer en discrepancias con lo mas indicado como lógico para el momento.

El clima la política o las situaciones criticas hay innumerables formas de "romper el hielo" pero sobre la marcha podemos saber cual seria la mas apropiada. Hay campos intocables que es mejor tener muy en cuenta, citare algunos. Son todos los que podrían tocar susceptibilidades, serian como la religión, la política, las creencias, el sexo, la apariencia, observaciones fuera de lugar y muchas mas, lo indicado es esperar que el interlocutor se abra y deje ver su entorno filosófico cultural, la mejor forma de continuar y su dirección de pensamiento para poder entrar en la charla que nunca puede ser discusión, ni mucho menos de descalificarle ni que se sienta inepto o cursi.

Los comentarios deben estar acordes con la temática que el entrevistador imprima, ya que es importante enmarcarse en los parámetros que el aplique, las respuestas seguras simples y sin mucha explicación, solo lo básico usualmente hay cierto nivel que lo determina como el actúe, puede ser muy formal o tener algo de severidad o por el contrario ser muy consecuente y familiar, esto tenemos que detectarlo de inmediato no es bueno que el nos pida que nos relajemos, y lo mejor es sostener un perfil menos agresivo en que el mismo aplique en sus comentarios, el reírnos abiertamente por algo chistoso o cómico no es bueno, solo un gesto de agradabilidad y un leve sonreír sobre el apunte.

Es muy delicado el procurar ser claros y saber hasta donde la respuesta pueda satisfacer a la persona que nos esta entrevistando, sin pretender ir por encima creando un ambiente en que quedemos luciendo como eruditos o entendidos del tema por encima de quien es nuestro interlocutor en este instante.

No es bueno brillar por conocer el contenido en profundidad aun uno lo conozca debe ser ecuánime y muy mesurado mas bien algo parco y guardar otras opciones para después mantener cierto capital que uno mismo debe dosificar paulatinamente, no es bueno estar con salidas deslumbrantes y luego apocarse hasta quedar rezagado de la charla.

Cada vez que nos extendemos mas podemos confundir mas que aclarar, y lo que el manager espera es una persona descomplicada directa que resuelva sin entrar en detalles, que enreden mas que lo que podrían solucionar.

Hay personas que piensan que el ocupar mas tiempo en aclaraciones logran un efecto mejor, "Nunca algo mejor supera lo necesario" pero usualmente en estos casos hemos de hablar con alguien que mantiene un orden o una agenda muy apretada y cada segundo cuenta, nunca nuestro tiempo puede valer lo mismo que el de las otras personas unas veces es mas y otras menos, pero usualmente es mejor el bajo perfil en nuestra contra, el tiempo de el es mas valioso que el nuestro en todos los casos, "El subestimar es un pecado capital en las relaciones interpersonales".

La clave esta en siempre retirarse antes que la otra persona sienta que le usamos mucho campo de tiempo, "En toda situación el irse a tiempo y el solo llegar cuando se es esperado dan la clave de ser siempre atendidos con gusto".

Es común el decir que problema esta persona me toma mucho tiempo, dile que no podré atenderle, el interlocutor es cualquier persona empleador manager amigo o amiga en fin seria en todo tipo de relación interpersonal.

El hablar da campo a mostrar nuestra formación y nuestro nivel cultural y esta evaluación es mas interesante si solo se dice lo necesario, al comentar situaciones extra solo desdice de nosotros. Y podemos caer en complicaciones que al tratar de aclarar solo hacemos confundirlo y quedamos como personas que nos ahogamos en una simple charla, evitemos ser pedantes o muy suficientes esto molesta demasiado, y puede hacer quedar mal a quien en el momento es nuestro juez por que estaremos en medio de un escrutinio de evaluación.

Por que el comentar o decir mas de lo debido subestimamos al entrevistador o el descubre que pretendemos impresionarlo y las dos cosas destruyen antes de crear es por esto que es de vital importancia el "Sentido común que es el menos común de los sentidos".

La limitación de un comentario debe coincidir con llenar la explicación esperada sin pasarnos de lo lógico y lo necesario.

Cada vez que tengamos un encuentro. Hay que contar que el tiempo es muy útil en solo lo básico, todo lo que pongamos de mas solo es intrincar la situación.

Es muy valioso el hacer de una entrevista algo creativo antes de un circo de comentarios vanos, y sin una dirección adecuada, es de anotar que un ejecutivo maneja su tiempo con un sentido muy limitado como con cuentagotas cada segundo vale demasiado tal vez hay otras tres personas después de nosotros o el de seguro tiene otras cosas muy importantes para hacer, limitemos la situación a una simple entrevista, en todo momento es imprescindible calcular cuando podemos excedernos así sea en tiempo como en comentarios.

"Quien sabe cuando retirarse siempre será bien recibido"

Es por esto que tenemos que acomodarnos, y acostumbrémonos a solo decir lo necesario, en todo momento, y saber hasta que punto seremos suficientes en la información y cuando se requiere algo adicional.

Hay salvedades que es preciso hacer en muchos momentos, seria como un abrir de paréntesis y se hace el comentarios adicional sin tener que unirlo a la charla general y esto no implica una continuación. Solo una aclaración, toda salvedad logra cubrir un potencial error que sea posible captar

Es muy primordial escucharnos y ver como "sonamos" esto lo logramos al decir lo que comentaremos y grabarlo para después escucharlo pero lo básico es quedar satisfecho y haber aprendido y modificado esa manera o ese ademán.

No importa cuantas veces repetiremos una acción o movimiento pero lo que si esta claro es que tenemos que quedar satisfechos, es como bailar usualmente uno aprende solo y así mismo se aprende todo de observar pero es posible perder muchas cosas importantes con el simple ver los demás, por eso recalco que es muy importante revisarnos en este sentido y auto criticarnos para hacer los cambios necesarios y lograr una postura mas o menos perfecta, no exactamente para nosotros es mejor que sea para los demás que en determinado momento sean nuestro auditorio.

El uso de palabras no comunes podría crear una situación muy incomoda es bueno vigilar el no ser demasiado técnico en algunos comentarios, y saber en que nivel esta nuestro entrevistador para no sacarlo de su línea el debe mantener ese horizonte y nosotros seguirle, sin cambiar la tónica.

En la terminología es más importante ser exactos que divagar.

El esgrimir conceptos sofisticados o términos algo exactos pero no muy comunes puede intimidar o crear recelo.

El ir directamente a la cuestión con claridad sin términos inusuales, se crea el ámbito de confianza que nos hace necesarios y útiles y esto es lo que todo el mundo espera.

La pasarela es una herramienta vital que pocos utilizan solo los políticos, oradores, artistas, cantantes y modelos lo demás es improvisado cuestión que no produce los resultados que esperamos realmente esta practica no existe y es muy recomendable en toda persona.

Hay que caminar frente al espejo y descubrir que movimiento sobra y cual es mas acorde y esto lo podemos ver en la practica al observarnos, la postura, el estilo y la gracia no son naturales hay que adoptarlos, estando solos es mas fácil estar libres de coacciones y poder corregir nuestras maneras después hay que hacer que parezcan naturales.

En el cine vemos como actúan y esto es importante por que cada acción ha sido revisada por especialistas, y muchos movimientos mínimos son ensayados muchas veces, y si eso hacemos procurar imitar inicialmente y después adoptamos esas acciones como propias o espontáneas, logramos evitar sucumbir o mostrarnos con mucho peso.

Lo que implica cansancio y es lo que es mas importante ocultarlo Hay que marcar una cadencia de agilidad y de altura como encarando un orgullo medido. En especial cuando estamos en medio de la entrevista, el no cambiar el estilo inicial de libertad y de seguridad

126) Ese optimismo visual que se irradia

Son muchas las situaciones en que podemos ver esa efigie que evidencia esa actitud invencible del que esta en plena acción aun la fatiga le acompañe.

Cuando el presidente desciende de el helicóptero es un movimiento que han criticado y modulado por ciertos especialistas en imagen, el presidente ha sido vigilado en todo detalle por directores técnicos en este campo, el lo hace con gracia y agilidad casi con un movimiento típico de alegría y vitalidad, usualmente el debe estar sabiendo que cada segundo se registra y será comentado por los periodistas.

El ha dormido en el vuelo, y regularmente trabaja unas 18 o mas horas al día revisa piensa y decide siempre mantiene una carga no de cansancio, si no mas bien de agotamiento y eso es lo que menos puede mostrar, el se despierta se oxigena y se para erguido y sale demostrando una frescura especial con vitalidad y optimismo.

Así mismo el presentador antes del show sale con aire triunfal pleno de gusto y de gracia como si no pudiera ocultar esa sonrisa del triunfo recién obtenido, esto también ha sido estudiado en profundidad, y demuestra lo que todos deseamos ver en el, esa actitud ampliada de gusto que contagia.

Hay condiciones químicas fisiológicas que se mueven en ciertos momentos, las glándulas responden a nuestras ordenes cerebrales y podemos casi engañar nuestros sistemas y secretar hormonas que afectaran nuestro carácter y nuestra personalidad en solo segundos.

De esto se desprende la actitud que es un deseo propio de culminar lo que este haciendo, así que recomiendo adoptar estados mentales necesarios que se acomoden con la realidad que tenemos que representar, un termino popular dice que "Hay que estar en la jugada" el concentrarnos en una actitud nos conduce a un estado ideal para lograr esa situación que buscamos siempre.

Es cuestión de una práctica personal en momentos programada, y después es posible hacerla inconscientemente si logramos ingresar esta información en nosotros mismos. Siempre actuar con convicción y determinación directa.

Estos instantes estudiados son los que tenemos que adoptar para mantener esa vitalidad que los demás quieren ver en nosotros.

Ahora quiero ejemplarizar con una anécdota personal de otros días, en que el mundo era algo diferente para mí.

Ejemplo: En mis épocas de mi juventud yo tenía un taller de manufacturas y tenia algunos empleados y contratos para entregar, y como es natural algunas veces yo tenía mis escapadas fortuitas con "alguien", especial.

Hablo de aventuras románticas de salir comer y después bailar y llegar casi al amanecer a casa, abría el taller cansado y con sueño y me prometía a mi mismo: abriré pondré la gente en acción y después iré a dormir . . . Así que abría muy vital escondiendo mi fatiga y comenzaba a trabajar con mucho empeño o velocidad y en menos de un minuto olvidaba mi condición de cansancio y fatiga, y el plan que tenia de retirarme a dormir un rato. Ya había engañado mi cuerpo y sin darme cuenta seguía el proceso de producción ya las glándulas se habían estimulado y sus secreciones me hacían trabajar con gusto y dinamismo, ya en la tarde recordaba que solo quería trabajar unos minutos y luego escapar con algún pretexto solo quería contagiar los muchachos con mi dinamismo, y fue cuando descubrí que podía engañarme yo mismo y lograr el efecto que quería para con los demás.

Francisco J Palacios

Al hacerlo conmigo mismo fue que encubrir que un estado apático con solo un instante de dedicación uno lo puede convertir en una estado de dinámica dirigida e intencionada.

Esto después lo he empleado en diferentes situaciones cuando estoy con estrés y no deseo trabajar, con solo emplearme unos minutos con exagerado dinamismo resulto en plena acción y lleno de entusiasmo.

El entusiasmo son secreciones hormonales que dan marcha a la voluntad, y nos impulsan a logros, con un deseo especial, esto solo sucede si no hay depresión, ni nada que nos limite emocionalmente esto sucede solo cuando no hay secreción hormonal positiva para tal efecto, es por esto que es de vital importancia la actitud que es la que emana entusiasmo diligencia interés, todo esto es el entusiasmo, una secreción hormonal propicia para la tarea a desempeñar

En la pasarela es muy interesante revisar muchos detalles como las manos las uñas deben tener un corte decente y moderado que sean "mostrables" en ambos sexos y las mujeres también las de los pies es muy importante la pulcritud general, los zapatos muy bien lustrados y en buenas condiciones y de un modelo mas bien discreto y con un color uniforme con la manera de vestir.

Las medias deben ser sobrias si no gris oscuro podría ser negras o de un color no visible en la mujer lo apropiado para no ser extravagante.

La pasarela es una práctica que de hacerla por lo menos cada mes nos da el campo de mejorar nuestra personalidad nuestro comportamiento nuestra apariencia física, la elegancia en los movimientos es la mejor tarjeta de presentación.

Es la mejor forma de hacernos una autocrítica general y percibir todos los detalles, negativos y como acentuar los positivos para dar la mejor imagen.

En síntesis es la mejor práctica para ir mejorando todo lo que concierne a nuestra presentación pero lo esencial es el vocalizar en armonía con los movimientos y el presentarse decorosamente.

No importa cuantas veces haya que practicar y repetir pero hay que tener un autodominio propio para poder lograr esa aceptación general sin importar cuando ni con quien, en todos los casos es el mismo desafío, salir bien y dejar la mejor impresión, son infinitas las situaciones donde tenemos que "mostrarnos" para lograr el mejor impacto o por lo menos no dar una imagen discordante de ordinario o de poco educado. Hay que recordar le sensación que evocaremos siempre de estar siendo filmados, si mantenemos esto en nuestro pensamiento, siempre daremos la mejor impresión

127) La magia del reflejo "Solvencia Personal":

Hay algo que llamamos suficiencia que es algo similar a solvencia pero la primera es artificial la adoptamos y la usamos.
El sentirse suficiente es similar pero no igual a tener solvencia
La solvencia radica en la seguridad y es natural por que nace de acuerdo a toda la formación y la educación adquirida, es algo que se tiene por naturaleza propia, sin descontar que en muchas situaciones descubrimos un grado superior en otra persona y es muy importante ver donde radica esta ventaja que les hace ver superiores.
Esta depende de todos los factores que enriquecen nuestro comportamiento, nuestra manera de hablar, de movernos, de mirar, de actuar y los ademanes medidos con ese cuidado especial, que nos dan la magia necesaria para mantener esa aceptación que todos buscamos siempre en nuestra interrelación con los seres que en el momento son nuestro entorno.
He escuchado decir que presencia tan impactante que tiene tal o cual persona. En muchos podría ser natural pero si podemos ir puliendo y conformando un estilo seria lo ideal.
Si logramos configurar una forma de proceder que nunca moleste y siempre estemos bien podremos ser siempre aceptados y en todas partes donde nos encontremos, lograr por lo menos "El no ser excluidos, que es la mejor manera de estar incluidos"

El lograr permanecer cada vez mejor, y estar normal en todo campo de armonía con el medio, si hay comentarios jocosos habrá que reír aun no tenga mucha gracia para nosotros, si hay que ponderar o admirar una acción se debe hacer y procurar la integración con el grupo de personas con el que nos encontremos en cada momento.

De esta forma es posible lograr ese magnetismo que tanto importa para ser brillantes y mantener ese equilibrio entre lo real y la vida que nos pertenece.

Siempre tenemos un "momento histórico actual" es el actuar de acuerdo al instante que se tenga, el estar actualizado es de gran importancia, ni anticuado y demasiado de vanguardia.

Así que hay que estar de acuerdo con la época en que estaremos viviendo y es cambiante en todo momento lo de hoy pronto será de ayer, es algo totalmente impredecible y lo mejor es estar en equilibrio con la realidad actual siempre, sin necesariamente seguir el estilo o la moda al punto solo someramente sin ser anticuado.

La educación influye mucho en este campo pero no es todo hay que aprender como es la costumbre general y asumirla como aprendida casi de hecho inmediatamente, evitando ofender o hacer ademanes que puedan molestar, si ingresamos a un recinto donde nadie habla en voz alta, de inmediato debemos adoptar esa situación, un museo, una biblioteca, una sala de funeral, o un recinto sagrado, todas las opciones de guardar cierto estado emocional, coherente con la realidad inmediata.

Esto es de sentido común y el observar y mirar el entorno nos da la clave principal de cómo actuar, y no ser extraños.

Es muy normal que alguien de antemano nos prevenga de las maneras a adoptar en determinados lugares, pero esto no sucede siempre y cuando eso pasa lo mejor es ver como se comportan las demás personas y así adoptamos esa misma disciplina con solo observar el grupo humano que nos rodea. Es obligante no ser discordante con la actitud del conglomerado.

Hoy en las escuelas tradicionales no se enseñan modales ni reglas de comportamiento esto conduce a que seamos un producto accidentado, que nos formamos por una naturaleza sin sentido

Así que seria bien el tratar de ver como "pulir" nuestros acciones y forma de comportarnos en todo momento, nuestra familia en verdad no es mucho lo que puede aportarnos, virtualmente estamos aislados en nuestro desarrollo y formación en lo referente a modales.

Pero si no tratamos de adoptar las mejores maneras no seremos bien vistos y más aun podremos ser excluidos en muchos ambientes.

El comportamiento en la mesa es muy dispar de acuerdo a cada grupo familiar el estilo de comer y de usar los elementos, los cubiertos la servilleta el orden de comer y los ademanes son muy particulares en todas las personas, y es algo que no se ve bien siempre, y hay que optar por mejorarlas siempre.

Hay familias muy estrictas en la mesa pero en otras por condiciones de horarios regularmente nunca se come en grupo, es común escuchar tal persona come muy feo o simplemente no sabe comer.

128) La armonía y la identificación como medio

En todos los lugares donde estaremos por determinadas circunstancias es bueno la integración espontánea aun no sea algo fácil pero es algo culturalmente indispensable, de lo contrario nos distanciaremos y seremos excluidos.

Lo básico en la armonía es el no ser notorio, y estar en un nivel general normal ni ser muy ni parecer poco, estar armónico es estar en armonía, no sobresalir, pero es preferible a notarse demasiado por razones diferentes a estar bien simplemente.

"La armonía es el balance de todos los campos" y esta es muy importante por que debemos manejar el conjunto de nuestra vestimenta y nuestros ademanes, no en todas partes témenos la misma forma de actuar, en todo momento hay que condicionarse a cada ambiente y es de entender que hay que transformar en cierta manera la personalidad y el estilo de lo contrario seremos como algo adicional notorio y posiblemente ridículo.

Es la base de ser aceptados en todo lugar integrarnos y actuar de acuerdo a lo que se podría llamar normal en cada medio.

Siempre se actúa de acuerdo a como estemos presentados y en relación al grupo de personas que nos rodea en ese instante, si estamos en una fiesta es diferente a estar en una reunión de negocios o en un funeral, o en un recinto con determinadas características, siempre la compostura estará de acuerdo con la situación general de la concurrencia.

Esta flexibilidad es de adquirir con el sentido común y se adoptan tal cual las encontremos, es básico en una educación aceptable, es normal cuando se escucha "Estas en otro mundo que te pasa" o "Trata de hacerte al ambiente" Es de muy mal gusto el no compenetrarnos con la situación, inicialmente habrá que optar por hacerlo artificialmente, si uno no logra identificarse con la situación, pero en segundos uno entrara en el ámbito que corresponda sin mucho trabajo.

129) "El Carisma" es Mezclar Personalidad, Clase y Estilo.

En lo concerniente a la personalidad en general es muy importante el analizar esta sensación que emana de muchos seres excepcionales con una dirección definida y con logros determinados, son seres que se salen de lo normal y crean un embrujo que hace que tengan un brillo por encima de lo usual se evidencia en lideres o seres con vocación y con un talento muy marcado, toda persona que sobresale no es quien es mas aceptado, es quien no es rechazado nunca.

(Wikipedia) La palabra carisma, de la palabra griega χάρισμα "jarisma", "presente" o "regalo divino") es utilizada usualmente para describir una habilidad para otras personas, con un marcado talento que se sale de los parámetros habituales por su acoplamiento a las situaciones en que nos vemos enfrentados regularmente en vida normal.

El carisma realmente es un término no muy usual pero si es una condición indispensable en todo momento.

Se refiere especialmente a la facultad de ciertas personas de motivar con facilidad la atención y la admiración de otros gracias a una cualidad "magnética" de personalidad o de apariencia, la que logramos cuando estamos en la situación realmente, compenetrados y bien integrados.

No es común pero en ciertos seres se convierte en una particularidad, que se muestra en la facilidad para lograr perfección sin el mismo esfuerzo de otros, es algo innato y muy especial en determinadas personas, la simpatía es parte de este proceso así como el gesto y los ademanes todo bien manejado crea el carisma.

Esta es una condición natural en que el ser despliega un aura de deleite y agradabilidad se le denomina también, magnetismo, talento, imponencia, hay diversas maneras de Carisma y diferentes proyecciones pero siempre será una manifestación de varios factores que brindan alegría y gusto.

 Lo que le hacen un ser diferente y con un algo fuera de lo común pero muy sutil hasta hacerlo imperceptible y eso es lo que les hace sobresalir, en todos los medios.

El estudio, reconocimiento y desarrollo del carisma en individuos es de sumo interés para sociólogos, psicólogos, políticos populares, locutores públicos, agentes de ventas o viajes, gente relacionada con el cine, seleccionadores de personal, las estrellas musicales, gerentes de empresas y académicos e implicados en los estudios del desarrollo de la dirección, entre otros.

Estos seres especiales no es que logren mucho por tener esta condición, lo que pasa es que su armonía y entusiasmo les hace tomar esa cualidad tan importante para sobre salir siempre entre los demás.

Es de anotar que se puede adquirir solo modificando nuestra actitud y tomando en cuenta factores, y no estar actuando por inercia, yo explico como ir haciendo estos cambios, realmente al leer este libro se le notara cierta forma intencionada, pero realmente es el mensaje es subliminal y al recalcar varias veces la misma idea desde diferentes ángulos se adquiere el verdadero conocimiento para poner en practico en nuestra cotidianidad.

El carisma es una fuerza del alma que se esparce descontroladamente y logra crear situaciones de gran euforia en muchos hasta niveles irracionales, cuando se sigue un líder místico, o una personalidad del arte o la música hay algunos cantantes que crean histeria y locura colectiva debido especialmente a su carisma, y es una sensación no inmediata ha sido colectada poco a poco por las empresas, o por la música que se ha despertado entorno de tales personajes y eso son los mensajes subliminales que conducen a un ser a campos supra reales.

Así que en este libro empleo algunas formas subliminales de convencimiento subconsciente, pero todo es para bien. Con la mejor intención de hacer un cambio gradual de actitud y que se haga constante, hasta que se logre hacer totalmente inconsciente, o mecánicamente.

En algunos casos, líderes carismáticos altamente extrovertidos y brutalmente controladores han usado su carisma personal en formas extremadamente destructivas y malignas a lo largo de la Historia, por ejemplo: Adolf Hitler, Jim Jones y Stalin. Esto no es realmente intencionado, la personalidad se desdobla hasta donde estén los límites creados por nuestras limitaciones morales, pero hay casos en que nadie irrumpe en estos seres por su aura que se han ido impregnando en medio de su logro y triunfo constante creando un reflejo de respeto y credulidad lo que impide poder ser criticados, y emanan respeto. Teatralmente el carisma puede algunas veces ser "desempeñado" sobre un escenario en películas y es transmitido tanto en comunicación verbal como no-verbal.

Siempre se encara una semblanza de brillo ya sea para bien o para el mal, y esta condición se muestra como algo muy evidente exagerado un poco en estilo y gracia, en muchos al ser para el mal se les denomina villano, el cine usualmente se involucra personalidades muy Fuertes y siempre les caracteriza el "carisma".

Es interesante ver esa caracterización y estudiarla por que siempre seres geniales coordina, profesionales especializados en estas conductas particulares.

"El carisma es algo que se manifiesta sin evidencias ni marcas es una fragancia de la personalidad"

En esta época se ha creado una nueva manera de tratar estas personas para ciertos logros especiales los políticos, artistas oradores en general o narradores etc. hay una gama muy amplia demandando "corrección de imagen" y se han hecho muchos profesionales que manejan otras personas para lograr seguridad influencia y una simpatía por encima de los que le rodean, en el campo gerencial es de vital importancia o en lo que concierne con manejo de conglomerados. El sentido equivoco del carisma es la egolatría o deseo de ser centro cuando hay una duda directa sobre este logro, esta duda conduce irremediablemente a la Megalomanía,

130) Megalomanía"

"La megalomanía es la condición que nos hace perder la perspectiva de la realidad justa, y solo se ve en la persona," En un estado de egocentrismo desmedido.

Es un momento psicopatológico caracterizado por los delirios de grandeza, poder, riqueza u omnipotencia a menudo el término se asocia a una obsesión compulsiva por tener el control general de todo.

Esto degenera en un estado de suficiencia y grandeza fuera de lo normal y unido a un campo de poder convierte al individuo en un ser sin limites ni moral siempre buscando el control general mediante la influencia la autoridad y la manipulación aplicada creando un estado anormal de justicia acomodada y viciada totalmente amoral y solo en busca de mayor suficiencia y dominio mediante el manipular y controlar, de esto se degenera en la "melogamia", pero es muy importante el adquirir carisma sin caer en vicios de comportamiento desmesurado

Es una fase donde los valores y los principios se manejan y se negocia con la verdad lógica.

La palabra deriva de dos raíces griegas, manía (obsesión) y megas (grande). A veces es un síntoma de desórdenes psicológicos como el complejo de superioridad o la compulsión eufórica, donde el sujeto aquejado con esta perturbación tiende hacia situaciones que no existen, o imaginarlas de una forma que sólo él termina creyéndose, en esto se envuelve muy determinadamente la mitomanía y es que mediante suposiciones sin mucho valor se asumen como causales de una acción fuera de lo normal y con un sentimiento muy personal y parcial a su propia política.

Las puede emplear para manipular sentimientos y situaciones de cualquier tipo y en todo campo, no solo en un ejecutivo o un político como un presidente o dictador, también en casa con nuestro entorno.

Es un mal, estudiado por los especialistas desde tiempos muy remotos. Los ejemplos más comunes son de emperadores, monarcas y dictadores, pero hay un sin número de situaciones en seres sin mucho logro que mantienen un control enfermizo en un auto engrandecimiento que hace de la persona merecedora de mucho aun sin ser lógico ni verdad, pero emplea el control para doblegar todo hacia su propia intención, es muy común esta actuación en casi todos los seres normales en su propio mundo, establecen reglas y leyes que hacen que los seres que le rodean caigan en esa influencia muy severa, el dinero es mas importante en el doblegar los seres que el mismo respeto o el miedo.

Su causa más frecuente según Sigmund Freud en su obra La interpretación de los sueños (Die Traumdeutung, 1900). Freud postula esta conducta como un mecanismo de defensa a infancias con abusos físicos e incluso sexuales. Así como personas con problemas con su imagen (Obesos, individuos con deformidades, etc.) También son víctimas de este trastorno, individuos que padecieron en grandes etapas de su vida complejos de inferioridad, polo opuesto al trastorno megalómano.

Una cierta cualidad de una personalidad es considerada aparte de personas ordinarias y tratado como dotado con poderes o cualidades sobrenaturales, suprahumanas o al menos específicamente excepcionales.

Realmente hay valores principios y maneras que hacen de alguien un ser por encima del promedio respecto a como lo conceptuamos, todo radica en como se auto complemente la persona limando sus propias asperezas y buscando ser alguien que no sea excluido.

Una persona con esta fuerza interior no necesita presentación su forma de ser intimida, convence y crea estados de admiración, es muy importante revisar nuestro proceder y descubrir vías alternas que nos den esa posibilidad de ser trascendentes y no simplemente desapercibido.

131) Carácter.

El carácter es un término muy difícil de definir. Por que en cada grupo cultural hay diferentes ángulos de visión.

Al tratarse de un concepto básico dentro de la psicología, es muy importante atender diferentes conceptos.

A través de la historia ha tenido numerosas definiciones, además de las conceptualizaciones más o menos intuitivas que ha recibido.

Algunos autores han clasificado estas definiciones en grupos. Y son comportamientos con que interpretamos la realidad, mostrando una tendencia de ese proceder a través del tiempo, que nos permite afrontar la vida y mostrarnos el modo en que nos vemos nosotros mismos y al mundo que nos rodea, pero teniendo en cuenta el medio ambiente de cada "momento histórico" en base a esto se deduce que cada época difiere de otra por su propia forma de estar limitados por la cultura del momento.

Nos permite reaccionar ante ese mundo de acuerdo al modo de percepción, adquirido, con esa conducta en nuestra propia personalidad lograda con el paso del tiempo ya que esta se moldea en base a nuestras experiencias

Usualmente el entorno y la manera habitual de la familia brinda factores de aculturamiento que Irán definiendo ciertas tendencias, que le serán definitivas en el trayecto de su vida.

La personalidad será fundamental para el desarrollo de las demás habilidades del individuo y para la integración con grupos sociales, diferentes y en cada situación tendremos que acoplarnos a cada grupo de acuerdo a sus costumbres y maneras de actuar.

El carácter usualmente se ha descrito como una situación normal de proceder, pero sin ser exactamente así.

Realmente el carácter es la reunión de muchos valores que aplicamos regularmente a nuestro conducta cotidiana, en momentos puede ser de una acción inflexible pero en verdad es un conjunto de normas que nos representa ante la realidad con maneras muy personales de actuar y puede ser afable y conciliador mas que arrogante y despectivo. Todo dependerá en que medio nos hemos educado y que seres han estado en nuestro entorno.

El problema es que idealizamos aceptamos y legalizamos ciertos comportamientos como naturales y normales sin poder evaluarlos claramente. Y hay acciones de procedimiento, que pensamos son normales y resulta que estamos en errores muy severos que afectan nuestra apariencia ante los demás.

El carácter es una característica personal, y no un nivel de exigencia continuo e inflexible como muchos creen.

La sensación humana de equidad de justicia y de honestidad esta dependiendo de un sin número de valores preceptos y de interpretaciones de realidad y siempre son razonamientos personales muy particulares, no siempre serán valederos para muchos y deformara la concepción del criterio de alguien como justo, o normal con un carácter conciliador.

Muchos confunden el carácter con la inflexibilidad y esto conduce a cierta injusticia personal.

De esto se inicia otra temática sobre El espiar los pecados, o el sanear fallas con castigo o simplemente como en muchas creencias el cambio del dolor por las faltas cometidas o medio de purificación espiritual, la auto flagelación, el ayuno, y todo asunto que implique cambiar el dolor por perdón es una falla pagana del mas vulgar de los negocios el cambio del dolor por el perdón, es un negocio ruin que merece ser visto mas de cerca.

En este campo hay algo muy grave y es el pensar que "El fallar es redimible mediante el castigo o dando una lección a quien se presupone rompe un código de comportamiento." Lo que si ha cambiado radicalmente es el carácter como signo de inflexibilidad y mal genio, ahora el carácter es una faceta de la personalidad que nos da ciertas particicularidades que nos ubican en otra manera mas humana de preceder alejándonos de la violencia el castigo y el dolor físico, y tanta tendencia molesta que hemos heredado, en nuestro bagaje cultural.

132) El Ruin Negocio de Cambiar Dolor por Logros

Hay muchas personas que piensan en mantener una línea inflexible sobre su proceder, esclavos de una conducta que creen es la idónea y hasta cierto momento y descubren que se han viciado en creencias heredadas de un medio sin claridad por seres sin mucho criterio, que fueron nuestro entorno y nuestra fuente de conocimiento en nuestros primeros años de existencia.

"Vivimos en un mundo diferente en solo dos generaciones el mundo se transforma totalmente" los métodos usados también cambian, ahora se uso la presión y el castigo como método.

Aun sean nuestros padres ellos en su mejor deseo procuran darnos una guía muy a su estilo y nosotros por su condición, por respeto caemos en la desubicacion y cuando descubrimos, si es que descubrimos su error craso, es muy tarde ya para enmendarlo.

Para muchos hubo formas brutales de educar, y se crea esa cadena de maltratos que degeneran en una costumbre heredada y se fomentara en los niños una idea que la violencia es algo usual natural.

Es por esto que las enseñanzas impartidas por alguien con mas de dos generaciones de diferencia no son del todo positivas, están llenas de situaciones y costumbres ya superadas, y los ambientes contemporáneos son equivocados buscando una educación diferente y dando por resultado el crear vacíos culturales que se han de llenar de todas maneras pero no de la mejor forma, es por esto que heredamos formas de proceder de épocas diferentes y eso nos hace inadaptados física y socialmente.

Algunos comentan "Ella esta muy educada ala antigua" es una frase popular de regular uso y denota la personalidad deforme de alguien con una marcada alienación. Esta es la razón que hay que vigilar de cerca el medio ambiente rodee a determinada persona, en su proceso de formación. Hay una personalidad heredada que aparecerá tarde o temprano.

En las personas que fueron nuestro entorno en nuestra infancia sufrimos un aprendizaje que nos durara para siempre.

Regularmente su formación dista algunas décadas de ahora mismo del momento histórico en el que vivimos.

Muy diferente a la época de ellos y en ese medio la presión y la severidad eran una pauta a seguir, el látigo y las bofetadas eran algo normal pues así mismo fueron criados nuestros padres.

Si miramos detenidamente ya esos golpes no son tan usuales, y ya se han quedado en otra época de barbarismo en nuestra educación cotidiana de hogar

Es muy común escuchar de nuestros padres que en su época el castigo era parte formal de la educación, y en verdad hay mucha razón, el trauma causado por una represión física es inolvidable, pero el problema es que hay demasiados traumas que nos limitan también causados por la misma vía de ingreso el castigo físico.

Las leyes han puesto un limite muy serio a la violencia domestica haciendo de estos incidentes un delito muy serio.

Son muchos los traumas que nos crean un cerco y fueron causados por impresiones muy fuertes en nuestra formación, en los años de nuestra infancia, no se guardan recuerdos, solo se guardan traumas y emociones negativas o positivas, que se quedan en nuestra memoria por siempre, modificando nuestra conducta persistentemente, limitando nuestro comportamiento, para bien o para mal.

El pensamiento se estructura a una edad temprana por impactos traumáticos y si estos fueron muy severos nos dejan marcas en el inconsciente o en nuestra alma y en momentos se llega a postraciones muy serias de inferioridad, de abnegación o temores hechos, que conducen a un miedo enfermizo por las heridas emocionales adquiridos, que nos limitan por siempre, creándonos complejos y sentimientos que nos atemorizan y nos crean imposibilidades que nos confinan demasiado, al contrario si desde temprano nos crean sentimientos de logro esos persisten y son nuestro aliciente para acciones superiores, es el estimulo.

Se habla que tal persona esta traumatizada, o de la violencia en su casa por su padre energúmeno, que es acomplejado o apocado etc.

Paralelamente existen otros menores sin educación ni dirección carente de traumas y de limitaciones que recobran una arrogancia y un estado de violencia sin condiciones.

Siendo esto también muy grave el no tener límites ni conocer el estado crítico de los hechos permitiendo extralimitarse hacia errores muy serios, por su irresponsabilidad y falta de cálculo.

La sumisión y tolerancia se ha dado en lugares de una profunda dominación, se pierde el derecho de opinar y de pensar.

Lo vemos con mucha claridad en los animales de casa cuando.

Se les castiga sin una razón directa pueden creársele traumas que los hacen correr a esconderse con una minima intimidación, el solo escuchar un grito o al hacerles salir de un lugar con violencia.

Esto es muy visible en algunos ambientes donde la mascota convive con seres humanos muy directamente, si se esta en un campo amplio el animal es arrogante bravo y violento, sostiene ese orgullo innato y normal.

Es por esto que hay que evitar en la mejor forma crearle temores o traumas a los menores así no se les desfigura el "autoestima tan temprano eso permanecerá por siempre".

Es en esa época que adquirimos algo que llamamos carácter, es un estado de respeto nacido de la violencia que no era realmente la mejor forma de educar, si no, mas bien la de castigar para moldear una personalidad a partir de miedo y la intimidación, sin que en verdad se diera ese criterio de sabiduría y de inteligencia que ahora se espera solo con el trauma y el castigo.

Hoy afortunadamente se ha erradicado de nuestra formación.

Lo que si ha cambiado radicalmente es el carácter como signo de inflexibilidad y mal genio, ahora el carácter es una faceta de la personalidad que nos da ciertas particicularidades que nos ubican en otra manera mas humana de preceder alejándonos de la violencia el castigo y el dolor físico, y tanta tendencia molesta que hemos heredado, en nuestro bagaje cultural.

133) La teoría de la reprimenda.

Ahora los abusos no se pueden tolerar y no son fuente de educación ni de formación por el contrario crean traumas y recelos que se transforman en venganzas inconscientes que después heredaran nuestros hijos y ellos lo verán como una actitud normal, por que existió en casa de los padres, y aparece el abusador violento que desea castigar ya sea sus mismos hijos o su esposa y se cae en problemas de violencia domestica o de acciones que la ley no permite.

La violencia no solo se da en forma física hay violencia contenida en lo verbal, cuando se hacen comentarios muy intencionados y con una fuerza que impacta emocionalmente, son los comentarios con ironía sorna o simplemente ira, También es posible muy a manudo caer en acciones con ademanes que insinúan violencia odio o demostrar estar muy airado, o afectado.

En nuestros procederes es muy normal ver que actuamos injustificadamente y con desequilibrio de justicia en nuestras acciones regulares, somos ásperos sin saberlo y creamos molestias que establecen estados irreversibles de aversión.

Estas formas sutiles de violentar antes de terminarse se acentúan y convierten la persona en apariencia en un ser ético medido pero en el fondo cruel al manejar el dolor como manera de castigo sin ser realmente dolor físico. Son heridas que se pueden crear en el alma con costos más altos que el del trauma real de dolor pasajero, esto fomenta una costumbre de "Equilibrar el pecado con tortura". Es una manera medioeval donde el castigo la flagelación y el suplicio eran vistos como algo muy virtuoso, en los grupos de creencias, el dolor era la manera de purificarlas.

Eran muchas las maneras de "espiar" los pecados pero en especial el autocastigo, el hambre dicho como ayuno. el desprenderse de bienes para darlos a los demás en forma de dádivas, y todo se relaciono con la deidad o las creencias de cada cual.

De esto es la proliferación de lugares de oración, sitios ceremoniales o lugares de recogimiento y de "comunicación" con los seres o dioses de cada cual, en general procurando negociar con sus seres superiores, protección, salud buena suerte y la ayuda para determinados "asuntos".

En esto entran en función las dádivas las colaboraciones o simplemente la "limosna". Es una apología del negocio con las deidades sin importar a que credo pertenezcan, todas colectan dinero y venden influencias a cambio de dolor con seres diosificados que median con el Dios principal para que pueden otorgar el "perdón" y un premio después de la muerte, son situaciones que es posible revisar sin caer en tendencias particulares, respeto las creencias en general pero no puedo desconocer ciertas particularidades aberrantes de procedimiento aun hoy existentes.

Es muy normal ver esta situación entre nuestros grupos ya que en ella nos hemos levantado y educado, veremos un ejemplo:

El ser que ha sido formado en el ruin negocio de "si fallas te castigo" se le forma el sentido de que siempre hay que cambiar dolor por ofensa, y muy sutilmente se usa la ofensa, la humillación, o el destruir moralmente la persona haciéndole escuchar situaciones que abren heridas muy profundas.

Y hasta se jactan de haberle dado una lección, algo que creen hacer justicia administrando dolor terror y temor, es el tráfico emocional más inhumano.

Esto crea seres resentidos y doblegados por estados de terror y de intimidación continuada, esta carga la traemos por nuestros padres y su estilo de educarnos, en nuestra adolescencia.

Escuche tantas veces el ofrecer a las "deidades" determinado sacrificio en forma de la llamada promesa o manda en busca de otros favores, en un negocio de amplio paganismo o de sucio negocio ilógico y caprichoso.'

134) Una Condición Delicada de Manejar "El Prometer"

Es muy fácil que las conductas variables o inconsecuentes donde la persona no sabe si opta por lo lógico o lo personal ya que hay un equilibrio entre lo deseado y lo debido pero no hay un peso radical que nos obligue a tener la mejor política para actuar con lo más sano y permisible.

La condición de la promesa es un hecho factible que podemos asegurar cumplir, por que es posible hacerlo o realizarlo en los parámetros impuestos.

Las fallas o dudas entre la intención y el hecho están delimitadas por falta de criterio o de educación en la formación de la persona desde su misma infancia, "El ser normal consciente promete solo lo que sabe y podrá cumplir"

De lo contrario perderemos la credibilidad y el apoyo general en el que nos encontramos conviviendo.

Nuestra formación arrastra una serie de lastres y pesos que nos obligan a ir con un deseo de convencer y optamos por "dar mas de lo posible verbalmente", es de vital importancia entender que el no hacer lo que se promete nos condenara a la perdida de la confianza hacia nosotros.

Es cuando entramos en problemas sin tener la culpa por que fueron nuestros padres los que nos levantaron de esta manera y ya es hora de romper ese ciclo de dolor y de amarguras que no crean una manera de ser si no por el contrario resentimientos y molestias que nos afectan emocionalmente demasiado.

Eso lo vemos en nuestro entorno revisando como fuimos educados y también podremos deducir que cambios hacer.

La persona violentada no adquiere un carácter, por el contrario pierde el sentido de autocontrolarse y cae en doblegarse y entregarse, o lo contrario el violentarse, que le hace agredir o destruir lo que hay al frente, es un desorden mental que degenera en un descontrol generalizado de agresión in calculada.

Viéndolo por el lado físico y psicológico se hace un desorden de personalidad y nos impulsamos inconscientemente.

Hay una inundación, endocrina secretando hormonas que incitan a la violencia y nos saca de nuestro proceder habitual y nos ubica en estados de ansiedad y profundo malestar hacia quienes nos rodean, en actos inconscientes que no podemos manejar.

El funcionamiento endocrino esta dado por las glándulas que al tener ordenes cerebrales secretan hormonas apropiadas para el cambio en la reacción y responde de manera inusual, así mismo el cerebro tiene la opción de bloquearse y evitar que esa anarquía logre sacarnos de nuestro actuar cordial, explicare como se crea el desorden hormonal.

135) Desorden fisiológico Emocional Hormonal:

En el organismo hay una serie de glándulas de secreción interna que tienen una intima relación con el carácter, las emociones, el entusiasmo los estados anímicos y de personalidad cada situación positiva o negativa, implica una secreción de hormonas.

La medicina poco ha estudiado la endocrinología, salvo por lo que sucede l extirparlas.

Cuando las secreciones no se utilizan de la manera correcta este volumen de entusiasmo se transforma en lo contrario o sea frustración, se crea una intoxicación y ese exceso de entusiasmo no usado crea un estado de desasosiego y ansiedad y esta genera una profunda incomodidad y desata una ira no manejable, la persona afectada busca situaciones y estados que pueda aunar con el estado que sufre hasta que cae en una anarquía general y se sucede un acceso de mal genio sin control, hay una secreción aumentada de hormonas en el torrente sanguíneo, Lo bueno es que hay la posibilidad de que todo esto sea manejable por nuestro cerebro.

La ira es una secreción hormonal que podemos manejar, si lo deseamos pero también puede suceder lo contrario, el que nos desinhibamos y nos permitamos el actuar fuera de los parámetros establecidos como normales, el ser se deja ir de la realidad y se violenta sin limites entrando en estado iracundo

Y caer en una anarquía incontrolable, y si nosotros no logramos auto bloquearnos, caemos en estado desesperados de agresión y de violencia imposible de dominar, o de pánicos insuperables que nos pueden dominar totalmente.

Muchos tipifican esta actitud absurda como que esta persona tiene un carácter muy fuerte y se altera y estalla, pero no es así Simplemente es mala educación y una falta de control personal, esto es manejable.

Son demasiadas las personas que actúan por un impulso emocional y se enfrentan a situaciones donde no hay razón ni cordura solo el deseo de proyectarse con una contundencia total o por el contrario el doblegarse y caer vencido sin luchar.

Es muy normal ver la violencia domestica donde se caen en excesos que pueden ser muy traumáticos entre los esposos o los hijos o seres que crean el entorno de la persona en cuestión.

Afortunadamente ante tantos hechos graves ya la ley social ha puesto sus leyes y tiene acciones de intervenir, y nos causa problemas muy serios en lo social lo personal y en general.

Respecto a la ley ya es un delito serio "La violencia" que de no aprender a dominarla nos afectara siempre durante nuestra vida, pero peor aun a los de nuestro entorno.

Son estados ya entendidos por la ley y traen un castigo calculado por las autoridades.

Y es cuando la ley, la policía y los medios represivos optan por refrenarnos o controlarnos y en momentos podemos perder la libertad o cometer locuras fuera de lo normal lo que nos acarrearía problemas no fáciles de resolver.

En los países del tercer mundo esta violencia de una forma irracional es muy común, las autoridades son poco severas en corregir esta anomalía social.

Se llega hasta la misma muerte en muchos casos.

Es por esto que la violencia permanece en este medio tercermundista con más constancia que en ambientes de países mas civilizados.

Es muy importante buscar la manera de cambiar nuestra reacción inmediata emocional por una reacción cerebral lógica pensada para poder tener un carácter que pueda ser acoplable a todas las situaciones en que nos veamos enfrentados en nuestra vida normal en determinado medio.

El carácter realmente es una manera de alinear una serie de valores y configurar una forma de proceder donde nos "caracterizamos" por ciertas tendencias, gustos, y estilos de proceder, sin necesariamente ser violentos o de mal humor por el contrario se habla de buen carácter, o de un carácter muy dulce o de un carácter muy bello, y esto esta respaldado en la manera en que fuimos educados en un hogar formal y con los mejores principios y con un predirección basada en el orden la cordialidad y las mejores costumbres.

Claro que es posible manejar nuestras emociones mediante el bloqueo psicológico autoimpuesto.

No es difícil lograrlo si nos condicionamos, Hay un ejemplo muy visible es en el joven mozalbete que ingresa a una escuela militar, Siendo otro muchacho mas sin mucho estilo ni educación descubrimos que al salir su personalidad ha cambiado radicalmente en todos los sentidos y es muy notorio verlo en algunos seres.

La formación de nuestros padres en medio de una cultura normal y de buenas costumbres nos proporcionan esa equidad, esa cordialidad y esa armonía que nos conduce a un vivir sosegado y agradable donde solo haya conciliación alegría y un buen vivir, si logramos romper esa cadena de violencia heredada muchas cosas pueden cambiar para bien por que los que nos preceden no tendrán ese resentimiento heredado que nos hace irascibles violentos y atarbanes, así mismo lo contrario la incapacidad de reaccionar por haber quedados limitados para siempre por castigo o reprensiones demasiado severas y traumáticas.

Hay una forma de proceder que nos confunde mucho al carácter y es la arrogancia y esta ligada a una formación muy estricta e inflexible.

Es muy común en medida desigual y regularmente es algo muy sutil y poco visible.

136) Resultados Toxicas de las Charlas Frívolas.

Son muchas las opciones donde podemos herir inconscientemente las personas con quien alternamos sin caer en cuenta del error grave que cometemos.

Hay secuencias en nuestro vivir que traen consecuencias muy determinantes, y solo salimos perdiendo.

"En toda charla hay que mantener una estabilidad acorde con el pensamiento del interlocutor".

Hay momentos críticos que es vital percibir, y son cuando creamos un desorden emocional no esperado en el interlocutor generando entusiasmos fallidos, son comentarios que se salen de la norma usual y antes de crear armonía pueden crear incomodidad, o simplemente herir susceptibilidades y crear estados de desasosiego, es posible minimizar comentarios al retractarse o cubrir con explicaciones sutiles o salvedades de momento un comentar áspero, que no esta acorde con la buena armonía de una interrelación agradable. Es bueno entender lo que la ironía puede cargar en ciertas situaciones.

Hay palabras que crean un impacto traumático momentáneo y se catalogan de "indirectas", sarcasmos, comentarios cargados de sorna, o frases pesadas, o fuera de tono, esto casi disimuladamente, en estos instantes de la charla se puede generar un estado de ansiedad o de descontrol, fisiológicamente es una secreción descontrolada hormonal que nos impulsa hacia una actitud, sentimos una aversión inmediata que escondemos, y así como podríamos congraciar con alguien se sucede lo contrario y se crea un malestar que solo se compone ante una respuesta similar cargada de molestia potencial que cree un dolor o incomodidad similar al sufrido, también muy sutilmente, es cuando coloquialmente se comen" el asunto incomodo es que ante cierta situación incomoda se responde en la misma manera Es cuando se responde en la misma tónica con algún comentario intencionado con odio creando equilibrio similar que nivele la sensación incomoda y es cuando se sale del formato placido y se cae en la discrepancias que conducen a la típica discusión, esto hay que evitarlo con todo deseo de ser y regresar al buen orden inicial.

Es muy fácil crear en un instante una ira profunda no visible que descompone el ambiente formal que se traía de antemano, solo por un comentario fuera de tono.

Cambiando el orden lógico por comentarios ásperos, que solo crean distancia estrés y conducen a una frustración que irremediablemente crean depresión mutua.

Son muchas las posibilidades que se pueden asociar para crear momentos para ir acoplado a lo placentero, y manejar la situación para evitar el desasosiego de estados tontos o necios y romper el contexto incomodo que se trae.

Siempre hay que buscar lo conciliador y agradable aun no este en nuestro plan, es necesario el sentido de agradabilidad

Sin caer en el campo de comentarios incómodos, que nos invadan con sentimientos negativos y se fomente una tendencia emocional cuando nuestro inconsciente ordena a nuestro cerebro creando una secreción que invade nuestro torrente sanguíneo evidenciable en momentos cuando la emoción hace que el interlocutor palidezca de repente o por el contrario se ruborice, o se "afecte" o en palabras simples se comenta se me espeso la sangre, o me encendí de la ira "El ponerse colorado" esta secreción que intoxica nuestra reacción y nos impulsa a tomar una actitud inconsciente que muchas veces es simplemente el silencio.

Hay hormonas que en ciertas emociones adelgazan la sangre para que siendo menos densa logre llegar donde el cerebro la necesite, cuando es importante oxigenar el cerebro por que el impacto emocional crea necesidades de este elemento.

Lo contrario sucede cuando se precisa menos sensibilidad es cuando la persona palidece el cerebro tiene una sensación muy fuerte y desea menos torrente sanguíneo que lo hace mas sensible aun, es cuando se espesa así disminuye la sensibilidad en especial si hay impacto que cause miedo o pánico la persona palidece de repente.

Un corte directo en un comentario puede crear ese estado de inconformidad, y se sucede la secreción haré un ejemplo para dar mas claridad al tema que de por si es muy complicado.

Ejemplo: Si hay una charla formal y se comenta sobre determinada bondad de algo, o sus virtudes y así hacer el acto de alabar un acto o objeto, la otra persona exclama que eso es lo contrario, que es algo muy desagradable y aparte de destruir un observación sin terminarlo crea una molestia al sentirse muy mal la persona que hacia el comentario.

Sucede mucho de preámbulo a una discusión que escalara hacia el alegato ofensivo y que terminara mal.

Hay momentos que es importante jugar con la hipocresía y evitar disociar lo armónico con posiciones caprichosas al respecto.

Lo peor que es posible hacer es hacer sentir como tonto, ignorante, o elemental a otra persona.

Es importante conceder importancia, camaradería y respeto en todo sentido, la mejor forma de ganar una discusión es el aceptar sin comentarios los puntos de vista, y luego en los comentarios subsiguientes dar el verdadero sentido que se traía a la charla.

No es bueno degradar el concepto de otra persona por buscar tener una sensación que no crea, más bien destruye. Lo ideal es aportar en el buen curso de la charla, y buscar ser universal y acoplarse al tema y conducirlo por la mejor ruta para crear y no en destruir, todo concepto es posible darle un sentido realista sin tildar de inepto la otra persona, no se puede decir eso es mentira o estas errado, lo que si es posible es conducir la charla hacia la claridad de lo que se presupone no es razonable, o no esta en lo cierto.

Hay silencios continuados que aparecen cuando un comentario traumático crea un malestar que condiciona la charla por el camino de la confrontación, y no hay el animo de molestias es mejor guardar silencio.

Nosotros al comentar situaciones, no logramos percibir los impactos que podemos causar, pero con cierto cuidado si podemos evitar los comentarios, cáusticos molestos, e incómodos.

Hay un "dicho" o un aforismo de la sabiduría popular que dice "En casa del ahorcado no se menciona soga" y es algo que tenemos que medir con extrema cautela para no crear distancias no necesarias que crean malestares incómodos.

La charla pausada interesante y que "aporte" siempre al tema antes de concluirlo o cortarlo de tajo.

El buen conversador siempre crea un ambiente positivo armónico y saludable psicológicamente.

Debemos tomar como una manera muy personal el siempre dialogar en un sentido practico, sin instantes de incomodidad, Podríamos tocar o herir susceptibilidades, es importante saber la tendencia general de la persona con quien hablamos para no ir en contra directa de sus principios, así se hable de religión de política o de creencias en general no hay por que desvirtuar el interlocutor, es como censurarlo y limitarlo antes de comprenderse.

Es posible en todo momento crear armonía y agradabilidad aun sacrifiquemos algo de tanto que podemos tener en nuestro pensamiento.

El mantener una posición variante flexible nos capacita par lograr la influencia que en verdad es el fin de toda interrelación oral.

137) la condición esencial; Arrogancia:

Este tema es vital porque se ha estigmatizado términos y se les da una cadencia negativa o se estandarizan como algo impropio pudiendo ser virtudes muy valiosas en el comportamiento humano.

El estudiar esta pasión, virtud, cualidad o defecto es algo comprometedor con nuestra postura o nuestra filosofía vivencial ante la existencia.

Hay muchos que ven en la arrogancia un deseo fatuo de dominación y de desinterés por el respeto ajeno, pero es más fácil verlo como una posición seria ante los principios propios y el mantener una postura sólida ante la realidad.

La identificación consigo mismo es definitiva hay que optar con una afinidad con nuestra forma de pensar mas cercana, busquemos ser nosotros mismos mas integrales, ser mas que socio, hermano y amigo llegar a la comprensión mutua, se necesita ser cómplice de uno mismo, la autocensura nos limita y nos doblega a la sumisión.

El defender nuestros principios con estilo y con dignidad es criticado por muchos así mismo como se pretende ensuciar el orgullo al convertirlo en adjetivo calificativo, y tildar alguien de arrogante, en momentos es ofensivo o puede ser de admiración, la humildad y la sencillez si se pueden convertir en fallas de abnegación de sumisión o de sucumbir totalmente contrario a la arrogancia y al orgullo.

Se puede deducir con claridad y son muchos los que limitados por la sencillez pierden el estigma y el sentido verdadero de la visión de la realidad.

Así que tratare de ver desde ángulos diferentes esta forma de proceder como algo intangible y solo distinguible por los efectos sociales, que son muchos para bien o para mal.

Analizandodolo desde otro Angulo cuando es para bien da resultados muy interesantes y logra estados de superación personal muy positivos, pero también puede crear estados de injusticia y condiciones humillantes que antes de doblegar destruyen y condicionan hacia lo peor lo denigrante.

La arrogancia es una cualidad que se refiere al excesivo orgullo de una persona en relación consigo misma con sus valores en general su formación, es manera de enfrentar la vida y puede ser bien intencionada para mantener un estado d dignad inteligente, o caer en estados mas severos como en la "Soberbia" (del latín superbia) y orgullo (del francés orgueil), son propiamente sinónimos aún cuando coloquialmente se les atribuye con notaciones particulares cuyos matices las diferencian.

Otros sinónimos son: altivez, arrogancia, vanidad, etc. Como antónimos tenemos podrían ser: Humildad modestia, sencillez, etc.

El principal matiz que las distingue está en que el orgullo es disimulable, e incluso apreciado, cuando surge de causas nobles o virtudes, mientras que a la soberbia se la concreta con el deseo de ser preferido a otros, basándose en la satisfacción de la propia vanidad, del "Yo" o el ego.

Por ejemplo, una persona Soberbia jamás se "rebajaría" a pedir perdón, o ayuda, etc.

En psicología, La referencia es estrictamente científica y se refiere al "Yo" o "ego" como la unidad dinámica que constituye el individuo consciente de su propia identidad y de su relación con el medio; el ser siempre tendrá que estar acorde con el momento social en que se viva.

Es, el punto de referencia de todos los fenómenos físicos, referentes a la personalidad de cada cual.

El poder entender el sentido de la identidad es muy diferente en cada cual, cada creencia o cada filosofía da un diferente sentido al termino "yo"

El yo es un término difícil de definir dadas sus diferentes acepciones. A lo largo de la historia su definición se ha relacionado con otros términos como Psique, ser, alma, o conciencia.

Pero una aproximación académica exigiría hacer precisiones según la disciplina desde la que se enuncie.

El estudio del yo puede decirse que abarca, disciplinas de orientación filosófica y humanista, y en muy diferentes épocas.

El término yo mirándolo desde una percepción académica se relacionaría con términos como conciencia.

Cognición, personalidad Pero esto esta intima ligada a la autoestima podría decirse que la autoestima sin arrogancia es imposible.

El peligro radica, que es posible caer en la soberbia sin darnos cuenta, cuando el sentido de propiedad supera lo normal a lo lógico practico.

138) La Soberbia, en nuestros procederes:

Es otra pasión, de síndrome se convierte en enfermedad cuando no es "manejada" a tiempo y puede repercutir demasiado en las relaciones interpersonales.

Esta afección psicológica ataca con dos dardos: la Ira y la envidia y este estado en su función intencionada, se convierte una falla seria y un defecto muy perturbador, que nos puede excluir de muchos medios y hacernos ver como seres indeseables y hasta maléficos. En este estado no hay consideración ni respeto solo el deseo personal de herir viciosamente, buscando no crecer si no por el contrario minimizar, las demás personas, que "Es la forma en que crece el mediocre" Haciendo decrecer los demás.

"La persona que carece de parámetros y de limitaciones no haya acomodo ni aceptación socialmente". Es distanciado y condenado a un vivir difícil, cae en discrepancias constante con la realidad. Y caerá necesariamente en el grupo de inadaptados o desubicados, que es un circulo tan amplio que podría tener la mayoría de la población, y esto esta dado por fallas en la formación de la primera infancia, y de educación en la juventud, y por ignorancia en la adultez.

Es muy normal que una persona con arrogancia descontrolada y poco ocultable que ralle en la soberbia se sienta desubicado en muchos ambientes, y por ultimo sea evitado antes de ser aceptado, Siendo no muy fácil el lograr el estado conciliador mínimo que nos hace personas que nos identificamos en todo grupo.

El ser tan soberbio pasa a la fase superior o la soberbia critica. Es solo un reflejo de la personalidad que ha ido integrando y configurando dependiendo quien lo catalogue, es así mismo su intensidad, el seguir los lineamientos siendo demasiado estricto, evita el pensar y reconsiderar, solo se habitúa a seguir una línea de conducta sin importar los costos emocionales y morales y el daño a terceros, es algo previsible y cambiable para bien.

"No hay nada peor para un soberbio como la prepotencia de otra persona similar pero sabiendo manejar las emociones lograremos una sana arrogancia".

El adjetivo calificativo relativo a esta pasión es la prepotencia de otro. Una persona arrogante tiende a exagerar, en general, su propia importancia.

Se sobre estima y en muchas situaciones podría ir por encima de su propia realidad, es por esto que hay que dignifnificar la arrogancia a un estado de libertad donde no cabe lo erróneo o lo que no coincida con nuestros propios principios, es mas importante buscar la identificación con los demás que el pretender ser superior.

A menudo, las personas arrogantes se dan cuenta de su comportamiento y se sobreestiman en comparación con los demás. Esto les conduce a estados incómodos que les incapacita socialmente.

Siendo esto una cualidad de "Autoestima" es el principal ingrediente de la persona que se encuentra consigo misma y logra ese estatus merecido.

Siempre que la cordura jamás le desampare.

Aunque el término parece ligado a las personas que tienden a remarcar su propia importancia de forma verbal, también se puede aplicar a alguien que no muestra externamente esta cualidad a través de sus comentarios, pero si parece evidenciarla a través de sus actos.

La soberbia no solo es una condición de proyección no nos demostramos como tales solamente, también hay actuaciones que confieren este estado el lujo, las cosas finas de marca, el perfume en boga, y las ostentaciones físicas las joyas y demás condiciones que nos sacan de un estatus elemental para ubicarnos en un estado que pensamos de mucho estilo y costo.

En realidad la arrogancia como cualidad es algo necesario mas que necesario es vital para poder tener una actitud de impacto, pero como prejuicio es cuando escala la fase superior que es la "Soberbia" crea limitaciones inconscientes que nos frenan, y nos obligan a buscar la modestia con el fin de compensar tanta opulencia, es muy notorio que los arrogantes hagan actos de sencillez como buscando cubrir su propia fatuidad, o exhibicionismo exagerado y que siendo posible no se trata de evitar.

Una persona arrogante o soberbia en extremo normalmente intentará echar por tierra los puntos de vista y opiniones de las otras personas, con el objetivo de situarse por encima de éstas, pudiendo imponer su criterio con un comentario superior o más lógico, y así lograr ser el líder del instante.

Así mismo tendrá un buen auto y una ropa que le hace distinguirse de los demás, son partes del estatus "adquirido" o comprado.

Es por esto que cuando alguien se abochorna de su propia opulencia que lo enmarca en los parámetros de arrogante busca una nivelación y opta por hacer actos que demuestren su modestia hecha sencillez, es visible en los políticos de turno que se muestran en fotos besando un bebe o saludando algún sencillo o sin hogar, también en otros seres los actos de humildad contrastan con sus ropas estilos y amaneramientos todos adquiridos.

También existen otros términos utilizados en algunos países latinoamericanos para referirse a las personas arrogantes (si bien tienen cierta connotación peyorativa).

Muchas novelas, historias, libros, y películas encuentran en el uso de personajes arrogantes una forma sencilla y productiva de desarrollar tramas argumentales, usualmente en las películas se exagera sobre determinados asuntos para darles mas preponderancia.

139) Comentarios traumáticos.

Es muy fácil crear sensaciones diferentes a placenteras en las demás personas en cualquier charla, y en este caso es bueno practicarlo en general con todas los seres con quien hablamos, sin importar rango clase o estilo es muy importante dejar una buena sensación siempre.

Es fácil que se nos escapen comentarios fuera de lugar y fomentemos incomodidad, desasosiego y molestia donde se acentúan estados de proyección y se demuestra con sutil exageración estados casi enfermizos de afectación incomoda con virulencia sin tener necesidad de hacerlo, esto solo molesta a los demás.

El hacer presentes extravagantes o acciones de humillación tenue pero contundente, o el hacer comentarios subliminales que con posterioridad corroen y enferman el alma, la ironía sutil es igual al mensaje sublimizado, se queda en el pensamiento como un peso que no se sabe como es pero que si incomoda.

No se percibe ni se ve ni se escucha, pero si deja una sensación debilitante en el alma.

La arrogancia y la soberbia es una actitud y mantiene ciertas características que usualmente son patrones repetidos y en momentos se salen de los parámetros de agradabilidad o de una buena educación, por crear sensaciones molestas y menospreciar a otros para aumentar una autoestima inflamada, el "Ego" juega demasiado en la arrogancia por que el egocentrismo y la arrogancia tienen cierto paralelismo, que los conducen irremediablemente a la "soberbia" siendo esta ya un estado de postración emocional no manejable y muy evidente, posiblemente cambien de virtud a defecto.

Es demasiado importante ser sutil delicado y cuidar de no afectar susceptibilidades en otros, así mantendremos una posición de cordialidad sin perder esa postura absoluta de ser la persona que ideamos como sólido serio y superior.

En la vida normal encontramos seres que pretendiendo cubrir una arrogancia desmesurada tratan de cubrirse de bondad y de obras de caridad, esto sucede mucho entre personas de una sociedad marcadamente clasista especialmente aquellos que tienen un exagerado roce social y muestran una absoluta falta de consideración hacia los otros.

Son seres que pueden causar daños irreparables morales a otras personas por que desconocen la capacidad de dolor que pueden conducir y lanzar, solo desean hacer una justicia particular, que mas que justicia puede ser una venganza, accionando su proceder, solo mira su mundo personal, su egoísmo y su funcionar prepotente.

Pero no los estados emocionales de la otra persona que puede ser muy susceptible.

Aún así, también pueden ser humorísticos y tener un fondo bondadoso.

Todas las personas mantienen una arrogancia medida y controlada, que usualmente permanece escondida latente y crea esa línea de separación de nuestras maneras y lo real, son estados de sensaciones personales pero no de influenciar a otros solo se percibe pero no se manifiesta.

Su versión malvada, el personaje arrogante puede estar identificado con otro estereotipo, el de villano o también podría ser el héroe dependiendo como emplee esta condición de arrogante, nadie sabe realmente cuando encarna una situación o otra por que es un impulso inconsciente, usualmente pueden los dos estados ser héroe y villano simultáneamente y es un acto no calculado que se escapa a nuestra voluntad, inconscientemente, pero siempre el héroe es villano con los que merecen lo sea

Hay casos típicos conocidos clara mente por todos nosotros como el del político corrupto que logra mantener su nombre limpio mediante artimañas pero que la mayoría de la sociedad conoce muy bien por su reputación variable, en muchos es un héroe por su recalcado demostrar de sus bondades en sus acciones aumentadas y adornadas con comentarios que magnifican. Pero también se conoce que tiene tratos oscuros para lograr otras ventajas sin que sea muy obvio su actuar extraño pero siempre en Pro de un logro personal usualmente económico.

Esto es lo que define realmente a una persona arrogante es una confianza absoluta en si mismo y al igual que en sus capacidades, resultados y pronósticos.

Es un estado de autoconvencimiento que en la mayoría de los casos con una Buena educación logra efectos máximos en la personalidad.

140) Cuando hay gracia al ser "Arrogante".

La arrogancia es una condición algo critica, y criticada.

Siendo una característica de nuestro orgullo y formación mas nuestras tendencias, es una manifestación no bien vista por muchos ya que esta prejuiciado, pues suele parecer una degeneración del orgullo en una acción enfermiza, que conduce a excesos, pero no es mas que "un aire de dignidad mezclado con el orgullo que nos hace sentir una distancia entre nuestro ideal y lo que podemos calificar como mediocre o elemental sin ofender a nadie".

La arrogancia es la mejor manera de proyectar nuestra dignidad hacia estados de perfección, en nuestra formación, usualmente, la condición de superioridad de un alto mando de un militar de un aristócrata o de un noble también de un ejecutivo o de alguien con una investidura superior un político, todos mantienen una aura de arrogancia no muy evidente pero si se nota siempre.

Usualmente es casi visible en su alto grado de dignidad irradiada.

Para poder manejar esta tendencia con el mejor estado de ecuanimidad es importante llegar a un autodominio personal de nuestras emociones.

El asunto radica en mantener un estado de Familiaridad constante donde no haya desafueros ni accesos de ira por detalles fuera de lo usual, La arrogancia es un marco de actuar donde lo racional no se salga de lo lógico y lo normal como ser de bien con una conducta afable sin tener que recurrir a extremos que nos saquen de un actuar uniforme y cordial.

El día que logremos una ecuanimidad mesurada y un orden moral de acuerdo con la realidad normal, el ser humano podrá estar bien en toda situación lugar y conglomerado sin caer en actos o comentarios fuera de lo usual, la arrogancia nos distancia en aceptar estados que no tengan la calidad moral adecuada, hay personas en las cuales es posible depositar todo tipo de responsabilidades por que se sabe la clase humana que mantiene por su trayectoria, sus hechos y su hoja de vida siempre transparente y con una capacidad fuera de lo normal.

El ser de criterio y de buen obrar nunca se tendrá que arrepentir de actuaciones que lo excluyan de un orden formal en su proceder, una persona bien educada o de buen carácter es bien venido en todo lugar.

En todos los casos cada ser mantiene un ."estatus" y aun se vea despótico siempre se pretende mantener en nuestras relaciones interpersonales.

Usualmente se proyecta en un estado de armonía que no permita que la arrogancia aflore demasiado.

La cultura personal y la educación son el campo donde el hombre se desarrolla y el tener un estilo propio estará pleno de dignidad y de arrogancia, que sin demostrarse se mantienen regularmente.

Esta parte de la persona marca el estado ideal donde el orgullo y la elegancia no se alteren. Pero siempre habrá que mantener esta condición sin cambios.

La arrogancia es la manera mas solvente de permanecer por que se logra la integridad el sentido y el gusto formal, esta forma de ser nos hace mantener un estado de sobriedad sin afanes ni exageraciones.

"La arrogancia no es un estado reprochable es dignificar la honestidad con el orgullo y un alto sentimiento de autoestima personal."

Nos separa de estados donde caeríamos en aceptar situaciones impropias, o de un nivel inadmisible.

El hombre convencional actual dueño de una personalidad estable, siempre tendrá orgullo y arrogancia y un estado de cordialidad medida sin caer en sensiblerías ni en bajezas.

Es una condición humana que se adquiere por derecho propio.

Es el hombre de estabilidad emocional y por lo tanto puede brindar confianza seguridad y un estado fascinante que a todos embarga, pero sin debilitar un estatus dentro del cual tiene que permanecer, de lo contrario se cambiara de nivel y se le podría llamar desubicado o inadaptado.

El afecto que se pueda suscitar logrando el tener el magnetismo constante y siempre estar en la acción con buenos procederes crea una magia o encanto: el cache, el glamour que enamora, tiene matices de algo mas y crea ese embrujo que todos esperan en especial el sexo opuesto.

La arrogancia crea estados de espiritualidad y de gusto que nos permiten sentir deseos de no ser común ni sencillo y es cuando empleamos una sensibilidad que nos hace ser especiales en determinados momentos.

Todo ser con una personalidad definida esta en el estado de ser útil necesario y con la formalidad que le crea amistades y es invitado siempre a todo evento social donde se espere un estado de agradabilidad.

Son seres que nunca sobran, ni están de más.

"Es muy importante definir la arrogancia como un acto donde se mezclan el orgullo y la dignidad, sabia mente integradas".

Todo hombre que se distingue del grupo tiene un nivel de arrogancia y de orgullo que sin demostrarse los hace merecedores de cierto trato, o de lo contrario nos afectara.

Es una condición demasiado importante en las relaciones interpersonales donde se mantiene un estatus de plenitud ni mucho ni poco solo nivelados.

Siempre se ha catalogado la arrogancia como un vicio de la personalidad pero no es así, realmente "La arrogancia es una condición que nos distancia del común seria lo opuesto el orgullo y la arrogancia son opuestos a lo elemental y la mediocridad"

Por razones éticas hay un recelo con dignificar la arrogancia, pero si se menosprecia y hasta se usa peyorativamente los opuestos o los antónimos, es paradójico que por prejuicios se convierta una virtud en defecto.

Hay un estado crítico en que se crean limitación que condicionan preenjuiciadamente nuestro proceder y no es bueno por que se evidencia mucho en nuestros ademanes y nuestra forma de actuar, y esto contrasta demasiado en nuestra aceptación social general.

141) Ese misterio de la "Agradabilidad"

La simpatía es para la personalidad el resultado de todos los matices que se conforman en la formación personal, para lograr un estado de agradabilidad y para esto es necesario un buen carácter una buena forma de hablar un uso perfecto del idioma y una serie de ademanes o de maneras que nos den un estatus especial en general.

Es la condición natural que nos hace seres diferentes y con la gracia suficiente para influenciar en otros.

En este campo de la agradabilidad o la simpatía hay varios factores de tremenda importancia damos la merecida importancia, en estos temas están desde la mirada el saludar, la postura etc, todo lo que bordea el ambiente formal de una charla iniciaremos con la mirada que es muy importante

La mirada. Es la determinante básica en las relaciones normales interpersonales siendo el centro de contacto.

Hay una gran importancia en la mirada, esta intenciona el gesto y enfatiza o demuestra el sentimiento que en el momento se inflinge, también acentúa, todas las posibilidades, de doblegar o de realzar y lanzar un mensaje impreso en cada gesto, la mirada siempre es el marco central de cada gesticulación, nunca mires por ver, es importante crear una situación, un compromiso, mandar un mensaje sin importar la índole, pero nunca veas sin interés, sin carácter,

La Apostura. Es lo primordial estar listo vital, dispuesto, y entusiasta aun en lo personal siempre mantener un estado de disponibilidad y decisión, el estar en la jugada es un acto de posibilidad inmediata en el cual siempre debemos permanecer en la vida.

La simpatía es el resultado de una personalidad bien estructurada y en esto es en gran medida el asunto de automejoramiento constante, con ademanes estudiados y un actuar con estilo y delicadeza constante.

El roce social y el mantener una actitud positiva nos hace mantener esa sensación de agradabilidad, que nos hace ser afectuosos y estar en todo momento en plena actuación sin letargos ni en estados de estrés sin intención.

El lograr adquirir este atributo es la máxima bendición de la vida para alguien, y en este resultado se mezclan todas las facetas que se han ido manejando a través de la vida para esculpir nuestra actual personalidad, es muy importante buscar la forma de no afectar negativamente a nadie así lograremos ese estado que todos queremos buscar.

En todas las sociedades hay personas especiales que logran integrar una serie de formalidades que les hacen seres diferentes con un magnetismo que les abren las puertas en toda situación y es el resultado de un proceso de muchos años y de un ambiente familiar muy diferente, para bien que nos impulsen hacia un permanecer agradable.

El poder manejar un comportamiento mejorado implica tener ya en lo profundo de nuestro pensamiento esa actitud, es decir tenerla a nivel de inconsciente donde nuestra voluntad no tiene relación, tiene que ser algo natural y mecánica, que se sienta ya esta registrado en nuestro pensamiento de una forma profunda y aflore sin tener que tratar de optar por un comportamiento especial.

No es nada bueno el que se nos observe un actuar calculado o vacilante, y si es notorio daria la impresión de estar aparentando cuestión que es necesario evitar, y solo se logra si hacemos un cambio de comportamiento convencidos de que es algo natural y muy personal, nada adoptado.

Esto se logra mediante auto convencimiento y se adoptan las normas adquiridas en algunas secuencias, la vía para ingresarlas a el estado del inconsciente tiene sus maneras, por medio de reiteradas situaciones, la primera vez que hacemos determinada acción es algo incomodo pero se hace. Nos presionamos para hacerlo de la mejor manera después el hacerla por segunda vez se logra hacer mas manejable y ahora es necesario el hacerlas repetidas veces, hasta que logremos ese movimiento mecánico involuntario que se ve natural, "La costumbre crea a ley" es una verdad muy popular del hablar general, pero tiene mucho sentido

El adoptar unas maneras decentes simples y muy naturales, se logra cuando hacemos cambios radicales periódicos y con mucha cautela para irlos integrando a nuestro proceder sin cambios abruptos o muy acentuados. Es interesante cuando se dice que tal persona como esta cambiando, o como ha cambiado.

Es algo que el humano usualmente ha mantenido a nivel inconsciente, pero la intención primaria es estar atento y consciente de todo esto para hacerlo voluntario, para que con el tiempo se haga inconscientemente sin pensarlo, que la voluntad no intervenga.

Inicial mente haré una secuencia buscada en el Internet pero le vi. Interesante.

(Wikipedia) Max Scheler Munich 22 de agosto 1874 fue un filósofo, de gran importancia en el desarrollo de la filosofía de los valores, la sociología del saber y la antropología filosófica, además de ser un clásico dentro de la filosofía de la religión. Fue uno de los primeros en señalar el peligro que implicaba para Alemania el advenimiento del nazismo.

Hijo de padre luterano y de madre judía, se convirtió inicialmente al catolicismo, del que más adelante se distanció.

Fue profesor en las universidades de Jena, Múnich y Colonia. Discípulo de Rudolf Eucken, simpatiza con las teorías vitalistas de Henri Bergson y después con Husserl se convierte, junto a Heidegger, en uno de los primeros fenomenólogos que no respetan a cabalidad el método del maestro Husserl.

Scheler utilizó la fenomenología para estudiar los fenómenos emocionales y sus respectivas intencionalidades (los valores) y a partir de ellos elaboró una muy sólida y original fundamentación personalista de la ética: la realización de los valores se concretiza en modelos humanos que invitan a su seguimiento. Dichos modelos serían el héroe para los valores vitales, el genio para los valores espirituales y el santo para los valores religiosos, todos estos temas son en el sigloXVIII, así que están enmarcados en una época diferente pero sus conceptos siendo generales son tenidos con mucho respeto y seriedad, por ser el marco general de la Filosofía, la Sociología y la Psicología de hoy, es importante no dejar de lado estas bases sobre las cuales descansa hoy la Psicología contemporánea.

142) Como lograr" el comportamiento Mesurado":

De los modales mas calificados esta el del comportamiento mesurado, y esto cubre varias situaciones habituales, en nuestra cotidianidad

Hay una manera de obrar calculadamente y es con la clave de "Ni mucho ni poco" solamente lo menos visible y medido sin mostrar ademanes notorios ni comentarios fuera de tono, el procurar nunca ser ni demasiado obvio recalcando lo recalcado ni complicado, el mantener un actuar limitado por la cautela y la simplicidad nos da esa sensación de ser acertados y solventes.

Es el lograr tener un impacto calculado y no sobrepasar los limites de la cordura o la pobreza sin emplear contundencia ni tratar de impresionar. La admiración y el poder acentuar verbalmente una charla es muy importante pero es imprescindible el ser mesurados en todo gesto o acción así como en todo comentario.

En la charla hay que tener en cuenta las susceptibilidades del interlocutor o del medio en que nos estamos desenvolviendo.

Es algo de descubrir en que ambiente estaremos y copar ese campo sin parecer extraños ni diferentes, sin extralimitarnos, la pedantería es contraproducente así como la arrogancia o el ser muy simples son extremos que hay que cuidar en todo momento.

El manejar nuestro proceder para estar en el mismo campo de los demás es siendo universal, (Es la capacidad de adaptación) esta condición donde nos acoplamos al ambiente sin trabajo ni fingiendo, solo adoptando algunos valores y amaneramientos que podemos descubrir de inmediato al estar en comunicación en determinadas circunstancias, una aculturación casi instantánea.

En todos los medios el principal aspecto para poder llegar y permanecer es el actuar de una manera que no altere lo que ya esta establecido y poder limitarse por los parámetros que tenga el grupo en el cual nos encontremos.

Pero sin perder nuestra identidad si podemos impregnarnos del pensamiento que se respire.

En muchas situaciones sin estar de acuerdo tendremos que ir comprendiendo la situación y optar por un comportamiento mesurado, para exponer nuestra opinión y demostrar nuestra razón, se evidenciara por su propia verdad el peso natural de la verdad simple no demostrada.

Quien logre mantener esta actitud en todos los medios siempre tendrá la confianza y el respeto de quienes nos escuchen.

No se puede ni negar ni aceptar de plano muchas ideas que podrían ser diferentes, pero el mantener una actitud medida y acorde con el medio es la mejor forma de ser aceptado que es la mejor manera de ganar. El efecto conciliador crea una magia especial aun uno no acepte de plano el comentario si puede dar como cierto algo aun discrepemos un poco al respecto, es muy normal en grupos donde cada uno desea intervenir y cualquier desliz da la oportunidad de fomentar polémica por el solo hecho de participar

143) La Intención Violenta Retardada "La Ironía"

En las relaciones interpersonales, el tacto es trascendental, y la predisposición conciliadora es manera que debemos adoptar como una costumbre hasta hacerlo involuntariamente como un estado inconsciente, que aflore sin la participación de nuestro deseo, que se haga una acción mecánica.

El evitar de todo caso la ironía, que es una intención sutil plena de potencia negativa, con dirección y que causa impacto traumático, la ironía tiene infinitos matices.

La ironía es la figura mediante la cual se da a entender lo contrario de lo que se dice, pero con una dirección ya presentida con el animo de afectar, puede ser algo retardado que en el momento no se comprende aun se entienda, pero después esta sensación incomoda se transforma, y crea el malestar esperado inconscientemente en la otra persona.

Se origina cuando, por el contexto, la entonación o el lenguaje corporal se da a entender lo contrario de lo que se está diciendo ocultándolo sutilmente pero con la plena intención de afectar negativamente.

Son comentarios que dejan una sensación flotando y luego se materializa en un mensaje oculto, así se aplica el mensaje subliminal con gran sutileza y poca evidencia.

La intención generalmente ha de tener una perspectiva ya lógica y establecida cambia en base a acciones o efectos dando por hecho sentimientos que diciendo algo realmente manda una sensación contraria por su propia malicia aplicada y esta cambia radicalmente las cosas y se aleja de lo que era la verdadera intención comentada. "En toda conversación hay un dialogo subliminal muy diferente al tema tratado"

Cuando la ironía tiene una intención muy agresiva, se denomina sarcasmo es una fase superior de esta.

144) El dialogo Aberrante del "El Sarcasmo":

En el lenguaje, la intención irónica se transforma en sarcasmo cuando hiere con plena intención explicita, con un instinto de afectar. Aunque también existe un signo de ironía en todo comentario y este sea para mal, dependiendo la situación. El sarcasmo es la manera más letal de destruir o demeritar moralmente al interlocutor.

Es importante el entender que siempre prevalece una intención. Jamás se hacen comentarios sin un mensaje subliminal solo sea de aceptación de la mejor manera, cada interrelación social es un acto del cual es mejor salir bien y no siempre ganador, esto se logra comprendiendo como no afectar susceptibilidades ni tener intenciones que puedan verse después como mal entendidos

(Wikipedia)"El sarcasmo" (del latín sarcasmus) palabra la cual, procede del Griego sarkasmo, de sarkazein (morder los labios, de sarx, sark-, carne, la composición literalmente significaría "cortar un pedazo de carne [de la persona elegida]").

Las maneras son múltiples pero siempre el mensaje subliminal es algo perceptible, queda una sensación flotando en nuestro pensamiento hasta que se evidencia tiempo después.

Lo que coloquialmente llamamos "Caer en cuenta" es cuando el mensaje subliminal cumple su efecto psicológico, y estalla en su debido tiempo.

El sarcasmo es proverbialmente descrito como "la forma más baja de humor pero la más alta expresión de ingenio" (una frase que se atribuye erróneamente a Oscar Wilde, pero realmente se desconoce su procedencia).

Es una burla malintencionada y descaradamente disfrazada, Ironía mordaz y cruel con que se ofende o maltrata a alguien o algo. El término también se refiere a la figura retórica que consiste en emplear esta especie de ironía.

El sarcasmo es una crítica indirecta, pero la mayoría de las veces evidente.

Hay innumerables comentarios actos y respuestas que siendo elementales sutiles y mínimas pueden suscitar incomodidades muy grandes, respuesta obvias y tontas como cuando alguien que no esta de viaje llega e inconsciente mente se pregunta ¡ya llegaste! Y la otra persona responde burlonamente "no he llegado", es una forma burlona de hacer sentir tonto la otra persona esta es una forma de sarcasmo y es algo que podemos evitar solo con ser algo racionales o lógicos.

Hare un ejemplo coloquial simple donde se muestra el comentarios incomodo mordaz que crea frustración.

El preguntar como estas y la otra persona responde "estoy vivo "es un respuesta que hace perder la realidad y genera desgano crea frustración, también "Como amaneciste y responder con los ojos abiertos"

Hay muchas respuestas que crean trauma momentáneo y generan estrés que frena todo entusiasmo como al responder ante una noticia trascendental: ¡No creo! de manera exclamativa que eso se sobreentiende por la entonación y la otra persona en tono burlón dice: entonces "no crea "esta respuesta casi entupida cierra toda comunicación, y peor aun condiciona a evitar mas comentarios ya que se presiente otro desplante similar.

Lo peor del caso es que se busca la opción de hacer otra pesadez por parte nuestra como para equilibrar el sentimiento de frustración Son demasiadas las cosas que generan estrés en las demás personas y puede que no nos demos cuenta pero crean distancias tan insalvables como para terminar una relación simplemente por que cesa el deseo de comunicación y no nace más interrelación con la otra persona. Crea un trauma persistente que impide el libre continuar de la charla formal.

Si el mensaje cargado de sarcasmo no se evidencia, esa sensación emotiva incomoda, permanece y crea la distancia, que no notamos muchas veces.

Algunos comentan esa persona no me puede caer bien y es alguien correcto, es que ha dejado algo en el ambiente que crea incomodidad siendo muy sutil el subconsciente no lo capta pero el sinsabor permanece latente.

Si fuera posible evitar los sarcasmos podríamos nunca ser excluidos de ningún grupo humano, pero nadie nos entera cuan pesados podremos ser al tratar de ser "chistosos" ridiculizando los demás. Nunca se pueden hacer comentarios jocosos donde la otra persona figure como tonto o burlado es algo que no tenemos regularmente en cuenta pero tiene demasiado peso en la aceptación.

En todo momento se lanzan sensaciones subliminales pero el hacerlo por hacer sentir mal otra persona es imperdonable. Tanto y mas que el "ignorar" que es otra faceta del sarcasmo.

Es un acto subliminal permanente cada persona tiene un interés predeterminado en sus actuaciones y se conduce a su logro personal, es decir que siempre existe la política y se aplica.

Si logramos no evidenciar nuestra intención primaria podremos lograr la magia del convencimiento sin tener que ser persuasivos. Se comenta tal persona me cae bien es muy formal sin realmente estar consciente por que.

145) El peor estado de interrelación "El Discutir"

Cuando la charla pierde la cordialidad se transforma en discusión y es el peor negocio en todo encuentro.

Nosotros en todo cambio de ideas estamos en plena cordialidad o también se puede degenerar en discusión.

Es algo que hay que evitar a toda costa ya que al discutir se reparten más agravios que bondades y lo que tenemos es La intención de emocionalmente el herir, y la otra persona hace lo mismo inconscientemente lo que conduce al distanciamiento paulatino o al desgano general.

En el dialogo siempre se construye se avanza, y se lograra aprender o enseñar y siempre se sale aprendiendo algo mejor que con lo que ya sabia.

Pero en la discusión solo se destruye se ofende y se comparten vilezas dolores y molestias usualmente incomodas, de donde nunca se sale bien, pues el intercambio ha sido mas nefasto que positivo.

La ironía es la primera de las fórmulas utilizadas por Sócrates en su método dialéctico.

Sócrates comienza siempre sus diálogos psicopedagógicos desde la posición ficticia que encumbra al interlocutor (en este caso el alumno) como el sabio en la materia, como solvente y el procura pensar en un nivel superior.

El siguiente paso del diálogo sería la mayeutica esto es ayudar a sacar de dentro de la psique aquello que el interlocutor sabe pero ignora saber.

Para ello el método socrático sugiere realizar preguntas sencillas sobre el tema en el que el sujeto (alumno) ha sido nombrado como sabio.

Son muchas las personas que su "saber" era un conjunto de pre-juicios.

El prejuicio es toda creencia en relación a determinado pensamiento relativo a algún tema en especial.

'El prejuicio" es juzgar a priori y adoptar un pensamiento en relación a determinado concepto sin el debido análisis o estudio, es un "juicio a priori" Lo incomodo es que la gran mayoría de juicios que emitimos son pensamientos sin un sentido real, solo por que emocionalmente deseamos decirlo y esta es la disciplina que tendremos que ir cambiando.

En un dialogo donde se sobre valora o se menosprecia verbalmente a alguien y puede ser incomodo insultante nuestra posición es relativa. Pero no del mejor gusto. Corresponde a la tendencia que sea necesaria, no es bueno el sentimiento de influenciar mediante el pensamiento muy intencionado, prejuiciado, es como el sobornar sin distanciarnos del chantaje, "Todo comercio de intenciones es ruin" y el prejuicio es una opinión aprendida sin un juicio lógico.

En las relaciones familiares es normal que se empleen comentarios cargados de ironía así como contrariamente también de afecto es una acción continua y permanente.

Lo real es que siempre hay una carga de intencionalidad en los comentarios que están prejuiciados.

Lo mejor es tomar control de esa situación conscientemente, y es precisamente la autoeducación, el aprender espontáneamente, y siempre ir buscando como limpiar nuestras intenciones de nuestro vocabulario.

Aun algo no sea de nuestro gusto hay que mantener un comentario normal "Ni mas ni menos y hasta lo lógico hay que evitarlo si afecta a terceros".

Con una buena disciplina lograremos encajar nuestro comportamiento emocional para carecer del interés de afectar mal o bien a alguien, el prejuicio es incomodo siempre, El prejuicio jamás será justo aun pensemos sea merecido, nadie debe ser insultado, ultrajado vejado o reducido, nuestra situación moral nunca tendrá ninguna justificación para destruir a nadie.

En todo momento que haya que optar por un comentario procuremos que el interlocutor se sienta mejor que antes ahora descubro personas que adoptan posiciones muy apegadas a lo ético creándose muchas limitaciones y creando un estado de inconformidad constante donde prima el prejuicio ante todo.

146) Hay estados donde el ser explícito es contraproducente

Es muy fácil destruir con comentarios que calan demasiado.

El ser frontal, ser franco, ser claro o coloquialmente "No tener pelos en la lengua" Es algo que jamás dejara de ser molesto aun sea verdadero, hay personas muy claras demasiado, hasta el punto de ser groseras y pesadas, pensando que el no manejar las palabras con sutileza es una virtud.

Hay personas susceptibles aun lo disimulen, este proceder no da campo a estrategias "La franqueza es la carencia de la mesura Y el tacto, en dos segundos se hacen heridas eternas", Siempre la persona comenta que yo soy alguien muy frontal escusado una educación deficiente y carente de tacto. Regularmente las personas que mantienen un halo de egolatría y de poder que ejercen dominio sobre os demás se dan el lujo de adoptar esa actitud desconsiderada de ofender todo el mundo con comentarios tajantes y helados con el afán de hacer una justicia personal.

Este fenómeno de egolatría puede crearnos un campo de solvencia pero denota falta de carisma y de calidad humana.

Si uno no es rechazado es la mejor manera de ser aceptados, Es mejor permanecer en pie en silencio que perder.

La realidad humana esta en seguir un secuencia hacia logros superiores y no el disfrutar triunfos pingues momentáneos y permanecer como alguien difícil extraño y que no cae bien sin nadie entender por que ya es por la personalidad deforme por sus principios que le evitan limitarse cuando de afectar a otros se trata.

Es de tontos luchar terriblemente por triunfar. Es mejor la franca lid donde la verdad se impone por su propia razón y gana quien merece, el merito de ser verídico, Lo que realmente es el merito lo que importa,

Es mejor ser un ganador sin medallas que un competidor constante, que a toda costa desea mostrarse triunfador aun no sea merecedor. Es fácil ser héroe cometiendo estupideces que en momentos suelen ser positivas Y se logra el sitial de héroe, pero en otros casos el héroe que no triunfa hace el ridículo o lo peor muere.

"Y no hay mucho campo para estos lo mejor es sin salir airoso tratar de no salir triste o apabullado.

En el trato cotidiano estamos en interrelación constante con muchas personas y con cada cual hay sensaciones son conceptos que uno preenjuiciadamente adopta y queda preestablecidas cierta actitud o positiva o mala, esto sucede en segundos.

Siempre que se conoce una persona ya guarda un concepto, que son posibles de cambiar mediante el dialogo, si se sabe hablar sin tendencias ni ironía.

Ejemplo: Cuando se escucha el comentario desde que lo vi. me pareció ideal, Me impacto desde el principio

En fin hay una gama infinitas situaciones muy diferentes por cierto en que se arman juicios a priori o prejuicios. Y hay que evitar a todo costo el caer en situaciones donde seamos mal catalogados.

Cuando la franqueza nos hace hablar en medio de dos pasiones: La ironía y la arrogancia al aliarse se hacen traumáticas y multiplican y emanan una sensación que se logra percibir, en la persona que hiere por deseo propio.

Es una actitud que nos hace ser excluidos y fracasar en toda clase de interrelación humana.

Se genera un mal ambiente que se evoca en toda otra reunión con la misma persona y después se comenta esta persona me cae mal y no se por que, y resulta que un par de comentarios muy sutiles imperceptibles crearon esa sensación y hoy ya se mantiene, así que lo mejor es tratar de ser ecuánimes muy mesurados y evitar impactar negativamente a nadie por mas que pensemos sea necesario.

147) La Hipocresía Dignificada a "Virtud"

Son innumerables las situaciones que por no evitar emitir conceptos nos convertimos en verdugos y jueces sin misericordia, Hay muchas situaciones en que el retractarnos nos regresa ese estado de solvencia personal que queremos imprimir en nuestro interlocutor.

"La hipocresía no es un defecto cuando sabemos la forma de emplearla para ser mas conciliadores suele ser virtud en muchos casos cuándo se aplica en nombre de lo mejor"

Muchos desean imprimir un control o dominio en todas las situaciones y no es bueno, lo más aceptable es solo intervenir cuando sea necesario solamente.

En toda interrelación no es importante sentirse ganador, ni destruir lo mas importante es mantenernos bien, los que buscan ganar destruyendo solo cargan con una sensación triunfalista minima momentánea que al final solo logran destruir y distanciar pero la realidad es que no han ganado, cuando piensan que han destruido o superar a la persona injuriada aun lo merezca.

Usualmente al hablar, las palabras sin darnos cuenta se impregnan de esa sensación ya afectada desde un principio, causando malestar e incomodidad y el interlocutor solo querrá ocuparse de los defectos, pudiendo ser lo contrario con un perfil mas positivo y ver todas las virtudes y capacidades,

Esto es de cada día y cada instante se suceden encuentros y si no se sale bien de todos, en procura de lo que pensemos es nuestra verdad podemos hacer pedazos a alguien que en verdad no tiene una culpa real de su propia elementalidad.

Nadie merece ser vejado por su propia ineptitud, hay que mantener un espirito de misericordia con quien ha perdido voluntariamente.

Si nuestro concepto no es para bien, mejor no enunciarlo se creara mas desasosiego que optimismo.

"Nunca reclamemos victorias a nadie solo que esa agradable sensación salga de nosotros y solo nuestro ego se entere que triunfamos"

148) La vida es una "Autotransformación" constante.

El auto transformarse debe tomarse a como asimilamos educación del medio, mas el mejor gusto, siempre en un plano de superación constante,

Es una "Predisposición inducida": Es la manera de lograr cambios notables en nuestra forma de actuar haciendo transformaciones básicas de proceder, y de responder ante múltiples situaciones de nuestra vida regular.

Siempre la vida nos enfrenta con estados muy diferentes a nuestra usual forma de proceder, es en este momento que nos encontramos avocados a optar por un acercamiento con este tipo de pensamiento en el momento, cada grupo tiene su propia ética aun no sea la nuestra y así como hay que respetar hay que integrarse al medio.

Siempre que entramos a otro ambiente debemos buscar aculturarnos o impregnarnos de las actitudes de tal grupo y ver la mejor manera de no estar en discordancia con la generalidad, para esto tenemos que tener alguna flexibilidad para hacer ciertas transformaciones de inmediato.

Quiero comentar sobre el cambio paulatino de valores que son en verdad los que nos cambian las conductas así como las acentúan.

Son las costumbres heredadas, las que conforman esos valores muchos muy importantes pero otros muy incómodos, que deforman las mejores costumbres mientras los otros modifican nuestro actuar.

Esto se alcanza al ir transformando nuestra forma de proceder al responder a los múltiples asuntos a que nos vemos retados en nuestro continuar.

Para esto es necesario el crear la intención o fomentando entusiasmos respecto a muchos asuntos que usualmente se nos presentan en nuestro diario vivir, muchos son interesantes y otros no, así mismo debemos reaccionar sin salirnos de nuestra manera usual, son múltiples las respuestas a que nos vemos enfrentados y en momentos reaccionamos no exactamente de a mejor manera, es mejor razonar cerebralmente de lo emocional poco se logra solo acentuar sentimientos irresponsablemente, "Nadie debe emocionalmente reaccionar es mejor accionar inteligente mente",

Ejemplo: Si en un momento dado podemos percibir que una actuación o respuesta nuestra puede causar molestias incomodidades morales, heridas o simplemente afectar susceptibilidades, es bueno descubrirlo y ver como es posible evitarlo desde ese momento en adelante.

Es importante ver la situación al contrario popularmente es como "estar en los zapatos de otro" y sentir si es algo molesto o no. Hay respuestas que molestan en muchos casos, y otras resultan terribles, y no estamos al tanto de estas particularidades pero en verdad son asuntos muy serios al causar profundo malestar en otras personas.

Las respuestas fuera de lugar, los ademanes incómodos, las acciones grotescas o con un aire de burla tratare de Mostar algunas gesticulaciones y también comentarios pesados: Son muchos los pantomimas corporales, remedar o el hacer movimientos manuales que impliquen comentarios, o movimientos faciales que demuestran efectos fuera de tono,, el retirarle la silla al sentarse, a manera de un chiste de pésimo gusto propio de adolescentes en época d estudios, o simplemente sentarse uno primero antes que la otra persona pueda hacerlo en la misma silla, o respuestas que se dicen con aire de chiste genial así como al preguntar : "como estas? Y responder, vivo. O tal vez al saludar normalmente y escuchar como respuesta una estupidez así: ¡Buenos días!, serán para ti, o al ponderar algo, decir hay mejores.

Son respuestas tacitas inconscientes que dejan de lado el deseo de continuar una charla agradable. Simplemente todo se termina en ese punto por un "chiste agrio" El pretender estados de hilaridad al burlarse de otra persona no conduce a nada solo a quedar pésimamente mal.

También cuando se demerita el comentario de otra persona o se le acusa de mentir, pudiendo sutilmente conducir la persona a otro campo menos álgido, donde sea mas fácil entrar en acuerdos o conversación constructiva.

"Todo intercambio humano no hay que ganarlo pero es imprescindible no perderlo, es la forma sutil de triunfar.

149) Modales incómodos constantes inconscientes

Hay demasiadas actitudes que crean un estado de ridiculez o de sumisión en otras personas y es muy común esto, pero también muy notorio. El gran problema es que estamos algo limitados para comprender algo que nos nace inconscientemente, alguien o nosotros mismos podemos descubrirlo con mucha atención, es importante mantener mucho tacto constantemente para no impactar a nadie negativamente.

Son muchas las personas que creen ser educadas y proceden con maneras que muestran su pobreza de delicadeza y de ademanes propios de alguien con mucha falta de tacto.

El ser humano esta manejado por el subconsciente, que son una serie de actitudes aprendidas unas muy especiales, otras mas efímeras que son cambiantes o evolutivas y en momentos fueron propicias y necesarias, pero con el pasar del tiempo hay que revaluarlas, cambiarlas o simplemente erradicarlas por quedar fuera de contexto.

 Posiblemente de jóvenes, muchachos o adolescentes podrían ser funcionales pero hay un día que llegamos a madurar olvidando hacer los cambios debidos y sin darnos cuenta guardamos actitudes de pésima educación sin caer cuenta en el momento. Cuando lo descubrimos habremos perdido mucho tiempo.

 No existen reglamentos ni métodos ni ninguna manera de aprender lo que tendremos que hacer, la respuesta es el análisis constante con nuestro observar continuo de las mejores costumbres en los seres que pensamos tienen una educación que seduce.

Las maculas o gestos o ciertos movimientos inusuales siempre serán actitudes propias de personas de poca restructuración o elegancia.

Muchos ven bien el reducir alguien a estados de pasmosa ridiculez y sentir deseo de burla o reírse de estas situaciones, cuando alguien no disfruta si no que el contrario es victima de un chiste o comentario.

Es como armar trampas para divertirnos con los demás.

 Jamás debemos sentir gusto de hacer enojar a nadie, o hacer sentir vergüenza, hay chistes o comentarios cómicos que no siempre lo son en realidad y se convierten en molestos e incómodos, pudieron ser agradables pero solo en ciertos momentos de nuestra juventud o adolescencia.

Muchas personas no tienen culpa de su propia ignorancia o el haberse espigado sin la tutela de buenos maestros, o simplemente rodeados de personas que no podían influenciar en los mejores modales de cada cual.

Todos por suerte o desgracia aprendimos del medio que nos correspondió y así como se aprendió lo bueno también heredamos anomalías muy difíciles de descubrir, nacieron con nosotros.

Así que muchas no es que sean malos o perversos solo es que nadie les hizo caer en cuenta de sus propias estupideces, lo que les hace ser seres que no puedan tener acomodo.

150) Lo Emocional y lo Racional "Intercambio de valores"

Tratare de reducir algo fisiológico a un nivel comprensible.

El ser humano obedece a sensaciones que mediante nuestro escrutinio emocional enviamos a mandos específicos a nuestro sistema endocrino y crean secreciones hormonales que son las que modifican nuestros entusiasmo y nuestras iniciativas fomentando apreciabilidad o por el contrario estados de incomodidad que dejan un desanimo inquietante y una molestia, y esto no es percibido por el ejecutante, solo por el interlocutor que se ve burlado.

Esa costumbre de afectar y tratar de pasar por jocoso es algo muy normal y lo empleemos usualmente sin caer en cuenta que es algo no bueno.

Es innecesario tratar de mantener un dialogo fluido interesante y agradable para tener el buen deseo de ser afables y agradables.

Se puede mantener un dominio de la situación al buscar como regresar el comentario esperado y no el hacernos los "vivos o chistosos diciendo o haciendo comentarios que derrumben y dejen la charla mutua en solo un comentario incomodo que deje un mal sabor en el ambiente, aun se trate de ocultar, estar en una situación incomoda, la persona realmente lo esta y es una burla enfermiza y no notoria.

El manejar las emociones del interlocutor es primordial antes que el desahogarnos con palabras sin sentido que solo nos hagan reír a nosotros mismos suscitando la burla como forma de ser notorios.

Cuando se logra manejar la conversación en un plano simple y agradable sin importar el tema se logra crear la armonía que nos hace caer bien y ser afable y cordial.

Hay que tener un manejo emotivo positivo para mantener la actitud en la mejor forma en todo momento sin tildar de tonto o menospreciar el comentario de la persona con quien hablemos. Esta condición habitual se puede ir manejando para cambiar los hábitos, es de notar que nada se pierde en el pensamiento todo hay que transformarlo.

Es importante tener un manejo o dominio mental en todas nuestras intenciones para hacer que nuestras glándulas secreten en la medida optima las secreciones hormonales o los entusiasmos y crear la ambientación aun no existan las condiciones.

Es bueno mantener cordialidad y mucha medida sin caer en emociones de momento, Nuestro cerebro crea esa armonía, si nos lo proponemos, el parámetro se abre entre lo racional y lo debido, ni mucho ni poco solo lo lógico y lo más estable para tener un equilibrio emocional moderado y sensato sin exageraciones ni carencias. Este es un valor que hay que adoptar de inmediato, el filtrar nuestros comentarios para nunca afectar a nadie de ninguna manera negativa.

Es vital el mantener un constante análisis de las situaciones para mantener este actuar como una actitud constante,

Uno mismo logra generar un estimulo, aun no se de la situación propicia, y lograr que el cerebro asuma posiciones que uno mismo desea mediante el bloqueo o el desbloqueo.

Es una orden que nos damos para evitar salirnos de lo que pensamos es lo mas afable en determinada situación.

Así como también podemos perder el control todo es una acción voluntaria muy personal.

En ningún evento nuestra emocionalidad debe estar activa, es importante siempre mantener el raciocinio constante, el análisis de toda situación, la razón que la crea y sus motivaciones, la verdadera educación se obtiene de estar en el medio ambiente y cada época esta enmarcada en determinado momento histórico que es la época que nos acompaña.

El bloqueo impide que nos molestemos por la falta de criterio de la otra persona y no perder la línea debida de proceder.

Es importante mantener un estándar constante creándonos un valor que siempre prevalezca y es el de no perder el control ningún momento.

El desbloqueo se hace hacia el buen hablar en el sentido de agradar, como auto ordenarse o condicionarse, para no perder la cordialidad, "Dar más de lo esperado y esperar siempre menos que lo lógico". Uno debe separar las acciones y ver que opción sea la mas lógica, y puede ser muy diferente a nuestro instinto inmediato, lo mejor es nunca perder la compostura y siempre "analizar" antes que "reaccionar" de inmediato, siempre hay que sopesar las acciones y no obrar alocadamente, todo es cuestión de voluntad.

Y podemos cambiar solo implica el deseo de hacerlo.

151) Como encontrar la satisfacción en base a "La disciplina":

Es la base del orden natural, cotidiano y normal

Es una forma clásica de cómo reordenar el cerebro mediante la presión de la responsabilidad.

Ya en este caso la responsabilidad exactamente es quien crea el mando sin necesidad de emplear la iniciativa o el deseo propio, o la voluntad. Es inconsciente.

Pero también es posible uno crear una tendencia negativa con solo desearlo, de acuerdo a situaciones especificas, nuestro carácter, nuestra falta de seriedad, nuestro responder hiriente,

Es muy difícil explicar esto con solo palabras y comentarios así que mejor lo haré con un ejemplo, Si alguien se caracteriza por hablar muy intencionadamente siempre, o si tenemos comentarios burlones, o en fin diferentes tendencias erróneas.

El cerebro puede manejar lo que la voluntad le indique y este crear el ambiente para que todo pueda fluir con naturalidad.

Si queremos podemos enojarnos o evitar salir de nuestra ecuanimidad o tranquilidad.

Ejemplo: si en una reunión hay algunos invitados, alegría y animación, alguien por determinada situación esta deprimido ha tenido un mal estar, esta persona esta bloqueada y por mas que le digan que se anime no lo lograran, el se autobloqueo por deseo propio, por voluntad propia, se ha cerrado no desea nada. Sus glándulas se frenaron por el trauma que le acompaña.

Ahora busquemos el fenómeno contrario, para ver la diferencia de como el entusiasmo puede ser manejable para bien o para mal, solo hay que ordenar el cerebro para que genere ese entusiasmo o que las glándulas apropiadas secreten las hormonas necesarias.

Es la situación particular de otra persona un, amigo en un estado diferente: Ve su amiga con la que no este bien ha tenido diferencias están enojados esta distante disgustados, no se hablan pero el si desea algo en bien de esa relación algo fracturada. Esta persona opta por tratar de no mostrar ninguna molestia decide entrar a la reunión y participar.

Se auto impone el mostrarse bien se hace el jovial y alegre . . . Esta intención es solo por un instante, será por minutos que tratara de aparentar. Y de un momento para otro se anima y su acción premeditada inicial, quedara en el olvido logra integrarse y antes de hacerse el feliz resultara auténticamente animado, comenzara a estar bien y agradado, deja de lado su pensamiento inicial de fingir y termina en medio de la fiesta participando y sin ninguna depresión, es un auto condicionamiento voluntario, el ha creado un entusiasmo por que su cerebro ha secretado las hormonas necesarias para un entusiasmo sostenido. Se ha impuesto el deseo de estar bien y logra incorporarse al ambiente por "Auto condicionamiento voluntario"

Esto mismo sucede en las mañanas al despertar muchos no tenemos una motivación especial que nos impulse a animarnos, no hay deseos de levantarse, y hay una sensación de incomodidad y pesadez.

De repente nos decidimos y en medio minuto reaccionamos y nos paramos con un entusiasmo que no tenemos y nos obligamos hacerlo salimos rápido al baño.

Es un condicionarnos voluntariamente por el peso de la responsabilidad.

Al ducharnos en segundos olvidamos el malestar y nos ubicamos en la acción que hemos determinado, descubriremos que de inmediato estamos predispuestos a la acción cotidiana.

Otros se bloquean a esta determinación y permanecen en su letargo de adormecimiento, por que no hay una responsabilidad creada que los obligue y hallen el impulso inicial, no nos decidimos a la acción, en lenguaje popular es la "pereza" muy asociada con la depresión.

Solo basta tomar acción de repente y es cuando aparece el entusiasmo por despertarse de inmediato secretando ese grupo de hormonas que producen entusiasmo que solo obedece a un mando cerebral.

La disciplina crea este estado de autodeterminación aun solo sea el saber que tendrán problemas superiores si no reaccionan en su momento con el mejor deseo de ser como es esperado.

Muchos no tienen nada que los motive o les de la iniciativa, y se postran en estado de depresión general que les inmoviliza por completo.

Ejemplo: Podemos ver en alguien que trabaja en su primer día es eficaz rápido y eficiente, el pone toda su voluntad en el mejor desempeño, sus secreciones son acordes a dar la mejor impresión, por sentir que esta a prueba

Esto en comparación con alguien que se ha retirado de la empresa y cumple su ultima semana, puede estar desmotivado o incomodo y así mismo su trabajo es posible sea solo por cumplir.

En estas situaciones es que descubro que hay la posibilidad de hacer que el entusiasmo aparezca aun sin haber las condiciones propicias, solo auto convenciéndonos que es lo mas indicado para el momento en que se esta actuando. Sucede mucho cuando realmente nos sentimos agradaos por determinada acción o hecho que nos llena de gusto.

Un estado propicio es, como lograr algo que se espera o que suceda algo que se desea, es posible motivarse y no tener fatiga ni cansancio solo con el entusiasmo del nuevo "asunto", o por una buena charla o en un ambiente que nos robe la atención, son muchas las situaciones que hace que nuestro cerebro secrete positivamente son solo los estados donde la charla se define como interesante o de provecho

Es recomendable cuando hay sentimientos contrarios el buscar formas de crearnos entusiasmos aun diferentes siempre hay que estar en acción y con deseos de hacer lo que sea.

Son muchas las situaciones en que podemos crear ambientes donde sin tener el impulso o el deseo, nosotros mismos poder superar el estado de limitación de deseos que en definitiva es la secreción hormonal que nos hace vitales para lo que en un momento dado emprendamos lo que deseemos, y

Fomentar el entusiasmo para lograr la iniciativa y acometer diferentes empresas.

Viéndolo en otro ángulo o concepto hay estados de ambientación que nos impulsan a otros tipos de accionar, si vemos una película de autos correr es posible salir con deseos de manejar rápido, si vemos una película de tendencia porno es posible terminemos excitados y con deseos de algo similar en este campo.

Visto de otra manera es asistir un espectáculo donde hay cierta clase de practicas marciales o violentas los muchachos salen con un impulso similar y es que en medio de la acción se logran secreciones que fomentan el entusiasmo sobre la misma tendencia. En el cine se juega con el cerebro sin ningún sentido se goza se ríe y se sufre sin ningún beneficio.

El cine es una manera de precipitar sensaciones que nos dan emotividad pero no nos comprometen por que uno comprende que es eso mismo "cine" de forma que las secreciones están condicionadas a esa realidad, usualmente no sentimos miedo o preocupación solo somos testigos sin participación como muchos ante la vida misma al no salir de un mutismo o bloqueo voluntario inconsciente.

En ciertos cines de otra índole ponemos cierto cuidado especial mediando nuestra voluntad hablo del cine xxx y si podemos desbloquearnos y lograr cierto nivel de excitación.

De esto podemos concluir que es posible crearnos escenarios artificiales para predisponernos en tareas o misiones en que no tenemos el entusiasmo suficiente, podemos ver en los sitios de disciplina férrea que todo se hace con el ímpetu similar, Cuando se entrenan cantan frases alusivas a sus acciones, o cuando se emplea en deportes los discursos de los entrenadores creándoles coraje o decisión en su próximo partido, así mismo funcionan los seminarios donde se impulsan técnicas o deseos de logros esperados esto lo hace un manager que ha sido escogido por su calidad en su trabajo y su éxito en la misma tendencia. También la oración acompaña la meditación y la entrega a las deidades sin importar que clase de religión o credo se refiera.

Comercialmente existe la "Clínica de Ventas" y es una reunión diaria donde los vendedores se reúnen y gritan en coro frases que dan animo y se preparan para la acción con una dosis de entusiasmo prefabricada.

De modo que es posible "tramarnos" o auto engañarnos para lograr secreciones que nos predispongan para acciones donde no prime el deseo personal, a falta de morbo esta la predisposición inducida.

"En minutos podemos transformar el tedio de una acción si nos predisponemos mentalmente con disciplina aplicada"

152) La Terapia de la Retro persuasión

En nuestra vida normal se presentas múltiples estados de un estrés marcado y usualmente es un proceso mantenido mientras se supera la fuente de esta frustración para cambiar la situación.

"El fin no es cambiar los síntomas, es transformar el origen".

El aspecto afectivo es el mas relacionado, con esta gran incomodidad que nos demarca temporadas, de ansiedad cuando, lo ideal no coincide con la realidad. Esto genera esa discrepancia que produce ese gran estrés que nos afecta demasiado, y nos inmoviliza.

Son infinitas las razones de caer en estados de inconformidad que nos doblegan y nos obligan a mantenernos en un pensar constante y molesto de ansiedad tristeza y desasosiego mezclados.

Esta forma de transcurrir es ilógica y torturante. Pero es posible superarlas mediante auto tratarnos con ciertas nuevas tendencias, no es fácil, hay que desglosarlo para poder comprender el sentido practico.

Se trata de auto convencernos paulatinamente hasta lograr un dominio de nuestro pensar mediante la autopersuacion.

Cada día podemos incrementar muchas actitudes para mejorarlas y no caer en discrepancias con lo posible y las mejores maneras que nos dan estilo y posición.

La retro persuasión: es la inversión de papeles, y estar en el estado contrario, popularmente se diría situarse en los zapatos de la otra persona, tratar de persuadirnos de la mejor manera desde un plano lógico formal hasta lograr convencernos de que es lo debido y que es lo que deseamos y así poder obrar con una visión mas amplia y general, muchos tratan de seguir una ruta de terquedad y de obstinación que les hace perder la perspectiva general.

Es muy importante meditar las acciones desde muy variados ángulos y no seguir una línea recta, prejuiciado que no conduce.

153) La mejor ruta "Superar Situaciones Críticas"

Existen estados críticos que nos devalúan, moral, espiritual y físicamente, por nuestro propio recalcar en sus efectos sin ir directamente ala raíz del meollo.

Hay la posibilidad de salir de un trauma, que puede ser afectivo, de negocios o de cualquier índole y para lograr el superar una situación una perdida afectiva, o un fracaso en general, solo con un análisis selectivo.

Si es algo que nos afecta por haberlo perdido tendremos que unir negativamente todas las fallas posibles hasta un conceptuar negativo. Positivo para ensalzar todo lo que sea serio y apropiado y realizar un cuadro viendo el por que fue mejor así, para lograr que tengamos un autoconvencimiento y lograr el fin que seria salir del profundo estrés de algo que no salio como esperamos es la manera de transformar un problema en una problemática, la clave es aceptar de la mejor forma el suceso.

Esta practica nos da los medios para poder comprender y minimizar, todo lo concerniente a las secuelas que nos limiten o nos hagan sentir sentimientos de incapacidad de impotencia o de deseos de no continuar.

Lo mas importante es la variación del escenario, nuestra voluntad esta en acatar lo mas propicio en nuestros planes regularmente con el mismo sentimiento, el cerebro tiene ciertas cadencias o vicios, que al tenerlos bien determinados veremos que nos sentimos obligados por nuestros propios principios, o nuestra formación y no es bueno enfrentarnos contra nosotros mismos es mas importante asociarnos con nosotros mismos, y así poder buscar metas reales y personales que estén en el mismo concepto que nuestro mismo sentido de pensar.

Es importante ver algunas debilidades nuestras al nivel del inconsciente cuando caemos en manías o procederes que aceptamos aun no estén en la misma tendencia de nuestro pensamiento en general y de nuestra formación.

Son las predisposiciones, las costumbres incomodas, los desenfrenos y toda forma de actuar que no este ligada a nuestra naturaleza nuestros principios y nuestra forma de actuar normal. Cada día se experimentan muy diferentes situaciones, de acuerdo al momento en que se este viviendo

154) Los Peligros de "Mal-Informarnos"

Hay muchas situaciones continuas que nos informamos sin el debido cuidado y caemos en creencias caprichosas o costumbres adquiridas, que no siempre son las mejores maneras pero las adoptamos inconscientemente, por no verlas con más detenimiento.

El primer sentido de vicio es la cadencia de un hecho reiteradamente y con un sentimiento involuntario, que de no hacerlo nos frustra, y que no podemos evitar pues ya se ha consolidado como una tendencia muy personal, pueden ser físicos, sustancias, procedimientos, o simples maneras del pensamiento, creencias, religiones o vicios de dicción que también es otra tendencia muy común en hablar el insertar comentarios repetidamente en nuestro comentar.

El ser humano cae en estados de autoconvencimiento a priori o sin el debido escrutinio de las situaciones. Es muy común verlo en los seres jóvenes donde el ímpetu supera la razón, cuando el impulso no esta limitado por principios o valores determinados, y nos dejamos persuadir por negocios a corta instancia que nos modifican la conducta sin darnos cuenta, en situaciones comunes y simples.

Como ejemplo veremos maneras comunes de "generalizar" bien decía Goethe que "Generalizar es herrar." Nosotros nos damos a pensar ligeramente y optamos por concluir sin mirar mas que lo inmediato, por esto el ser humano ha caído en conceptos sin medir realmente si las condiciones son o no reales, esto conduce a los pensamientos prejuiciados. Se adquieren formas de proceder por herencia cultural, en el legado que nos fue dado a través del tiempo de formación.

Ejemplo: Comentare algunas situaciones de generalización:

Si se descubren defectos en alguna charla y todas las sentencias de ese ser lo serán irremediablemente defectuosas. Es un condicionamiento psíquico inconsciente muy normal, y sucede en casi todos los seres. Por mínimas sensaciones se toman resoluciones muy profundas, que nos pueden afectar demasiado hasta logran modificar nuestras personalidades y aceptar nuevas maneras, que no son en verdad lo mejor.

Si se tilda un político de corrupto y otro habla de su honestidad y un tercero comenta sobre su dignidad ya es imposible revaluar este personaje, ha quedado fuera de sitio, y su reputación estará en el aire Existe la tendencia a generalizar por algunos indicios, esto crea estados que se hacen permanentes desfigurando la realidad en muchos casos esto nos crea una tendencia permanente a simplemente tomar posiciones erradas sin mucho cuidado y nos hace seres incoherentes que nos alineamos a una forma de pensar inflexible y poco tolerante.

Si se habla de una persona repetidas veces de ciertas fallas morales, éticas o políticas aun se sepa son falacias o mentiras el inconsciente las registra sin ver si hay veracidad o no en la critica destructiva, se sucede en muchos casos que el reincidir en una calificación negativa sobre alguien haya o no justicia termina destruyéndose la reputación sin poder frenar esta situación.

Podemos ver en la publicidad se pondera el mismo producto con tres slogans diferentes y se llega a la conclusión que el producto es mejor inconsciente mente, el fenómeno de la persuasión inconsciente es algo que flota en el ambiente en todos los campos, es un bombardeo constante, que esto es mejor, que compre de este, que es ventajoso y el cerebro se va encausando sin darse cuenta. El resultado de esto es la relación de la marca y el prestigio, "Hay un prejuicio ya inculcado de que la magia de la marca crea un embrujo y así es exactamente".

De esta forma funciona la publicidad, que aun pensando que no es real si hay un avance en el inconsciente y esta vulnerabilidad nos hace débiles a las tendencias preestablecidas, la sublimizacion de la información imperceptible.

Si ser ético o de gusto logran su efecto también."La propaganda es el capricho de algunos de hacer presión sobre la realidad".

Realmente el "Desdibujar" es un acto que puede usarse en doble dirección ya para encuadrar virtudes que no existen o ya para desvirtuar toda cualidad hasta destruir toda una situación persona o estado.

La "propaganda "ya es algo definido como una intención escrita y con efectos preconcebidos, no es bueno caer en esta tendencia, en ninguna de nuestras apreciaciones.

155) Sublimizacion en las Creencias.

En las creencias ha existido la sensación de tener una voluntad de creer en muchas secuencias, y muchas pueden ser no realmente lógicas pero el ser humano al caer en el estado de enajenación con dirección a alineación ya predispone parte de su voluntad para aceptar muchas cosas que sin tener relación científica con la verdad son aceptadas como tales.

Hay estados de pensamiento que aparte de impregnar, el individuo es presionado a aceptarlas y creerlas.

En las creencias sucede algo similar y paralelo el presagiar logros o desgracias de acuerdo a ciertas practicas, si lo haces todo será para bien, de lo contrario será negativo.

Son sentencias que emanan de los jerarcas de los grupos alienatorios que dirigen las creencias cuando de lleno se acepta el participar en estas actividades.

Usualmente pueden ser filosóficas, místicas, religiosas o de ocultismo en ciertas sectas.

El creer directamente por mandato, Sin estudiar o ver con más detenimiento. La fe es un compromiso de creer sin pensar por una obligación directa, y de paso aceptar lo que no es lógico o real, so pena de pecar, que es algo muy malo como delinquir o fallar ante leyes que las deidades han impuesto como dogma y son mandatos absolutos.

Esto nos aliena y nos hace doblegar y caer en sectas grupos filosóficos o practicas que pensando nos mejoran; solo crean desasosiego y nos hacen caer en la enajenación que desfigura nuestra vida en una dedicación a un culto que sea o no real nos hace salir de la vida convencional y entrar en deformaciones mentales muy peligrosas por hacer que nos adentremos en ideologías sin mas sentido que el de la alineación voluntaria sin olvidar que de este estado alienatorio hacia la locura solo hay un paso muy corto y es el perder la conciencia de la realidad.

156) La presión de "La dirección de la política propia"

Esta es la razón como el periodismo puede construir algo grandioso de algo intranscendente solo por la persuasión se puede magnificar un hecho sin mucha fuerza en algo de gran impacto.
O por el contrario desvirtuar todo lo sucedido o construido.

En los grandes eventos como en las guerras usualmente el perdedor de ella carga con todos pecados fallas y atrocidades, no hay quien haga del perdedor nada por que todos están en contra del vencido.

Pero quien gana la guerra o consolida el hecho lo hace con marcado heroísmo y gallardía, ya que los escritores periodistas y narradores de turno los pone el triunfador.

Siempre se aumentan los logros o se magnifican y se califica de bien hasta las atrocidades y se crea la sensación de que todo como fue, fue la mejor manera, El periodista obedece a jefes y estos dependen de la sociedad del estado que maneja las cosas usualmente y de sus verdaderos seres que mueven su propio mundo el momento histórico que se respire para la época.

De esta manera la vida se hace parcial a la política de cada cual sin ningún cuidado ningún juicio esta independiente de una intención con fines ya establecidos, cada ser tiene una dirección programada con una dirección ya demarcada en Pro de si mismo cada uno somos un mundo diferente mientras no estemos alienados.

Siempre hay muchas cosas en juego en cada movimiento histórico y es posible que lo que menos valga es la verdad por que esta es manejada por la situación imperante las corrientes políticas de turno, y sobre todo por nuestra intención primaria, que siempre será nuestra política personal, nadie actúa sin intereses creados de por medio.

"No existe ningún ser humano sin intenciones premeditadas".

El hombre convencional siempre tendrá una intención primaria por encima de la lógica de la realidad y de la verdad y este principio personal esta siempre en función del ego de todos nosotros.

Cada cual juega para su propio logro nadie lo hace desinteresadamente, pero todos alegan neciamente ser personas desinteresadas.

Nadie es desinteresado siempre hay una marcada intención y siempre se esta en función de una meta personal aun sea la de notarse desinteresado.

De manera que tenemos que ver los sucesos en general y del mismo modo participamos de un mundo muy irregular donde lo único verdadero es nuestro obrar de acuerdo a como se den las cosas, siempre evidenciando un orden moral que puede ser real o solamente demostrado, todos tienen que comprender que. Las cosas son como son y no exactamente como deberían ser, cada uno de nosotros tenemos que comprender la realidad como debe ser y no exactamente como es, de lo contrario perderemos siempre, nadie actúa con la transparencia ideal, todos estamos intencionados de antemano.

157) El perder la cordura "La violencia"

Nadie escapa a salirse de su normalidad habitual y caer en estados desesperados incontrolables y que nos hacen cometer actos que en condiciones normales nos parecen increíbles.

Son momentos en que la prepotencia y la altanería se confunden con la arrogancia y es cuando la ira nos condiciona a un estado de incoherencia y nos proyecta de una manera fuera de lo normal lo cual genera una distancia con la realidad la lógica y la normalidad, esto sucede cuando permitimos que una tendencia o entusiasmo que es una secreción hormonal que es la que impulsa el instinto permitiendo que la ira aflore sin medida, solo es posible si l permitimos.

Nosotros mismos podemos evitarlo auto bloqueándonos, así poder evitar esta forma de proceder, que es la de falta de razón.

La ira es una condición que no debería existir, la formula es irreal Frustración+prepotencia + egolatría = Ira

La ira es una secreción manejable, que se puede controlar solo con la intención mental por que es una decisión voluntaria.

"Todos podemos bloquear la ira de desearlo "Si vemos una situación especial que nos pueda sacar de nuestra línea de conducta. Nos decidimos y vencemos los impulsos emocionales."

Es interesante recurrir a un ejemplo de la vida práctica.

Ejemplo: Comentare una acción de nuestra cotidianidad, el escenario será algo convencional.

Si en un momento dado somos requeridos por la policía por alguna situación o infracción por mas enojados que estemos no habrá reacción. Seria contraproducente y necio violentarnos con la policía o con alguna autoridad, es cuando nos bloqueamos mentalmente.

En otra forma de la vida normal: Si la abuela nos insulta y tiene 96 años no nos afectamos eso es dominar la ira pues evitamos enojarnos seria mal negocio, nadie se pelearía o discutiría con una persona tan mayor, ya que se respeta la senilidad de un alguien tan adulta, y mas siendo nuestra abuela.

En muchas personas se opera una situación muy particular y es el hecho de que se enojan por un detalle mínimo, y la persona que se violenta recurre a una buscar una serie de recuerdos y situaciones que puede traer a colación, haciendo que la discusión escale y logre situaciones por encima de lo normal, se opera cuando la secreción que fomenta la ira no se detiene y no se suscita el deseo de refrenarse. Es un desorden demasiado común y muchos caen en esta tendencia de aunar motivos para poder estallar.

Es una condición que muchos no pueden reprimir y los lanza a acciones desesperadas y cometer locuras, jamás el ser humano debe actuar o decidir en estados de angustia o emocionalmente plenos de ira después vendrán los arrepentimientos.

Son instante en que el impulso de un entusiasmo mal ordenado nos hace multiplicar la emotividad y sentir emociones por encima de lo normal y podríamos calificarlo como un instante de ira, o una falta de control sobre nosotros mismos pero la ley no contempla estos desafueros y las leyes crean el factor que nos hace evitar el escalar un escándalo cuando ya supera lo los limites normales.

Es un estado de desorden psíquico que hace perder la dimensión de la realidad, y caemos en una explosión de emociones que nos hacen arremeter sin medir consecuencias los violentos usualmente tienen una educación muy delimitada poca o mucha pero si se altera el ritmo que uno desea mantener, aflora esta situación de violencia incontrolable, donde los parámetros dejan de estar y el desorden emotivo es quien maneje la situación, Y esto hay que manejarlo de la mejor manera o de lo contrario caemos en estados de mucho peligro general por los desafueros que podemos ocasionar.

158) El peso de los "Mecanismos de defensa"

Los Mecanismos de defensa, son conocimientos probados y organizados, que se han ido aprendiendo con el pasar del tiempo y se convierten en nuestro banco personal de actos sucedidos y funcionales que se emplean sin una acción voluntaria. Quedan registrados en el inconsciente y afloran cuando situaciones paralelas a otras ya ocurridas se presentan.

Tener innumerables mecanismos de defensa, es la mejor forma de estar listo siempre ante cualquier eventualidad.

Esto podría ser la mejor manera del hombre actual, por que es conocimiento organizado, información cifrada, y tretas y trucos del destino, aprendidos y memorizados en nuestro recuerdo.

Son estados que por naturaleza se configuran inconscientemente, cuando un hecho traumático se presenta y recuerda se crea un mecanismo de defensa usualmente es un estado que nos hace regresar a un momento que ha quedad que en nuestro recuerdo y se activa sin voluntad propia, en especial cuando se repite un acto similar al que creo este mecanismo y hay una reacción inconsciente que nos hace responder de una manera especial.

En cada una de los instantes en que por determinado suceso se nos crea un estado critico traumático que nos deja una marca en alma se instala en el inconsciente el suceso que ha causado la frustración.

Se crea un una señal en nuestro recuerdo, queda un trauma por su misma razón aflora inconscientemente ante una situación similar, que nos recuerde aquel estado molesto, este acto mental es mecanismo de defensa.

Para ser mas concreto comentare un estado típico en el cual se puede crear un mecanismo que nos hace reaccionar sin darnos cuenta, Siendo algo elemental da la idea como funciona en la vida normal.

Ejemplo: Ante una impresión o un impacto traumático, por un resbalón en alguna escalera que usaremos recurrentemente, logramos asirnos a los pasamanos y recobramos el equilibrio y todo continuo normal. Pero este susto hace una marca traumática, un impacto emocional.

Al día siguiente no hay que pensar sino que maquinal o inconscientemente casi nuestro brazo tomo los pasamanos como por una precaución, esto es un mecanismo de defensa adquirido quedara para siempre y se opera inconscientemente, esto es el ejemplo más sencillo posible pero son miles y cada dia uno archiva diferentes experiencias que van configurando todo un estado de sucesos con su acción ya de por si resuelta.

Así mismo ante muchas situaciones tenemos impactos que se memorizan inconsciente mente por que se ha creado un recuerdo inconsciente que nos hace actuar sin que el pensamiento normal lo haga voluntariamente.

En otra situación, Si algo viene volando y uno tuvo experiencia en deportes es posible el cuerpo inconscientemente se movilice y atrape, el objeto, esto es un acto involuntario y normal. En la vida regular hay comentarios o hechos que permanecen creando estados de alarma constante y hay personas que usualmente están respondiendo como si fueran agredidas. Se habla de el movimiento reflejo que en verdad es algo muy paralelo pero menos acentuado que el mecanismo.

También si un insecto se acerca la mano se mueve sin uno esperar hacerlo, sucede en los animales con la cola en las vacas o en otros esta ya codificado el movimiento sin que nadie lo haya predispuesto en el ser humano es un comportamiento aprendido.

Ya teniendo cierta claridad podemos hacer más complejo el fenómeno.

El cerebro esta tomando la información cotidiana y respecto a todo, toma esquemas elementales, en momentos reaccionamos sin pensarlo.

El aprendizaje se relaciona con nuestra mas rápida manera de defendernos y son actos aprendidos de estados traumáticos que son los que causan reacción a un momento de impacto, o de emoción anormal.

El asunto grave es que se atiende con mucha premura sin pensar, lo que hace que seamos seres en guardia sin una razón normal. Por que el inconsciente actúa sin tiempo a que la voluntad intervenga. Usualmente solo son una palabra: agarrate muévete, salta, cuidado o termino aprendido que nos dispara una alerta inmediata etc. es una sensación y una reacción inconsciente, Son los actos reflejos.

159) Referente a los mensajes inconscientes.

Siempre en toda interrelación hay una serie de sensaciones e intenciones no visibles que flotan en nuestros pensamientos estas tendencias son innumerables, miles, citare algunas, afecto, odio, envidia, resquemor, admiración, entrega, rechazo, en fin son múltiple y se usa la charla normal y amena como un medio de comunicación pero en momentos afloran sensaciones, recuerdo un comentario al respecto "Se me salio inconscientemente" o algo similar y es muy usual.

En la charla normal en el dialogo las frases son una sucesión de términos, el mensaje esta sublimizado y es lo que realmente hay que percibir el manojo de intenciones flotando en el pensamiento del interlocutor.

Siempre hay un tema en el ambiente pero también siempre hay una intención ya de antemano.

En esto afloran varias opciones evidentes y uno las toma de acuerdo con el deseo o la política personal.

Un mecanismo de defensa es una estrategia simple de un acto que crea un impacto y permanece en nosotros y este nos ha brindado un recuerdo que se ha convertido en trauma y se fija en nuestro inconsciente y permanece, pero como este hay miles y uno debe tener estas alarmas en plena función, es propio de los hombres y mujeres de decisiones rápidas, en especial en los casos de juristas abogados médicos profesores o personajes de la vida publica donde el comentario certero es de vital importancia.

Al discutir se puede entender que uno maneja las tendencias sin dosificarlas y la usa con contundencia, sin tener cuidado de solo manejar la situación comprendiéndola.

"El no perder es la mejor manera de ganar" pero en los alegatos quien se enoja pierde la perspectiva de la realidad y se cometen los errores imperdonables.

Si se deja coaccionar por el ambiente caliente la violencia se estalla antes de tiempo abortando una secuencia de emociones que alteran el ciclo normal creando profundos malestares.

Esto implica un caer en desesperación y el perder la discusión totalmente; hay un comentario típico popular de que "El que se enoja pierde"

El tener una serie de mecanismos de defensa implica que no es importante la emoción ni la exaltación cualquier reacción emocional es funesta para determinar un logro con éxito, por que se ha almacenado una serie de movimientos y acciones premeditadas para poder alternar con la misma contundencia que la contraparte, sin salirnos de un formato ya preorganizado. Lo importante es dosificar los argumentos y dejar algo para el cierre que sea trascendente.

En este caso tendremos que hablar de una condición primordial en los hombres de éxito y es el nivelar todo.

Mesura.

Que es el estilo de charla donde se calcula cada movimiento de pensamientos dosificados y medidos.

Para esto haremos una charla aparte por tener especial importancia en las relaciones cotidianas de la vida común, con la mesura hay tres condiciones que nos hacen crear ese estado de concordancia con al realidad.

Hay otros mecanismos de defensa y son los "traumas programados" una practica de comentarios que crean desasosiego y después impacto y por ultimo conciliación.

En la literatura se habla de la fabula, la metáfora, o una historia corta que siempre tendrá lo coloquialmente llamado moraleja o resultado o enseñanza.

Aun solo sean sucesos accidentales también se cumple la misma secuencia.

en momentos es para bien pero otras veces se comenten tremendas fallas.

Ejemplo: un padre increpa el niño de seis años por descuidado dejo algo expuesto y lo robaron y el padre magnifica la situación y reprende el menor . . . luego descubren lo perdido y el padre explica como hacer para que nunca sea irresponsable con sus cosas.

De un acto fallido quiere que "aprenda" en una forma no positiva, es posible que el menor enfoca por otra ruta y piensa mal de la persona que lo esta reprendiendo de esta forma ilógica, los niños no se pueden subestimar nunca.

Hay una practica muy detestable, y es la de adueñarse de la justicia y pretender dar "lecciones" creado frustraciones o desasosiegos en otros, nadie debe crear dolor o molestias en nadie, es jugar a ser Dios y demonio simultáneamente, nunca trates de dar lecciones es odioso, temerario, y profundamente injusto.

"El repartir traumas es algo diabólico infernal".

El comentario conciliador más cercano que distante logra llenar el alma con los conocimientos reales que un día sabremos utilizar en nuestro trascender.

En el niño se forma un cuadro crítico muy peligroso que incita a formas condicionadas de reaccionar.

Veamos este fenómeno con algo de cuidado.

"La figura es descubrir una discrepancia entre lo lógico y lo real después hay la importancia de mostrar la dimensión del fenómeno así se aprovecha del estado de frustración y se proyecta lo deseado, pasa directo al inconsciente y no se olvidara jamás, pero puede ser una figura errónea que desfigure la lógica formal del menor."

Los Mecanismos de defensa son estructuras mentales de reacción a una serie de fenómenos que se suscitan cada instante, y es cuando empleamos nuestras formas de manejar los asuntos con la idea nacida de situaciones similares.

Hay mecanismos de defensa que nos condicionan a reacciones muy fuera de lo normal en especial cuando tenemos la sensación de ser agredidos, insultadas o violentadas de cualquier manera, hay personas que viven solo a la defensiva.

Se puede ver que de niño tuvo una infancia de abusos y se acostumbro estar defendiéndose siempre y al crecer no olvida este comportamiento, permanece latente como una figura inconsciente permanente, esto le creara innumerables problemas de relación con las demás personas.

Son muchos los seres que no aceptan nada que no coincida con su ideal, y lo hacen como algo normal se les llama obstinados, intransigente, obsesivo, compulsivo, que se caracteriza por un estado de ansiedad por no poder dominar pensamientos o temores.

En este caso tenemos que emplear la mesura para nivelar las sensaciones básicas que crean el marco de todo tipo de tendencias que nos dominan. Estas son las tres condiciones.

La mesura, La equidad y la Ecuanimidad como virtudes

Solo son las características de una persona que se mueve actúa y reaccionas con mecanismos de defensa, normalmente. Sin salirse de los parámetros normales impuestos, por la sociedad o el conglomerado que conforma su entorno.

En los seres con una evolución superior y con una educación nivelada se mantienen en una manera de actuar y de pensar constantemente, dentro de los limites normales de una persona cordial.

Los Mecanismos de defensa, son conocimientos lógicos determinados que se han ido aprendiendo con e pasar del tiempo y se convierten en nuestro folder personal de actos aprendidos y funcionales que se emplean sin una acción voluntaria, solo inconscientemente.

El poder acumular mecanismos de defensa, es la mejor forma de estar listo siempre a cualquier eventualidad.

Esto podría ser la mejor manera del hombre por que es conocimiento organizado, información cifrada, y tretas y trucos del destino, aprendidos y memorizados inconscientemente.

En muchas personas en que la vida ha sido muy ruda en especial en su infancia y adolescencia se instalan una serie de situaciones aprendidas que obligan a manejar políticas obsesivas irracionales y sin calculo, pretenden que el ser obstinado crea una fuerza que todo lo supera, con terquedad absoluta y se niegan a pensar que haya otra posibilidad solo la razón pretendida, estas personas no tienen la culpa, en verdad es el medio que les sirvió de vía de aprendizaje en su primera edad, la terapia e estos casos es importante y hay que someter la persona a autoconvencimiento paulatino en concordancia con los golpes que le dio la vida por actuar en muchas condiciones errático y sin sentido.

Pero "Quien no este alerta se queda, Hay que beber con naturalidad en su debido momento después se sentirá con mas deseos de beber, hasta ahogarse".

El conocimiento ingresa moderadamente ya que mediante el análisis frío y calculado se logra tener el máximo de eficacia, Es por esto que la meditación siendo buena es muy necesaria, pero la mayoría de las personas la aplican mal muchos creen que es iniciar un letargo y es lo contrario.

Decimos: dice déjeme meditarlo o medítalo. Es pensar es elucubrar, "El estar sin pensar es tiempo que embrutece, cada segundo que no se crece, se esta retrocediendo y los demás no cesan de aprender.

160) La Elucubración o Meditación como Medio.

La elucubración, la meditación, o la abstracción son estados donde el pensamiento trabaja en busca de respuestas sueltas de problemas sucedidos durante cada dia y en estas situaciones algunas salieron con mucho éxito y otras fueron de lo peor, pero al final todas fueron muy útiles de unas se aprendió a como salir con éxito, y de las otras se aprende a como no caer en lo mismo. Pero todo esto es posible si en la noche regularmente hacemos nuestro acto de elucubración o meditación y revisamos en detalle nuestros actos hasta depurarlos en un esquema mediante la abstracción, Hare un ejemplo: Cuando caemos por un tropezón y lo meditamos descubriremos que al ver por donde caminamos aprenderemos a no caernos esto da idea que al meditar el suceso, descubrimos una respuesta, esto es muy sencillo pero hay múltiples situaciones y en cada caso hay que estudiar el por que se logro o el por que se fallo.

Es muy necesario pensar en lo que sea ya que estando meditando se crea un campo superior de claridad, y es cuando los conceptos geniales se apoderan de nuestro sistema de ver la realidad.

Es importante mantener un nivel alto de meditación, la oración es un acto de meditación verbal o meditativo y la persona se predispone aumenta de moral y de fuerza interior, son retahílas donde se autoconvence de "asuntos" que se instalan en el inconsciente, en el hinduismo hay unas vibraciones y sonidos para entonar el alma y son los maneras como terapia para el alma, cada grupo filosófico mantiene un sistema para manejar la meditación que es lo que coloquialmente podríamos decir digerir el pensamiento para convertirlo en conocimiento adquirido. Hay muchas maneras de recobrar esa paz interior aun la música para algunos es algo que crea ese campo con sonidos que emiten vibraciones que estimulan el alma o el pensar. Realmente solo crean el campo donde el pensar es mas cómodo y posible sin interferencias externas. Hay otros grupos como los militares que en sus practicas manejan eslogan o comentarios que se aplican a sus practicas.

Los grupos según su tendencia cantan himnos y canciones que aluden la intención primordial que ellos practican, el heroísmo la valentía y todos los valores que en este mundo son parte vitales de su mismo actuar.

Todos los grupos humanos emplean medios inconscientes acompañado de ciertos rituales para logros místicos, cada cual maneja música y acciones físicas que enrutan hacia un estado de agradabilidad, o placentero, solo en estos estados el pensamiento logra ser profundo y captar la verdad escondida de muchas cosas sucedidas y aceptadas.

Los adolescentes suelen escuchar música, con comentarios que les afecta por alguna relación fallida.

Realmente todos.

Estos son mensajes sublimizados, vivimos en dos mundos paralelos el del sentimiento subliminal escondido y el mundo plástico en el cual vivimos.

Es mejor ser conciliador y carecer de estratagemas en todo momento, como en un plan de defensa continuado.

En todo momento de nuestras vidas es de especial importancia el mantener una actitud conciliadora y para esto es necesario ser mesurado tener mucha equidad y sobre todo mantener un pensamiento justo, el ser honesto es lograr ser ecuánime, y es una condición vital para no ser excluido. De esto depende el ser "conciliador" es la condición elemental para siempre permanecer bien con el entorno o con los demás que son nuestro medio.

161) Como el Mejor Negocio Buscar "Medios conciliadores"

En las técnicas de la optima interrelación hay muchas formas sutiles de crear ese ambiente mágico donde todo puede hallar acomodo sin tener que recurrir a otros asuntos extras y es cuando se mantiene el clima del ambiente conciliador ante todo sin que aflore el comentario fuerte o directo.

Es la forma de ser exactos concisos y no dejarnos afectar por el corazón ni por las emociones así podemos mantener la cordura y el equilibrio constante sin dejarnos llevar por la violencia o los ánimos caldeados,

El ser conciliador es mantener una gama de artimañas y de comentarios neutralizantes que sostienen un normal equilibrio entre nuestra idea y la del interlocutor sin afectarle, pero también sin acceder a cambiar nuestra dirección ya precalculada.

Cuando Hay el momento que nuestra razón convence y sabe uno que el interlocutor ha perdido el debate no se debe viciar directamente a insinuarle que ha perdido o esta destruido ni de optar con contundencia, mas bien es bien un comentario conciliador que solo aplaca los alegatos.

Cada día hay mas tretas, más trucos y artimañas para mantener listas en caso dado sean utilizados con la destreza necesaria, es muy importante olvidarnos de pensar, dejemos que un inconsciente pleno de tretas y trucos responda con la velocidad necesaria.

Al intercomunicarnos lo mas indicado es una cadencia en la voz que implique tranquilidad y falta de violencia, el predicador, el profesor, e consejero son personas que manejan la actitud conciliadora con mucha sutileza y elegancia creando un ambiente de paz y de armonía constante donde flotan las ideas sin que haya la contundencia destructiva, ni el pensamiento hiriente, aun en nuestra realidad haya deseo incontrolable de afectar, es mejor ser conciliador por medio de una actitud pacificadora.

162) Maneras Aplicadas para "Convencimiento Colectivo".

En los contenidos para hacer un escrito alusivo a determinada situación o se esta haciendo un discurso se vuela sobre las ideas y se toma lo mas propicio o lo mas apropiado para ponerlos en función, y que logren contundencia.

El político adereza se las ingenia para cubrir lo que la gente tiene sed de escuchar, crea esperanzas donde no las hay y regala promesas de cosas que no existen pero que logra inculcar con la facilidad que usualmente conocemos.

Mirémoslo desde otro ángulo, "Es la magia del verbo con el encanto seductivo de las palabras optimas necesarias", el ser cordial puede esconder el verdadero mensaje subliminal imperceptible pero que llega donde se desea y como uno quiere que llegue.

Es el arte de cubrir los comentarios con algo sutil para que después aparezcan en el pensamiento.

Es cuando se habla de el preámbulo, como una forma de suavizar el ambiente.

El político se caracteriza por ser diáfano y "sincero" cuando de antemano uno sabe que intereses mueve y hacia donde quiere ir que regularmente no son los ideales.

La sinceridad es un término ambivalente ya que en momentos es verdad y en otros es una apariencia que esconde un mensaje muy disimulado, pero siempre con ese mando sutil de la delicadeza incluida la sutileza.

Así es que funciona la sublimizacion, en envolver realidades crudas en un empaque de cordialidad y orden amable pudiendo ser real o algo muy personal.

Hay casos donde careciendo de tacto se hacen comentarios directos necios y ásperos y en realidad no logran llegar con la intención primordial por esto es importante el mantener la agradabilidad como algo de importancia trascendental.

Hay frases coloquiales que hemos escuchado demasiado que acusas una falta de mesura y de delicadeza.

Se le comenta a alguien sobre "Es por tu bien" o te haré una "Critica constructiva", o simplemente me duele decirte que, en fin alguna salvedad para cubrir algo que puede impactar. Y que se necesita decir aun sea imprudente, es un deseo irreprimible que se sucede por una mala educación o la falta de valores que hacen que importe poco la sensibilidad de otra persona.

Lo que permite que muchas personas abran grietas para hablar algo indebido, molesto o desmoralizante.

Hay un estado muy común y algo viciado por ser un acto de plena premeditación y su intención central es crear desasosiego y malestar, es una actitud normal establecida y muy amoral por su vicioso deseo de traumatizar la otra persona y es en términos populares, la Vaciada, el regaño, la insultada, son acciones vividas molestas y traumáticas, donde se permite herir destruir y reducir la otra persona en nombre de un sentimiento que tenemos como "Nuestra propia justicia". La lógica personal de alguien determinado con sus valores y su pensamiento aun diste décadas de una forma de pensar y la manera actual de obrar. Esta aberración causa daños peores que la misma violencia física.

163) La equidad y su Resplandor.

Esta condición tiene su función en la justicia que nace de la verdad, a la cual no hay que reforzarla, la verdad se impondrá siempre por su propia fuerza.

La equidad es carecer de intereses creados fijos y personales, es la simple justicia de lo real sin que nuestra política se anteponga, no es fácil ser desinteresado, pero si se puede ser Equitativo, en el sentido que no tomar partido o ventaja solo se hace parte justa de cada acto sin que medie nuestro propio deseo, es una condición que no coincide con la realidad, usualmente siempre hay un instinto personal aun solo sea el mismo deseo de ser mesurado, y esto lo conduce a la ecuanimidad. Aun así también pierden su dimensión por que hay el interés, "El solo hecho de querer ser justo y algo mas nos aleja de la misma justicia"

"La verdad que se comprueba es una verdad falsa, por que su propia fuerza no es suficiente para que sea".

"La equidad es la normalidad de los hechos y su realización de acuerdo a su propia naturaleza".

"El hombre que muestra que triunfa no es equitativo si no mas bien negocia con la virtud y "acomoda la realidad y traficando con pecados juega y con lo mas digno que es la verdad".

El ser humano negocia con la honestidad, con la verdad y con la realidad y así logra ese sitial que tantos buscan.

El ser directo y convincente y lograr imponer si criterio sin mas adornos que el enunciar un conocimiento, sólido, y digno.

Aun así no lo sea ese debe ser el reflejo de la sociedad que nos rodea o donde convivimos se nota muy digna y moralista, pero hay una doble moral continua, y se da una imagen pero hay mucha variedad de intenciones en cada cual.

Por esto es muy importante demostrar ser honesto y justo, pero la justicia es nuestro pensar y criterio y que puede ser

Muy falseable.

De todas maneras el ser honesto y sensato en nuestros juicios, nos darán el peso moral necesario para continuar en los procesos normales cotidianos.

El actuar ecuánime mente nos da esa capacidad que tantos buscan para los mas delicados engranajes de mucha responsabilidad

Los hombres dignos para grandes manejos solo se descubren al ver que su actuación esta muy acorde con un pensamiento que este nivelado por medio de la ecuanimidad.

164) Comentarios generales

La vida es una secuencia de tiempo limitada por el cansancio y la duración de nuestro día de acción, así termina un lapso de vida para reiniciar en otro en el próximo despertar

De un momento para otro sentí que entraría a la realidad.

Son segundos en que el despertar nos empuja a otro día, a otra opción, a otra aventura.

Es el acto de vivir el poder hacer otro mundo en cada amanecer más pleno de logros que de caídas.

Hay un instante de transición entre el sueño y la realidad, son momentos en que saltan del inconsciente las preocupaciones inmediatas, las obligaciones a cumplir y una serie de compromisos Siempre vemos los golpes grabados en nuestro inconsciente, lo mas serio y preocupante, y hay muchas cosas que sin serlo las vemos imposibles o traumáticas todo esto salta involuntariamente como las preocupaciones primarias, pero hay otras cosas de mayor importancia que son las que nos brindan ese impulso que todos buscamos, descubrir recordando los bienes morales espirituales y generales que nos dan gusto, libertad, y moral creciente, el hacer esta inserción de cosas bellas entre las no tanto esto ayuda a no ser tan traumático el enfrentar la realidad, y es cuando afloran solo las que nos limitan la acción así que evitemos que salgan a nuestro paso por que son los mensajes mas directos de nuestro pensamiento. Todo los que nos cause preocupación. Y están en primera línea de prioridades.

 Hay demasiadas cosas que nos dan aliento, alegría, deseos de luchar esta forma de impulso hay que cultivarla siempre.

 No dejar de lado lo que ya esta ganado y solo dedicarnos a ver lo que esta por perderse, o nos afecta mas directamente.

Cada amanecer debe ser un reencuentro con la vida, es bueno tomar en cuenta lo que hay de bueno antes de descubrir tanto problema que nos espera, mejor hagamos un inventario de tantas cosas grandiosas y positivas que nos adornan la existencia

165) Buscar Casos que nos Inspiren

Hay demasiados elementos en el paisaje, así como los hay grotescos difíciles y molestos, también hay lo diáfano, lo bello, y lo cual no vemos cuando tenemos ya una misión determinada, solo veremos como superar los asuntos mas visibles, que son los que saltan como prioridades y es lo

 que nos hace perder la dimensión de la realidad.

Seria imposible descubrir tantas cosas que nos llenan de inspiración y de una actitud creadora.

Deseo entender que somos obstinados en no ver lo verdadero que hay son nuestro medio, tenemos, salud, libertad, una familia un micromundo y habiendo muchas problemáticas carecemos de problemas fundamentales irremediables, esto es algo trascendente, el tener un trabajo un techo, y esperanzas son ventajas grandes muchos tenemos y no caemos en cuenta.

Muchos pensamos que el destino tiene obligación con nosotros y que se limita en darnos solo algo de tanto que esperamos . . . . Pero en verdad no merecemos, nada todo hay que ganarlo a pulso con arte con maneras y con estilo.

"El recordar que somos, y que no fue fácil llegar a ser.

Es el más importante amuleto que podemos tener."

Muchos no tenemos los problemas que nos hagan sentir en la lucha cotidiana, como vencidos

El ver todo en orden antes de alegrarnos nos produce una ansiedad, de letargo mental y el carecer de preocupaciones y molestias.

Hay seres que permanecen instantes horas o mucho mas en un letargo donde solo vegetan, le dicen coloquialmente pereza, hastío, este aburrimiento es injusto por el contrario al presentir que hay armonía en general debemos sentirnos mas que felices, y no tornarnos apáticos y aletargados.

El simple hecho de estar vivos ya es un privilegio, el tener vitalidad, lucidez, libertad, armonía, y manejar las situaciones cotidianas.

El estar en un medio normal, con la realidad inmediata saneada y la conciencia libre de pesos, son condiciones habituales que no comprendamos en profundidad así las entendamos, el contexto general es muy amplio, y veo como una obligación moral el querer insinuar que es mas el sentido de donde estamos que el buscar alturas por encima de lo lógico y que no nos pertenecen.

Cada cual tiene preocupaciones y obligación de manejarlas no debemos eximir otros de sus propios problemas para echárnoslos encima pues se acostumbraran al punto de recargarnos sus cargas injustamente.

Deseo comentar sobre el perfil, la escala de exigencias o el grado de expectativa creada sobre nuestras situaciones y nuestros deseos.

Cuando tenemos un bajo perfil y nuestro nivel de exigencia y asombro aun permanezcan en acción, podremos valorar la grandeza de lo normal como algo trascendente y con interés sin importar el tópico o el asunto tratado en ese momento.

Cada instante es interesante, en gran medida, es nuestro momento, y por serlo es una gran parte de nuestra vida.

Del amanecer y despertar hay que sentir alegría por lo privilegios que se tienen, después mejor se estudian los pasos a seguir en nuestra cotidianeidad, y se resolverán los asuntos pendientes inmediatos, pero es muy triste sentir pereza, aburrimiento, desanimo, "Puede haber días grises pero jamás inútiles."

El perfil alto solo nos hace sentir una frustración de esperar demasiado y nada es suficiente todo será poco, mediocre y mínimo, en un perfil alto, queremos todo superior y no es fácil coparlo y cuando nuestro esperar no esta acorde con la realidad aflora la frustración que nos conduce a la depresión.

El perfil mas bajo nos hace agradecer muchas cosas por que esperamos menos y todo nos parecerá demasiado, por que lo que tenemos será suficiente y no nos sentiremos apocados por lo mínimo, el bajo perfil nos hace ver brillar las cosas pequeñas como grandiosas.

El dia que aprendemos a agradecer ese dia todo aumentara su magnitud y su importancia y los detalles mínimos serán logros inmensos, el agradecer es la fuente de la felicidad para quien poco espera de lo demás.

El poder enfilar nuestro día por una senda positiva sin molestias ni pesares nos da el impulso vital para superar todo lo que haya en nuestra agenda.

"Nuestra existencia realmente solo son un lapso de horas, en medio del despertarnos y dormir otra vez, la sucesión de días es la vida"

La tarea es cada día aprender buscar descubrir conocer sentir y conocer algo mas, ser feliz divertirse y "ser" cada día es una vida hagámosla bella aun solo sea hoy nada mas, mañana habrá otra opción para reiniciarnos mejor aun, siempre habrá otro día.

Cada despertar es otro renacer y cada anochecer es un morir parcial.

La preocupación primordial es que ese día sea pleno, lleno de logros y ventajas ante el destino.

Si logramos que cada día sea pleno en conocimientos decisiones y satisfacciones, lograremos una vida feliz . . .

Lo mas importante para todo ser es el descubrir en cada amanecer un listado de cosas bellas que rodean el propio entorno personal Y alternarlas con lo regular monótono de las preocupaciones cotidianas.

Tenemos seres queridos amistades tranquilidad y nosotros mismos nos enajenamos solo en lo obligante.

Reconozcamos las ventajas, siempre en lo personal y en lo general comprendamos que disfrutamos de muchos privilegios y después si, entrar en la cotidianidad y enfrentar la realidad.

166) El Instante que "Trasciende." Lo subliminal

Hay algo que llena el tiempo y son los instantes si logramos que cada momento este a tono con lo mejor y lo normal tendremos temporadas plenas de gusto, y si nos preocupamos por esto seria mejor. "Cada instante es trascendental por que son las partes que forman nuestra vida", tratemos de ser felices siempre, cada momento solo mirando lo mejor de cada situación.

En un instante se crean imágenes que serán difíciles de borrar se puede lograr todo en unos segundos o por el contrario ser intranscendente y perderlo todo, al no calcular como estar en la mejor manera.

Son demasiados las cosas que se componen un momento.

Es interesante estudiar esos primeros instantes como el de la "La primera impresión es un segundo, y en los 10 segundos iniciales nace un concepto que permanece y no es fácil cambiarlo".

Si no logramos ser impactante y crear una sensación que mas que llenar pueda invadir, hay que integrarse identificarse, e intercomunicarse con las personas que cada instante sean nuestro medio de acción, sin dejar un instante las mejores maneras que son las que realmente nos dan ese impulso que dan la gracia, y el sentido en que siempre buscamos flotar para poder deja un halo de agradabilidad que no sea fácil ocultar, pero es vital no acercarnos a la cursilería o a lo mediocre que es muy fácil.

Para esto es necesario el "mantener ese ambiente cordial de los seres especiales que jamás estorban".

"Si en el primer encuentro se roba la atención esta le pertenecerá siempre en el evento de relación con otras personas."

Esto se logra cuando el deseo subliminal crea una magia que no descubre el, o los interlocutores.

Se que el manejar el mecanismo de lo subliminal no es muy fácil estando consciente de hacerlo, pero hay que cubrirlo con un tenue velo de sutileza que no muestre la intención principal pero que si logre penetrar inconscientemente si no somos descubiertos el asunto logra su verdadero efecto que es el poder enviar un mensaje sin que sea percibido, es la mejor manera de persuasión, no enfrentando sino estar condicionando hasta lograr llegar a inculcar nuestra intención.

El trafico de influencias es algo muy común y se sucede en todo momento que tenemos interrelaciones con los demás y se mira como una inversión y pronto se vera el resultado de cada acción.

Las relaciones sociales en general es un intercambio de ideas donde en verdad se mueven muchas intenciones y logros concretos, aun nunca se hable de ellos realmente, pero la razón central es la de quedar bien y que el interlocutor quede mejor que nosotros mismos. El arte del convencer es la mas sutil de las luchas se logran efectos que jamás descubre el afectado y hasta nosotros mismos ni nos damos por enterados pero la misión se ha cumplido.

167) La Emotividad Siempre será el Mejor Negocio.

En todos los grupos humanos se han mantenido las relaciones sociales como algo muy natural donde se cambian comentarios se hacen atenciones personales y se busca el influenciar continuamente en busca de determinadas situaciones negocios o simplemente, logros.

En todos los trabajos se pagan favores o beneficios es algo normal el ver como se evidencia la persuasión subliminalmente, donde se doblegan voluntades o se insertan ordenes que modifican la conducta de otras personas con las que nos interrelacionamos.

Si se crea una deuda o compromisos por ofrecimientos se posibilita un pedido o una concesión es algo no bien visto pero sucede en todas partes, y las aceptamos y con ellas convivimos, el regalo, la ofrenda, una atención, todo tipo de adularías es un ruin negocio de preposición y por ende de aceptación, es un negocio vil pero olímpicamente muy bien visto por muchos que hayan en esto medios de persuasión o maneras de convencimiento. Se ha establecido como algo normal habitual el "trance" el atender el regalar, el ofrecer.

Dolorosamente algunos pretenden comprar el amor sin que medien los lapsos normales de convencimiento y se cae en ruin campo del soborno que es la insinuación sin delicadeza y mediando condiciones, el amor nace y se cultiva se conduce y se sostiene, es lo único que no se compra ni se domina solo se insinúa y con un buen actuar se consigue. Pero el hombre de hoy lo mercantiliza y dolorosamente es aceptado y crea un falso resplandor donde no esta.

Hay que buscar como ser afable en toda interrelación que sea. Aun el cortejar, o enamorar, prima sobre todo los regalos, las flores, las invitaciones, o hasta una poesía cuenta, pero sin obligar o presionar, se logra mas dando el corazón que chocolates. Pero en verdad lo artificioso es algo normal cotidiano y aun sea casi perverso se ha dignificado al mas puro estilo de elegancia y buenos modales . . . .

En verdad la relación directa normal es el actuar limpiamente y sin adornos presentes o maneras de coerción.

En una charla formal sin hablar mucho pero decir solo lo necesario Y lo lógico, pero calcular bien cada comentario y cada asunto en concordancia con el ambiente que imponga el interlocutor, nosotros solo debemos compartir sin sentar bases o hablar con más propiedad que la debida en el círculo en que se encuentre.

Hay que sentar estados que hoy son ya formas existenciales habituales, pero con la lógica convincente o que por lo menos no queden dudas a discutir, ser convincente no es hablar mucho, es solo manejar las palabras exactas en su mejor momento.

La personalidad real esta solo cuando el pensamiento no se resigna y las cosas permanecen sostenidas en el tiempo, pero cuando lo creamos necesario hacer revisión y cambios para bien si es posible, y mas aun muy necesario.

Hay la diferencia que debemos mantener en dos conceptos básicos de siempre y es el ir a fondo en los sucesos y poder ver

Lo más importante que entender es el comprender en profundidad, todas las palabras son solo medios de interrelación, la verdadera información esta escondida en las intenciones mantenidas en toda comunicación con otra persona. "Es el sentido subliminal que siempre es la fuerza inicial y el medio para lograr llegar donde buscamos estar.

El estudiar el trasfondo normal que impulsan las palabras y sus sentidos con filtros que usualmente son limitaciones que anteponemos a ciertas charlas con ciertas personas.

Para poder comprender el sentido de la charla subliminal hay que comprender tres términos; en cada situación de interrelación, el Oír y el Escuchar son muy diferentes el Ver, y el Mirar. Pero en la generalidad de personas es lo mismo, lo que ocasiona los prejuicios y muchos traumas.

Es muy peligroso crearse juicios respecto a alguien o algo sin haber comprendido o tener una visión real del asunto si no le hemos estudiado con sentido critico y profundo.

Es comprender, o sea irse a lo general lo profundo y lo que bordea cada sentido no solo entender que es simple percibir lo dicho como se atiende la música sin sentir el fenómeno, ni presentir lo que antecede ni lo que precede, hay que ir por delante de toda acción.

Muchas veces uno permanece pero no esta no participa y es por esto vital el presentir siempre en todo instante, sentir y equiparar, siempre tendremos estereotipos ya analizados, con los cuales veremos que es mucho o poco según nuestra escala de valores.

Entre el Oír y el Escuchar hay una gran distancia el oír es el acto involuntario en que los sonidos nos envuelven sin mas cuidado que el solo no sentir el silencio.

El escuchar implica comprender aportar y ser parte critica de lo escuchado siempre hay que mantener una atención creciente en lo escuchado para poder tener una posición critica al respecto.

El Ver y el Mirar igualmente son estados diferentes aun la gente por lo regular no los califique pero solo ve el que es testigo mudo de una situación que pasa ante su mirada siendo solo un testigo presencial sin ninguna participación.'

Pero el mirar tiene implicaciones es un acto critico donde se mide y se analiza, se siente y se recuerda y se es parte viva de el hecho así mismo se aprende y se critica.

El sentido común no es algo que aflora simplemente hay que buscarlo hay que pensar, y hay que funcionar mentalmente.

El evaluar las reacciones es un acto muy complejo, la emotividad distorsiona la realidad y el desenfrenarnos ante detalles mínimos nos lanzan a estados de ansiedad en que nuestras secreciones nos hacen caer en estados muy incómodos. Y nos acercan a la frustración y por ende a la depresión irremediablemente. Es muy incomodo jugar con las emociones de otras personas aun sea algo muy visto en nuestra juventud, de adolescentes el jugar bromas era algo muy natural casi una costumbre pero esto trae consecuencias que pueden ser muy serias al crear traumas que permanecen en el pensamiento de cada cual generando temores recurrentes constantes.

168) El Juego Peligroso de las Emociones Sin Sentido . . .

Hay sensaciones que crean impacto traumático, que para muchos es un acto divertido, pero en verdad es una manera de crear estados de inconformidad en nuestro inconsciente que nos dejan un mecanismo incomodo aun esto sea muy cómico para quien lo ejecute.

El trafico de emociones sin cuidado repercute en la química fisiológica de cada uno de nosotros, el hacer situaciones incomodas por diversión es un acto criminal, lo llamado bromas chistes chanzas y todo tipo de manera de crear desasosiego momentáneo es algo que no se puede predecir es muy fácil salirse de la realidad y responder con contundencia inusitada creando malestar en los demás, algunas veces es sin una intención determinada que se puede crear un estado de profunda incomodidad, es por esto que no es bueno alarmar, asustar, impactar o afectar a alguien con un comentario injusto o irreal a nadie.

La mejor manera de estar bien con todos es manejando la realidad con la máxima lógica sin salirse de los parámetros normales. Es muy fácil crear estados de confusión o de pánico que no conduce a mas que el desajustar la logia con elementos que crean temores o sensaciones que en muchos casos pueden ser para siempre. Es fácil sentir morbo o placer al crear un pánico momentáneo en alguien, pero en verdad solo se puede dejar un mal sabor en un instante que puede dejar un mal sentimiento en otros aun una sonrisa pueda cubrirlo todo con un momento de jolgorio o de broma.

Con un solo comentario podemos destruir todo lo que hemos durado años construyendo.

Es algo muy importante estar acorde con lo placido lo normal y mantener un estado de armonía donde todo sea familiar y coincida con el mejor gusto que nada altere el mejor sentido de la charla afable y sin efectos incómodos. El ser cruel y afectar a otra persona no construye por el contrario puede dejar una huella gris de incomodidad que dure para siempre.

Hay secreciones hormonales que dispara un estado incomodo y esto deja secuelas que no es fácil para el que las recibe encajar como algo para sonreír, todo impacto traumático deja heridas en el alma que no se borran fácilmente.

169) "El Asunto del Impacto Traumático"

En nuestro transcurrir nos enfrentamos a diversos eventos con cargas diferentes de emotividad y como pueden ser instantes cargados de optimismo y felicidad también lo son incómodos t y amargos, es importante detallar estados de cargas emocionales diversas y por causas diferentes también, cada día son múltiples estos impactos emocionales que nos cambian de animo si lo permitimos.

Las emociones son totalmente manejables y así como las podemos dominar también podemos darles mas sentido para que nos afecten positivamente, el traer estados de aceptabilidad constantemente nos puede ser muy útil para evitar el estrés y la melancolía, el alejarnos de la ansiedad es un acto voluntario que nosotros mismos lo podemos manejar.

Este golpe emocional, existencial es relativo.

Como puede ser positivo y para bien también puede ser lo contrario. Miremos en, contexto con más detalle.

Un instante de euforia y de buena armonía crea secreciones que hacen renacer el entusiasmo, es una acción contraria y opuesta a la depresión.

Y es en este momento en que nos llenamos de deseos agradables, de lograr asuntos por encima de lo normal y sentimos inspiración creadora.

El crear sentimientos que nos carguen de cierta alegría aun agrandemos estados mínimos a momentos brillantes nos lanzan a estar mas dispuestos para lo que sea.

Son momentos que debemos mantener, constantemente. Aprender a asombrarnos es algo muy trascendental, y lograr una sensibilidad que nos impulse, esa es la misión de muchos fetiches, recuerdos, creencias, comentarios, talismanes, evocaciones cuanto elemento nos una a un algo que nos llene de ánimo.

No es una intención de caer en lo mismo, solo son referencias ala vida común nuestra.

La intención central es el transformar nuestra actitud hacia un estado positivo y agradable.

Esta manera de enfrentar la realidad solo implica voluntad y deseo de hacerlo, es el cambio de actitud y solo con un propósito personal decidido podemos modificar nuestra forma de vivir, cuando es nuestra elección ya sea para bien o caer en lo incomodo también es nuestra responsabilidad.

El revisar nuestra forma de responder es la clave, brindar armonía racionabilidad y gusto crea respuestas similares lo contrario la actitud negativa o nefasta.

El vivir a la defensiva solo implica que todo nuestro entorno opte por la misma tendencia y nos regresan contundencia y violencia con sutileza imperceptible pero real.

Si tratamos y buscamos cambiar para bien y poder tener el respecto de los "Demás" así mismo como el afecto y la solidaridad, haríamos de nuestro medio un entorno de agradabilidad que nos proporcionaría una vida más placentera.

El asunto es "reformar" nuestra personalidad y lograr ir al cambio paulatino hacia el ser mejor y lograr el ideal humano como persona sensata y acorde con la realidad, seres muy escasos por cierto.

Ahora el impacto emocional, traumático y negativo, se sucede cuando una emoción incomoda que nos afecte como cuando nos golpea de frente una noticia, una perdida, un comentario o algo contrario a lo que podría ser para bien, una sola frase, o un sentimiento cargado de energía crea explosión emocional interna y tardía, crea secreciones hormonales que nos movilizan en ese mismo sentido, y aflora una inusitada violencia que nos lanza fuera de nosotros mismos, es un entusiasmo para mal y con intenciones adversas, y con la marcada inclinación de herir o de impactar, el no estar medidos en nuestro responder, podemos afectar en la peor manera a nuestro interlocutor.

El crear desasosiego inconformidad, o molestia catapulta a una respuesta en igual código, y en muchos de nosotros el impactar nos brinda placeres morbosos de emocionalidad desplazada. Se siente cierto gusto enfermizo al triunfar o destruir un oponente, Pero lo verdaderamente placentero es tomar el logro, el merito y evitar que nuestro interlocutor no se sienta tan golpeado por una razón contundente, la delicadeza es algo muy valioso y poco costoso, al emplearla multiplicamos las opciones y borramos lo incomodo.

Son demasiados en otro grado menor y con capacidad en desnivel no podemos destruir seres débiles con la razón y la verdad.

"Pero no es bien viciarse en el vencido".

Cuando ganamos no hay que demostrarlo ni evidenciar sensaciones que podrían molestar.

La ética nos condiciona evitar el incomodarnos por que eso crea reacciones en los demás, el manejo del genio es solo cuestión de voluntad y de una buena intención y un cambio de actitud.

170) Conclusiones practicas aplicables

es fácil mantener un estado a nivel con las emociones normales y ser una persona definida que sin ofender mantenga los limites de lo normal en pleno orden nadie debe crear estados molestos en otra persona y si crear estados de agradabilidad que siempre sean para bien y para lo mejor, el ser ecuánime, formal y lógico nos crea credibilidad y estándares de persona, que no afecta negativamente a nadie, ser de esos seres que siempre serán bien recibidos, que crean armonía confianza y seguridad es algo que hace del ser humano esa persona que todos deseamos encontrar siempre donde lo verdadero y lo normal estén siempre en directa coordinación con el obrar normal, es fácil entender que alguien siendo bien, no cae de la mejor manera y fue por actuaciones incomodas que sin darse cuenta escaparon en su actuar en determinado momento, y hay otras personas que siempre serán bien aceptadas y que nada empaña si presentación y se sabe el comentario esa persona me cae muy bien y no realmente por que, pero todo esta escrito en los comentarios escondidos que quedaron subliminalmente inscritos en un recuerdo no muy claramente definible por que fueron estados poco conscientes y aun no los veamos quedaran haciendo presión constante por toda la vida, así que veo muy importante el no permitirnos desafueros mínimos por que quedaran en el recuerdo atormentando sin descanso aun solo sean asuntos imperceptibles en el consciente si entraran por el inconsciente y permanecerán para siempre latentes, espero que esta nota general sobre la aceptación sea para bien de quien lo haya leído, esta escrito en apartes para una consulta directa y formal en cada instante que nos sea posible volver a revisar . . . . Se Tu.